W0382072

À ma fille.

AU-DELÀ DES MÈRES

JULIE-ANNE DE SÉE

Éditions
Terre d'Histoires

ISBN : 978-2-8246-0045-1
Code Hachette : 16 6592 8
Catalogues et manuscrits : city-editions.com/terredhistoires

Dépôt légal : Décembre 2024

« Les émotions que l'on n'exprime pas ne meurent pas. Elles sont enterrées vivantes et reviennent nous hanter plus tard sous une autre apparence. »

Sigmund Freud

Prologue

10 octobre 2015. Ses oreilles bourdonnent, sont brûlantes. Le sang cogne à ses tempes tandis qu'il vocifère, rugit, tempête et lui déverse en les vomissant sa hargne et sa haine au visage :

— Tu commences à me faire chier ! Marre de ta gueule de raie ! Tu veux la bagarre ? Tu vas l'avoir, mais ça va pas être gai, j'te préviens…

Juliette serre les poings de toutes ses forces. Ses ongles s'enfoncent douloureusement dans ses paumes. Elle tente d'imaginer ce bouclier de verre protecteur sur lequel les insultes viendraient rebondir. En vain. Sans qu'elle puisse répondre, si ce n'est en une obsécration muette, hurlant en elle-même des appels au secours à des dieux devenus sourds depuis trop longtemps.

Au cours des dernières années, peu à peu, goutte à goutte, sournoisement, insidieusement, à pas feutrés ou de géant, les choses se sont dégradées. Les « violences conjugales » dont à présent les victimes osent enfin parler ne se réduisent pas aux seules claques assenées. Les mots sont des armes puissantes, des scarifications qui provoquent des douleurs térébrantes, des clous plantés dans le cerveau. Sous la logorrhée massacrante, on se recroqueville quand tout le corps se tend, se raidit et se révulse, la bile refluant dans l'œsophage en irrépressibles haut-le-cœur. Le goût âcre, l'empyreume des mots fielleux jaillis de la bouche tordue sont autant de frappes reçues comme des uppercuts. Le cœur, lui, tachycarde dangereusement, coupant le souffle, bâillonnant la parole dans l'impossibilité de franchir la barrière des lèvres. Que s'est-il donc passé pour en arriver à ce simulacre de couple qui n'en est plus un, dans lequel seuls les maux agressifs infligés circulent, maltraitant, paralysant ? Juliette est engluée dans cette relation dont elle ne parvient pas à s'extraire. Pourquoi ?

La maltraitance subie et ses corollaires seraient-ils inscrits dans les gènes, transmis comme une fatalité répétitive de générations de femmes en générations de femmes ? Dans les discours, les histoires familiales confiées ou suggérées, sans doute. Peut-être est-ce là qu'il faut aller creuser, remonter le temps pour lui échapper, rompre la malédiction. Aller à la recherche et à la rencontre de ces femmes, de leurs secrets à demi éventés, de leur histoire singulière. Fouiller aussi les souvenirs pour extraire cette écharde qui la fait claudiquer dans la vie, pour enfin marcher droit, en toute légèreté. La tête haute. En toute liberté.

C'est vers Paris que le TER 3431 au départ de Granville emporte Juliette. En cette mi-octobre d'été indien qui ne déclare pas forfait, un voile opaque, jaunâtre s'est soudainement abattu sur ce coin de Normandie en le barbouillant d'opalescence, salissant à tel point le ciel que la nuit semble retombée. Une tempête venue des Açores s'en est allée chatouiller l'Irlande, laissant des nuages crasseux et sombres glisser derrière elle en guise de traîne. Les paysages ont pris un coup de spleen dans l'aile. Les vaches dans les prairies défilantes, floutées à leur tour, ne lèvent même plus les yeux vers ce train qui passe non loin d'elles.

La voyageuse éprouve à la gorge l'étouffoir des mauvais jours. La boule qui oppresse son cou la contraint à forcer sa déglutition. Des larmes affleurent à ses paupières, sans qu'elle les ait convoquées. Elle ne sait pas vraiment pourquoi cette chape de tristesse est venue l'assaillir. Pourtant, elle est heureuse d'être en route vers la capitale. Elle va y retrouver son enfant, elle va revoir ses amis, son agenda est bien rempli. Tout ce qu'elle a laissé et perdu d'elle en suivant celui qui, d'amoureux fou, est devenu bourreau. Pourtant, ce coup de blues s'est abattu sur elle comme la noirceur du ciel en deuil sur les villages de la Manche. Curieusement, la petite phrase a jailli toute seule à son esprit, une fois encore, sans qu'elle s'y soit attendue, antienne aussi horripilante que le bombillement du vol erratique d'une guêpe. Le chagrin occasionné par le décès trop récent d'Anne, son amie chère, est vif encore. Une absence définitive, impossible à accepter. Avant-hier encore, elle lui parlait, sans rien dire, comme souvent elle le fait avec son père lui aussi disparu. Monologue silencieux, soliloque apaisant parfois, comme si une réponse allait venir, ou un signe. Les cendres d'Anne, suivant ses volontés, ont été offertes à l'océan. Quelques années en arrière, c'est à la terre catalane que Juliette avait rendu celles de son père. Deux retours au Grand Tout, aux éléments qui bornent notre monde et la vie : le feu, la terre, l'air et l'eau. Juliette n'a pas encore songé à ce qu'elle voudrait qu'il advînt d'elle, quel devenir pour d'éventuelles cendres. Orgueil suprême ? Ignorer la mort en procrastinant, en repoussant les décisions, les échéances, malgré la sournoise vieillesse qui approche à pas feutrés, use, érode, fait doucement son petit travail de sape. Il faudra bien y songer, accepter sereinement, un jour. Auparavant, il faut élucider certains mystères, dévider l'écheveau en tirant sur le fil du passé pour tenter de comprendre les femmes qui l'ont précédée et faite.

Ce sera un périple plus long que celui du TER 3431. Juliette sait déjà qu'il sera souvent douloureux, émaillé d'épisodes dramatiques, semé de tragédies individuelles et collectives, petites histoires ballottées par la grande. Si elle se rend aujourd'hui à Paris, c'est non seulement pour souffler un peu, mais encore parce qu'un rendez-vous éclairera peut-être sa quête.

Est-ce cela aussi qui l'a brutalement attristée ? Quand il lui arrive de penser à sa mère, la maudite petite phrase empoisonnée refait surface :

« Quand on n'a pas eu de mère, on ne devrait pas avoir d'enfant. »

Juliette est cette enfant, cette erreur. Celle de cette mère qui n'a pas eu de mère. Les hasards de la vie, si seulement elle y croyait, l'ont entraînée en Normandie, bien loin des vignes et du soleil catalan si chers à son père et qui ont baigné son enfance de lumière et de vin doux aux reflets de grenat. À présent, au bord de la Manche, cette mer glaciale dans laquelle elle n'est jamais entrée, elle a trop souvent froid. Toutefois, c'est non loin de sa prison dorée que tout a commencé, que se trouve le berceau normand des femmes de sa famille.

Trois filles sont nées de sa grand-mère au foyer des Doré. Trois filles qui vécurent, longtemps parfois, ou trop brièvement, et deux petits garçons qui n'ont pas survécu. Juliette descend de la plus jeune. Elle sait qu'il est temps de chercher et d'affronter ses propres démons.

Une femme entre deux âges, grise comme une petite souris, dont le visage souriant est empreint de bonté et de douceur, l'accueille au siège des archives provinciales de France des « Filles de la charité de Saint-Vincent-de-Paul ». Elle est vêtue simplement, tête nue. Juliette s'était presque attendue à être reçue par une religieuse en longue robe ardoise, tablier bleu et large cornette blanche, comme en portaient encore dans son enfance celles qui enseignaient à l'école où sa mère l'avait inscrite. Faut-il y voir là une première répétition ? Après avoir correspondu par mail avec sœur Annie, rendez-vous avait été pris avec cette nonne archiviste. Juliette arrive le cœur battant, bien trop en avance. Elle attend donc un peu plus loin, assise à la terrasse d'un café, au coin de cette rue très commerçante du septième arrondissement.

Sœur Annie conduit Juliette dans ce très beau bâtiment vers une vaste pièce qui doit servir de salle de réunion. Elle lui fait la surprise d'avoir préparé et étalé sur la longue table une impressionnante quantité de photos, triées selon les dates que la visiteuse lui avait indiquées au cours de leurs échanges épistolaires. Elle fait également un petit rappel historique de la congrégation. Saint-Vincent-de-Paul s'était alarmé de la pauvreté dans les campagnes et avait sollicité quelques « Dames de condition » pour tenter d'endiguer ce fléau. C'est donc en 1617 que la fondation des Dames de la Charité vit le jour, à l'aide d'une aristocrate : Louise de Marillac. À Bernay, dans l'Eure, ce sera la Confrérie des Dames de la Charité. Or, ces dames, bien intentionnées, envoyaient leurs servantes auprès des plus démunis, ce qui n'était pas vraiment... charitable. Aussi, l'ordre religieux des Filles de la Charité fut-il fondé, les sœurs œuvrant auprès des pauvres sous la dépendance financière des dames. Au fil du temps, l'ordre évolua, un orphelinat fut créé à Bernay, rue de la Charentonne. Juliette avait précisé à sœur Annie que la période allant de la fin des années 1920 au début des années 1930 concentrait ses recherches sur sa mère, Denise Doré.

Si cette dernière avait fait le récit de ses souvenirs d'enfance, Juliette éprouvait le besoin de poser des visages, des images, des lieux, de la vie sur cette histoire. Elle ne s'est pas rendue à Bernay, sans doute ira-t-elle un jour, mais grâce à la sœur archiviste, elle voit vivre ce village, et surtout, son orphelinat. Elle photographie cartes postales et photos anciennes, certaines un peu jaunies et cornées, mais encore si nettes. Elle visualise à présent ce qu'a pu ressentir sa mère, alors fillette de cinq ans, si petite, en arrivant devant l'entrée majestueuse du bâtiment, en découvrant ses compagnes d'infortune, les religieuses et les prêtres qui entouraient les enfants. Avait-elle été aussi impressionnée que Juliette par ces fameuses cornettes blanches qui faisaient ressembler les nonnes à de grands oiseaux marins ? Quelques-unes des photos ont certainement été prises dans le but de montrer une image idyllique de l'établissement : celles des représentations théâtrales que donnaient les orphelines. Des photos de groupes, comme celle d'une classe, où toutes les fillettes auraient dû sourire.

En rentrant à son hôtel, Juliette se précipite sur son ordinateur pour y déposer tous ses clichés et les observer plus attentivement. Elle les fait défiler un à un à l'écran, zoome sur les visages des petites filles. Soudain, elle la voit. Sur le rang du haut d'une photo en noir et blanc qui rassemble de nombreux enfants de tous âges. Elle est parmi les plus grandes. L'expression est fermée et le regard tellement triste. Juliette sait que c'est bien elle, Denise, sa mère, cette presque adolescente de onze ou douze ans. Les cheveux très noirs, coupés au carré, raie au milieu du crâne, encadrent le visage mangé par les prunelles sombres. Juliette reconnaît sur ces traits un peu des siens au même âge, la rondeur des joues, la forme du nez, une allure générale comme retenue, timide peut-être face à l'objectif. Si Denise possédait des photos d'elle prises lorsqu'elle était jeune fille, elle n'avait en revanche de son enfance si malmenée, aucun souvenir sur papier glacé.

Juliette la contemple longuement. Elle sait maintenant pourquoi l'enfant ne peut pas sourire. Et cela lui fait mal. Pour sa mère, bien sûr, qui a toute sa vie durant porté en elle les stigmates des événements qui l'ont emmurée dans une indicible douleur et une peur permanente. Pour elle, Juliette, qui n'a cessé de quêter son amour sans que cette mère n'ait jamais pu ni su le lui donner. Ce qui a circulé entre elles de non-dits, de ressentiments, de moments de haine, elle le lui a restitué tandis que la vieille dame agonisait sur son lit d'hôpital. Dans un courrier, lui livrant enfin tout ce trop-plein qui débordait d'elle, sans avoir réussi à vraiment comprendre. Cette très longue missive, écrite au cours de trois nuits sans sommeil avant le dernier soupir de Denise, elle a demandé qu'on la dépose entre ses mains, avant de sceller le cercueil. Tout ce qu'elle n'avait jamais pu lui dire et qui les avait déchirées, tout ce qu'elle avait enfin osé écrire brûlerait, serait détruit à tout jamais. Cela partirait en fumée, mais Juliette serait apaisée, parce qu'elle avait rendu à sa mère ce qui lui appartenait.

Il faut donc à présent mettre en mots le récit afin d'exorciser les maux. Raconter les histoires, et au fil de l'Histoire, embarquer pour l'au-delà des mères…

1

Paris, 28 novembre 1907. La gare du Nord a été pavoisée de drapeaux français et portugais. Une foule compacte se presse à l'extérieur du bâtiment où elle n'est pas admise, prête à ovationner la visiteuse attendue.

« Sa Majesté la reine Amélie du Portugal, accompagnée du comte de Souza-Roza, ministre du Portugal en France, qui avait été à sa rencontre à Boulogne, du comte de Figueiro son chambellan, de Mlle de Menezes, sa dame d'honneur et de M. Paoli, le très distingué commissaire spécial, est arrivée de Londres après une traversée par mer excellente », rapporte le journaliste qui signe Ferrari dans le *Figaro.*

Sur le quai du train en provenance de Boulogne-sur-Mer, M. Fouquières, tout rond de sa personne, sous-chef du protocole et représentant le président de la République, se rengorge. Il transpire sous son haut-de-forme dont les bords lui collent au front. Il est flatté de se retrouver auprès des dames et des messieurs fort élégants qui se tiennent légèrement en retrait. Il extirpe de la poche de sa redingote un mouchoir blanc dont il s'essuie le visage aussi discrètement que possible. À ses côtés, M. Lépine, le préfet de police, commence à s'impatienter. Il arpente le quai, faisant les cent pas dans un périmètre très restreint. Si le représentant du chef de l'État affiche un visage aux bajoues légèrement pendantes, accentuées par de larges rouflaquettes, la figure du préfet semble avoir été taillée à coups de serpe. L'homme est grand, il dépasse Fouquières d'une bonne tête. Très mince, il semble tout entier sec comme un coup de trique. On lit sa contrariété sur sa figure. Ses petits yeux noirs en boutons de bottine semblent lancer des éclairs. Il était « sur une affaire de la plus haute importance », et il est très contrarié d'avoir à faire de la représentation pour accueillir une tête couronnée, dont il doit assurer la sécurité. Une femme, en plus ! Il soupire, chafouin, fronce les sourcils, creusant les traits en rides du lion qui griffent son front. Lorsqu'il s'arrête de marcher, son pied droit tapote nerveusement le macadam, en rythme avec sa canne au pommeau léonin dont il ne se sépare jamais. On murmure que ce serait une canne épée.

Des membres de la délégation portugaise et des membres choisis de l'aristocratie, comtes et comtesses, des ducs et la duchesse d'Uzès, échangent les derniers potins mondains. Les femmes font entendre de jolis rires argentins très étudiés, dissimulant à demi leur bouche derrière leur main gantée et parfumée. On se donne rendez-vous dans une loge à l'opéra, on parle des bals que vont offrir les unes ou les autres. On évoque ce mouvement nouveau qu'est le fauvisme en peinture, que l'on assaisonne de critiques acerbes. On mentionne les romans de Colette, du bout des lèvres, les yeux brillants quand même lorsque l'on aborde le scandale récent de son apparition sur la scène du Moulin Rouge dans « Rêve d'Égypte », mis en scène par Missy, son amante du moment.

Le train entre enfin en gare, mettant un terme aux conversations. Il s'immobilise dans un ultime et puissant jet de vapeur et les longs grincements de son freinage. Du premier wagon dont un groom ouvre les portes, la royale voyageuse apparaît. Elle porte une robe tailleur d'un marron très automnal et un ravissant petit chapeau de feutre blanc orné d'une plume blanche. Fouquières, qui a ôté son couvre-(sous)chef, se précipite à sa rencontre, suivi de la marquise de Val Flor et de ses deux filles. Se fendant d'une courbette, le chef du protocole s'incline sur la main fine qui lui est tendue, murmure d'un ton doucereux quelques compliments appris par cœur. Les jeunes filles remettent à la souveraine « des bouquets d'œillets blancs, la fleur préférée de la reine, reliés par des rubans blanc et bleu, les couleurs portugaises. Sa Majesté a dit des paroles aimables à toutes les personnes présentes », s'enthousiasme Ferrari, qui tente de sa plume des envolées lyriques tout en rapportant avec minutie le royal programme des visites protocolaires ou d'agrément. Le journaliste n'ignore pas que ses lecteurs sont avides des mondanités que vivent les têtes couronnées et leur entourage.

Le ciel semble bas, mais il ne pleut pas sur la capitale pour la promenade de la reine en ce 29 novembre 1907 de majestueuses festivités, dont on est fort éloignés en Normandie.

À Caen, la météo est plus capricieuse. Si la température est assez douce, digne d'une mi-octobre, le plafond reste sombre. Tandis que quelques grosses gouttes viennent s'écraser sur le parvis de l'église du Vieux-Saint-Sauveur, une mariée trottine jusqu'au porche, serrant un petit bouquet de roses blanches d'une main, relevant le bas de sa jupe de l'autre pour ne pas la souiller par de malencontreuses éclaboussures.

La noce a juste le temps de courir de la mairie jusqu'à l'église, imposante avec sa tour carrée, pour la cérémonie religieuse. Les deux édifices ne sont distants que de six cents mètres par la rue Saint-Manvieu. La cérémonie civile a été rondement menée. Monsieur le maire, « empêché au dernier moment », s'est fait remplacer par un adjoint. En réalité, le sieur Séjourné, dont l'étiquette politique se situe à la droite nationaliste, avait d'autres chats à fouetter ce samedi. Ou plus exactement, à chasser : il est invité par un ami banquier à une chasse en forêt de Grimbosq, il n'entend pas s'en priver pour marier un valet et une femme de chambre ! C'est donc un de ses adjoints qui a dû remplir l'office républicain. Le brave homme, prévenu au débotté, est arrivé en retard, rouge, essoufflé et l'écharpe de travers. Lui aussi avait des obligations, il était donc pressé. On l'attendait aux comices agricoles de Blangy-le-Château où son fils exposait ses plus belles bêtes. Il allait devoir couvrir la cinquantaine de kilomètres afin d'arriver à temps pour la remise des prix. Le couple a donc été uni tambour battant, et à peine les mariés avaient-ils échangé un baiser que l'édile décampait.

— Heu là ! Y r'pleut, comme tantôt ! Prenez garde mère Baudry, ça devient glissant, n'allez pas vous casser la margoulette, faut faire attention quand on va su' l'âge ! s'exclame Juliette, la mère d'Aimée, la toute jeune femme qui dans quelques instants deviendra devant Dieu l'épouse de Joseph Doré.

Le prêtre, prudent, s'est abrité pour attendre sa noce à l'entrée de son église dont les battants sont grands ouverts. Revêtu pour la circonstance de sa chasuble blanche garnie de dentelle d'Alençon, il accueille la petite troupe qui arrive en essayant de passer entre les gouttes. Les femmes sous de grands parapluies noirs, les hommes en courant devant elles. Tous entrent de façon anarchique dans cette église aux allures de petite cathédrale. Monsieur le curé régente ses ouailles désordonnées tel le bon berger rassemblant son troupeau. Il fait asseoir son monde, une petite douzaine de personnes, majoritairement des femmes. Il les répartit sur les deux premiers rangs, puisque presque tous les invités sont des membres de la famille des époux. Puis, il prie le marié de se rendre devant l'autel. Le père de la mariée étant décédé, c'est son patron, chez qui elle est la femme de chambre de Madame, qui lui fait l'honneur de lui offrir son bras pour la conduire à son futur. L'élégance bourgeoise de cet homme qui pourrait être le père de la jeune femme lui confère une belle allure, il porte beau. Grand et encore svelte, il a conservé une silhouette de presque jeune homme. Ses tempes grisonnantes qui encadrent un visage avenant aux yeux clairs lui assurent un charme certain, auquel les femmes ne sont pas insensibles.

Il a tenu à être ainsi présent, bien que quelques méchantes langues laissent entendre que ce « salopier » pourrait bien être le géniteur de Marie-Louise, la petite fille que tient par la main la mère de la mariée. La belle enfant, qui tient de sa maman ses grands yeux bleus, semble déjà très éveillée pour ses deux ans. Elle s'assoit sagement à côté de sa grand-mère. Cette dernière est heureuse que la petite, par ce mariage, vienne d'être légitimée, la mention officielle ayant été portée sur le livret de famille que l'adjoint au maire a remis au couple.

— Ati té ma bézote ? s'enquiert Juliette qui, en grand-mère attentive, couve la fillette d'un regard tendre.

Elle songe que ce Joseph doit être un bon garçon. Aimée a toujours refusé obstinément de dire qui était le père de son enfant. A-t-elle confié son secret à son futur époux ? Pour faire clore tous les becs, il a fait en sorte que Marie-louise figurât sur le livret de famille à la page prévue pour les enfants en tant qu' « enfant légitimé ». Ce qui, en d'autres termes, signifie que la petite fille est une enfant illégitime, née de « père non dénommé », expression pudique pour « de père inconnu ». Lors du mariage de sa mère, c'est son mari qui reconnaît alors comme légitime l'enfant dépourvue jusqu'alors de père. Joseph prend donc la mère et la fille en épousant Aimée.

Monsieur de l'Emperière se tient très droit, fier et ému d'avoir cette si jolie mariée à son bras. La jeune femme d'à peine vingt-deux ans est ravissante. Un minois de chatte, illuminé de ses yeux si bleus, un petit nez à la retroussette, une chevelure d'un blond vénitien assez foncé, relevée en chignon sous son chapeau. Sa taille fine, étranglée plus encore dans son corset, lui fait une silhouette menue en soulignant une poitrine généreuse et insolente. Joseph, qui se sent un peu gêné dans le costume que Monsieur lui a prêté pour l'occasion, sourit à sa future qui avance vers lui au son de l'harmonium. Comme il en est amoureux ! Madame de l'Emperière, elle, n'est pas venue, mais elle a tenu à offrir sa robe à Aimée, dont elle est fort satisfaite des services. Une simple robe ivoire – le blanc virginal aurait pu choquer et faire jaser –, sans voile, mais avec un petit chapeau de paille assorti et fleuri. Le couple s'est formé chez eux lorsque Joseph a été embauché pour être le valet de chambre de Monsieur, deux ans auparavant. Le bébé d'Aimée avait été confié peu de temps après sa naissance à sa grand-mère, heureuse de materner cette enfant qu'elle avait accueillie avec joie. Devenir une fille-mère était socialement très difficile, surtout lorsque la jeune personne était âgée d'à peine vingt ans. Juliette avait fait fi des ragots et autres médisances concernant sa fille. Elle avait de grand cœur commencé à élever la « bâtarde », afin qu'Aimée continue à travailler chez Madame de l'Emperière. Cette dernière avait généreusement octroyé à sa domestique une semaine de congé alors que la date probable de l'accouchement approchait, pour qu'elle puisse reprendre rapidement son service après ses couches.

Aimée, toute jeune maman, confia donc son nouveau-né à une nourrice, puis à sa mère, veuve de trente-neuf ans. Juliette songea un instant qu'elle avait eu sa fille bien jeune, au même âge à quelques mois près. C'est son Adrien qui l'avait engrossée, aussi s'étaient-ils vite mariés, pour que rien ne se voie et qu'aucun scandale n'éclate. Ils avaient formé un ménage heureux, amoureux, mais à cinq ans, leur petite fille était toujours sans frère ni sœur. Juliette s'aperçut qu'elle attendait enfin leur deuxième enfant quand Adrien ne revint pas un soir. Il avait eu un terrible accident de cheval. Il était mort sur le coup. Ce fut un tel choc pour sa femme qu'elle perdit l'enfant en devenir qu'elle portait. Elle se consacra alors à sa petite Aimée, vivant chichement en se louant comme bonne dans les fermes alentour.

En voyant sa fille unique avancer dans la nef, menée par un autre que ce père à peine connu, Juliette est brisée par l'émotion, et de grosses larmes coulent sur ses joues, qu'elle ne songe pas même à effacer. Elle est heureuse que sa fille épouse cet homme, mais elle doute qu'elle soit aussi amoureuse de lui qu'elle-même a pu l'être de son Adrien. Il est pourtant assez joli garçon, un peu rond peut-être, ce qui lui donne un visage poupon, attendrissant. Dame, c'est qu'il a sept ans de plus que sa fille chérie, même si ça ne se voit pas trop. En tout cas, ils vont à leur tour fonder un foyer pour la petite Marie-Louise, qui restera encore en pension quelque temps chez sa grand-mère, ce qui la réjouit. Cette pensée lui ramène un sourire au visage.

— Aimée Louise Olinda Yon, acceptez-vous de prendre pour époux Joseph Martin Doré, ici présent ?

Le prêtre, théâtralisant la formule sacramentelle, a articulé la demande très emphatiquement, poussant sa voix grave qui résonne sous les voûtes de pierre. Intimidée, rougissante, la jeune femme a murmuré un « oui » quasi inaudible. Se tournant alors vers le futur marié, le prêtre poursuit de même :

— Joseph Martin Doré, acceptez-vous de prendre pour épouse Aimée Louise Olinda Yon, ici présente ?

C'est d'une voix assurée que Joseph, tout sourire et visiblement heureux, prononce à son tour le « oui » qui va le lier à son Aimée « jusqu'à ce que la mort les sépare ». L'officiant fait alors signe à Victor, le frère de Joseph, afin qu'il apporte les anneaux que vont s'échanger les mariés, avant d'être bénis. Ce sont de modestes alliances, mais Joseph a tenu à ce que celle d'Aimée soit en or, se réservant pour lui l'argent, moins onéreux. Il fait un clin d'œil complice à son aîné, qui est aussi son témoin, en espérant que son propre bonheur ne ravive pas la peine de cet homme en deuil de son épouse, disparue brutalement quelques mois auparavant. Victor n'a pas voulu dévoiler les circonstances de la mort de sa femme, qu'il a retrouvée pendue dans la grange de leur ferme à Montamy, où leur père avait lui aussi vécu jusqu'à sa mort. Il a préféré parler d'un malheureux accident, sinon, le curé aurait refusé sa messe avant de l'emporter au cimetière. C'est dorénavant leur mère, Virginie, qui tient son foyer et l'aide à la ferme. Ces deux-là ont parcouru en diligence les cent vingt kilomètres depuis Montamy pour être auprès de Joseph. Ils sont arrivés la veille, ont dormi tant bien que mal à l'hôtel de la Victoire, en centre-ville, bien trop bruyant pour qui est habitué au calme de la campagne. Ils repartiront après le repas de noces, tant attendu.

À présent, Léontine Letulle, l'amie d'Aimée, et Victor s'approchent à leur tour pour venir signer le registre sur l'autel. Léontine est, elle aussi, très émue. C'est à l'école qu'elle a connu Aimée, et que, dès leurs douze ans, toutes deux ont commencé à travailler dans une ferme avant de devenir femmes de chambre. Le prêtre invite alors l'assistance à se lever pour entonner à pleins poumons un chant joyeux en latin, que personne ne connaît ni ne comprend, mais dont les *Hosanna* répétés donnent à tous le sourire. Enfin, après cet exercice, retentit la Marche Nuptiale, jouée à l'harmonium qui a déjà accompagné les temps forts de la cérémonie. Le nouveau couple ouvre la marche pour sortir, la jeune mariée cramponnée au bras de son époux. Les invités suivent, pour se retrouver sur le parvis luisant des gouttes de la dernière averse, une de ces « *tapaées* » comme on les appelle ici. Tous, à tour de rôle, vont venir féliciter et embrasser les mariés. Leurs mères, en premier, Virginie et Juliette, puis, les deux sœurs de cette dernière, Georgina et Adrienne, aussi rondes et roses que Juliette est restée menue. Leur frère Louis n'a pas pu venir. Il ne peut se permettre de fermer le commerce de quincaillerie du père, qu'il a repris, route de Cabourg. Pour se faire excuser, il a offert au jeune couple une superbe batterie de cuisine très moderne, en pur nickel. Il leur a fait porter par Adrienne qui vit non loin de chez lui. Puis, Monsieur de l'Emperière serre chaleureusement les mains de son valet, et, après en avoir demandé la permission, dépose deux baisers sonores sur les joues de sa jeune femme.

Il est immédiatement suivi de Paul Roussel, un ami du marié, et enfin, de celle que tous appellent « Mère Baudry », la vieille cuisinière un peu bougonne des maîtres des jeunes époux. Elle a fêté le mois dernier ses soixante-cinq ans, en rouspétant après le jardinier qui ne lui avait pas rentré assez de bûches pour sa cuisinière. Pendant une semaine, elle n'a plus senti son dos pour en avoir charrié à sa place quelques-unes et être allée ramasser du petit bois sur les terres des de l'Emperière. Elle a été chargée d'établir et de réaliser le repas de noces qui sera servi à 18 h 30 dans la grange préparée à cet effet, sur le domaine de Madame et Monsieur. En attendant, les invités prendront une collation rapide au Café du théâtre, puis iront assister à la représentation en matinée donnée par une troupe de danseuses parisiennes qui présente un spectacle très enjoué et coloré.

C'est la première fois que tous ces braves gens, un peu intimidés, pénètrent dans le théâtre de Caen. Les colonnades qui ornent la façade leur font forte impression avant même d'entrer par les grandes portes. Ils restent au promenoir, les places assises sont un peu trop chères. Le dîner qui suivra a déjà entraîné bien des frais pour le jeune couple et leurs mères respectives. L'orchestre entame un nouveau morceau sur un rythme endiablé. La petite Marie-Louise trépigne, elle ne voit rien. Les danseuses lèvent haut la jambe, pour le plus grand plaisir des messieurs, qui se poussent du coude, tandis que les dames rougissent. Joseph perche l'enfant sur ses épaules, malgré les remarques de mécontentement des personnes derrière lui. La fillette se tait, hypnotisée par le spectacle. Elle agite ses petites mains en suivant la musique, imitant le chef d'orchestre, ce qui fait sourire sa mère. Elle ne sait pas encore que cet épisode, somme toute anodin, marquera la suite de ce qui deviendra sa vie. Lorsque le rideau tombe, elle se met à pleurer. Elle ne veut pas partir, veut attendre que le spectacle reprenne. Sa grand-mère la reçoit dans ses bras, tente de la consoler en lui promettant une double part du dessert qui sera le point d'orgue du repas.

C'est donc la Mère Baudry qui fait les honneurs de la grande table dressée, couverte d'une nappe à la blancheur immaculée et semée de fleurs des champs. Elle a revêtu un grand tablier tout aussi blanc, qui peine à se fermer au-dessus de ses hanches rebondies. Elle a concocté un repas dont les effluves chatouillent délicieusement les narines des convives qui bien vite s'installent. Elle est aussi un peu la reine de la fête, et le rouge a déjà empourpré ses bonnes joues de petite Normande. La brave femme, toute dévouée à ses maîtres, s'est surpassée. Elle n'a pas ménagé sa peine, en passant les deux jours précédant le mariage dans sa cuisine, chassant avec perte et fracas quiconque aurait osé venir l'y déranger. Si elle rabroue souvent son monde et affiche parfois une mine grincheuse, on connaît son cœur d'or, dissimulé sous des dehors plantureux qui accentuent la rondeur de son caractère.

Des pichets de boisson circulent et chacun se sert de cette première mouture des pommes à cidre, déjà pétillante et un peu âpre, il fait soif ! On trinque joyeusement aux mariés, qui se lèvent, verre en main, afin de remercier l'aimable assemblée et lui souhaiter un bon appétit. Les plats se succèdent : consommé, huîtres de Saint-Vaast, poularde à l'ambassadrice, soles à la turque en entrée. Puis viennent les rots avec un filet de bœuf, suivi d'une pintade aux petits pois bonne femme. Un trou normand circule, indispensable avant la crème vanillée de l'entremets, suivie des desserts que tous attendent : génoise, macarons et tarte aux pommes. L'assemblée est joyeuse, on demande à grands renforts de frappes du poing sur la table « Une chanson ! Une chanson ! » à l'adresse de Juliette dont chacun sait qu'elle a un rossignol dans la gorge. Rougissante, elle fait d'abord un signe de dénégation. Les pieds frappent le sol en rythme, les voix montent pour scander la demande. Juliette se lève, toussote dans ses mains, et entame « Musette », que chante la célèbre Fréhel. Tous connaissent cette chanson, colportée par les chanteurs de rue, ils reprennent en chœur le refrain :

« Musette, Brunette, Jolie poupée d'amour,
Quand on a valsé avec toi, on a le béguin malgré soi ! »

Les regards se tournent vers Aimée, qui elle aussi s'est levée et chante, accompagnant sa mère d'une voix cristalline et haut perchée de soprano. Le marié semble ému d'entendre ainsi sa jeune épousée qu'il couve amoureusement du regard. Il n'a qu'une envie : quitter enfin leurs convives pour l'entraîner à sa suite vers leur nouveau nid dont il ne doute pas qu'il sera d'amour.

Il a été convenu que le jeune couple occuperait la petite maison des domestiques, située à l'entrée de l'allée qui mène au manoir des maîtres. Dans le respect de la tradition, la belle-mère d'Aimée a loué la veille une charrette afin de venir offrir une armoire ouvragée contenant le trousseau destiné à la mariée. Un beau meuble de chêne massif, aux pieds galbés et à la corniche saillante sculptée d'épis de blé, transmis de génération en génération, dont les gonds gémissent comme un mourant quand on en ouvre les double portes, fatiguées d'avoir déjà tant servi. D'autres chansons sont entamées, toujours reprises par tous les convives. On tape des mains, des pieds, on marque le rythme en frappant les manches des fourchettes sur la table, on s'égosille, on rit beaucoup et on continue à boire et à manger. En dépit de ce chahut, la petite Marie-Louise s'est endormie sur deux chaises soigneusement rapprochées par sa mère.

Aimée embrasse tendrement son enfant quand son mari la prend par la taille, dépose un baiser dans son cou. Lui faisant un clin d'œil, il saisit sa main, et faisant mine de marcher sur la pointe des pieds, il l'emporte vers le chemin gravillonné qui mène à leur nouveau logis…

2

— À gauche… Gauche ! Gaaaarde-à-vous !

Comme un seul homme, les quelques centaines d'anciens soldats réunissant cent vingt-six sociétés des leurs ont porté la main au képi rouge à visière noire, fait claquer les talons des bottes cavalières ou des godillots après un demi-tour impeccable. Tous sont tournés vers la fenêtre centrale qui surplombe l'entrée de l'hôtel de la Bourvallais.

Ils ont été réunis plus tôt dans la matinée dans les Tuileries, sous un soleil déjà radieux et une température étonnamment clémente en ce mois de janvier 1898. Après avoir organisé l'ordre de passage, rassemblé et placé en tête de cortège la Musique de la Garde, le capitaine en charge de cette petite troupe l'a mise en route pour la place Vendôme, épicentre de l'élégance parisienne. Le bow-window médian du premier étage surplombant le porche de l'Hôtel de la Grande Chancellerie s'ouvre. Un monsieur d'âge certain apparaît, entre les deux drapeaux français accrochés au fronton du bâtiment et qui viennent l'encadrer. Visiblement très ému, il rend le salut aux militaires qui sont massés sur la place, tandis que la Marseillaise retentit.

La moustache et le bouc, très fournis, sont blancs, comme la chevelure dissimulée par le képi qui ombre légèrement le regard perçant des yeux presque noirs. Il a revêtu pour ce jour d'hommage et de départ son uniforme, couvert par sa pelisse à brandebourgs dans laquelle il a encore très fière allure. À soixante-sept ans, le général Saussier, ancien gouverneur de Paris, doit prendre sa retraite. De fait, il va abandonner toutes ses fonctions, y compris celles de vice-président du Conseil supérieur de guerre et de généralissime de l'armée. S'il songe avec une certaine amertume qu'il aurait pu encore assurer ses devoirs pendant quelques années, il sait que les deux anciens polytechniciens qui ont été nommés pour le remplacer seront à la hauteur. Comme lui, le généralissime Jalmont et le général Zurlinden ont tous deux fait leurs débuts dans l'artillerie, le second ayant occupé le poste de ministre de la Guerre trois ans plus tôt. Ils sont d'ailleurs présents, en retrait, afin de laisser au futur retraité le plaisir de saluer ses troupes symbolisées par les anciens soldats, de leur adresser un discours de remerciements et d'écraser ostensiblement une larme furtive. Ils le rejoindront ensuite dans l'intimité du somptueux Salon des portraits où un déjeuner d'honneur et d'adieu leur sera servi.

Le soldat de deuxième classe Joseph Martin Doré, lui, (classe 1896) aurait aimé être incorporé dans l'artillerie. Le sort, et surtout l'armée, en ont décidé autrement. C'est dans le 129e régiment d'infanterie qu'il a reçu le matricule 8055 le 15 novembre 1897, simple troufion placé sous les ordres d'un jeune capitaine ombrageux et retors. Il avait rêvé de manier toutes sortes d'armes, il s'est retrouvé avec un fusil Lebel à baïonnette, fourni avec son uniforme : pantalon garance et capote bleue, brodequins et jambières, képi rouge et bleu. Un havresac vient compléter la tenue, dans lequel il conservera entre autres sa gamelle et ses vivres en cas de marche, ce qui arrive souvent. L'entraînement est rude pour la jeune recrue. C'est toujours mieux que d'être domestique dans la grosse ferme du père Amiard à Brécé, village où il a vu le jour. Il y avait été placé à l'âge de douze ans pour garder les vaches, puis y accomplir au fil du temps bien des tâches habituellement réservées aux adultes. Il était logé dans la grange, où il cuisait l'été et grelottait l'hiver.

C'était Virginie, la mère, qui avait poussé le père à « placer » leurs deux fils qu'ils avaient bien du mal à nourrir. Victor, le frère de dix-huit mois l'aîné de Joseph, avait été envoyé comme apprenti forgeron à Chailland. Les 75 centimes quotidiens du salaire qu'il touchait mettaient un peu de beurre dans les épinards de la modeste fermette de Montamy où les parents vivotaient de leur potager et de leur poulailler en allant vendre leur production au marché. Ce qui explique la mention « degré d'instruction générale : 0 » sur le livret militaire du jeune homme de vingt et un ans, fraîchement incorporé. Il sait à peine lire et écrire puisqu'on a négligé de l'envoyer régulièrement à l'école, en dépit de l'obligation promulguée par la loi que Jules Ferry avait fait voter. En revanche, il a appris la roublardise, acquis une solide musculature qui peut faire de lui une bête de somme pour les travaux des champs. S'il n'est pas très finaud, il est assez pleutre, ce qu'il dissimule en se donnant des airs de matamore.

Il n'en peut plus, il estime qu'il est grand temps pour lui de quitter son village et les patrons, avec en tête des envies de fuite en avant, de batailles. Son jeune sang bouillonne dans ses veines, désirs de femmes et d'ailleurs mêlés. Il en a assez des chapardages pour tenter d'améliorer un peu l'ordinaire fort maigre octroyé par ses maîtres, avares et peu scrupuleux. Assez des coups de bâton ou de nerf de bœuf reçus quand on s'aperçoit qu'il a volé un œuf, parfois une pièce de pain dans la maie ou une tranche de lard parce qu'il a appris à se faufiler en douce dans la cuisine. L'armée, qui le réclame, va enfin mettre un terme à sa vie de chien. Il rejoint donc plein d'espoirs son régiment, où il devrait effectuer trois ans de service militaire.

Là, au moins, si les jours d'ennui se suivent et se ressemblent, il mange bien. Il a même un peu engraissé. Son visage s'est arrondi, ses joues sont plus pleines, sa moustache en accent circonflexe peine à dissimuler la gourmandise de sa bouche, et ses yeux bleu sombre jettent sur le monde un regard insolent. Au quotidien, les rations comportent du pain, de la viande, des légumes secs ou du riz qu'il a découvert comme le dernier des délices, servis avec du vin rouge en pichet. Cela change de la boisson réservée aux serviteurs à la ferme, quand les maîtres buvaient du vrai cidre. Pour les longues marches d'entraînement, on leur distribue du rhum ou du tafia, et, merveille suprême : du chocolat ! Cependant, cette routine de caserne qui alterne exercices et marches forcées lui pèse. Il demande à changer de régiment. Il est donc affecté au 1er régiment d'infanterie de marine en garnison au Havre, au début printanier de l'année 1898.

En cette fin de siècle, l'idéal de l'autorité militaire est de resserrer la discipline et de transformer en adultes et en soldats les jeunes conscrits, autrement dit une occasion de « régénération nationale ». L'expérience vécue par Joseph est assez éloignée de cette belle vision idéologique. Le temps qu'il passe dans sa caserne semble marqué par le désœuvrement et une liberté de mouvement dont il est le premier surpris. Bien sûr, il faut se soumettre aux ordres, aux revues, manœuvres, exercices et autres marches d'épreuves du régiment. Le reste du temps, ce sont d'interminables parties de piquet ou de manille avec ses compagnons de chambrée, des chansons, souvent grivoises, que l'on braille en chœur, des histoires de conquêtes féminines dont on se gargarise à l'envi. Mais surtout, des virées en fin de semaine quand on a en poche la pièce de cent sous de la solde hebdomadaire dans les innombrables bars, cabarets, bistrots ou cafés que compte la ville-port aux abords de la caserne et dans les deux quartiers méridionaux de Saint-François et Notre-Dame.

Le Havre est alors en plein essor en raison de l'affirmation de son identité transatlantique, tournée vers la navigation de long cours. De ce fait, la présence massive de populations flottantes a favorisé l'expansion des débits de boissons. Dans la rue des Drapiers, au cœur du quartier Notre-Dame, se trouvent deux des principaux cabarets les plus populaires de la ville : le Star et la Gaieté, où les jeunes apprentis soldats vont se mêler aux chalands cosmopolites d'un petit monde interlope. La rue du Général-Faidherbe compte à elle seule trente-cinq débits de boissons sur soixante-trois numéros ! On y trouve des migrants, des marins français et étrangers, avec lesquels Joseph aime à bavarder. Ils lui racontent leurs escales dans toutes ces contrées lointaines qu'il aimerait tant connaître lui aussi un jour. Au Bistrot des Grands Bassins, au Canaille ou au Le Havre, indispensables aux hommes d'équipage de passage, il découvre la bière, les spiritueux et l'absinthe incendiaire dont les verres à trois sous sont alignés sur le zinc. À l'instar des matelots en goguette qui ont grand soif de la « petite verte » ou de « la petite bleue » qui leur détraque vite fait le cerveau et les boyaux, il apprend à « étouffer un perroquet en passant » d'un rapide coup de gosier. Il lui arrive aussi de se battre, l'alcool échauffant rapidement les esprits, et certains marins sont très prompts à sortir le couteau. Il gardera à vie une longue cicatrice au bras gauche, souvenir d'une bagarre qui, un soir, a mal tourné.

Il prend aussi l'habitude de se rendre Chez Lina ou Chez Clarisse, tenancières d'estaminets à l'enseigne éponyme, où fleurit une prostitution à peine clandestine. Joseph n'échappe pas à cet implicite du service militaire, considéré pour tous ces jeunes hommes comme un passage obligé d'initiation sexuelle. Ces sorties « en ville » sont des occasions pour tenter de faire des rencontres féminines, dont on se raconte dans la chambrée plus tard les péripéties avec force détails des plus croustillants. Conquêtes réelles ou simple vantardise. Les jeunes filles qui se promènent dans les rues de cette place forte du négoce ne sont pas toujours faciles sous leurs airs de « suivez-moi jeune homme », alors que les prostituées sont bien plus accueillantes. S'il a culbuté dans sa grange la petite servante des Amiard pour des accouplements à la six-quatre-deux, souvent contre le gré de la très jeune personne, Joseph ne connaît pas grand-chose aux plaisirs de la chair. Avec sa chevelure blonde et ses yeux si bleus, sa constitution robuste, du moins en apparence, Joseph est pour les industrieuses hétaïres le miché idéal. Il a parfois côtoyé des soldats tuberculeux ou atteints de fièvre typhoïde, sans être contaminé, en dépit d'une hygiène très approximative au sein de l'armée. Ainsi, il se débarbouille le museau, se rase et se coiffe avant de partir en quête d'une bonne aubaine. Les pieds et les jambes sont lavés une fois la semaine, et ce n'est que tous les quinze jours qu'est prescrit un « bain par aspersion ». Il est devenu le client fidèle d'une goton plus âgée que lui, experte dans l'art du savoir-jouir. Il la retrouve après avoir bu quelques verres de verte, ce qui le désinhibe et le rend plus audacieux. C'est dans l'arrière-salle du Canaille, dévolue à ces étreintes furtives et lascives, qu'il s'adonne aux plaisirs délétères de l'amour tarifé. Inévitablement, il attrape un jour une chaude-pisse qui entraîne un séjour à l'infirmerie assorti d'une privation de sortie d'un mois. Il découvre avec stupeur les fumigations au mercure qui le laissent épuisé mais permettent la rémission espérée. Sa virilité ainsi prouvée, dont il ne se sent pas peu fier, le gratifie d'une certaine aura au sein de sa chambrée.

Il ignore encore que plus tard, cela lui vaudra une santé bien fragile, qui le handicapera par où il a péché…

Les années s'écoulent, vient le jour où son service s'achève. Il ne peut envisager un retour à une vie civile de servitude. Ses rêves de voyages lointains, entretenus par les marins fréquentés, sont toujours inassouvis. Ses parents aimeraient le voir revenir au bercail pour y travailler, il n'en a cure. Il n'a que vingt-quatre ans et l'envie de bouffer le monde. Il décide donc de se rengager, pour cinq ans cette fois, comme c'est obligatoire lorsque l'on rejoint en temps de paix l'armée de mer. On est en juillet 1900, les noms de Cochinchine, Annam, Tonkin lui semblent scintiller de mille feux en un muet appel. Le 15 août, affecté au 11e régiment d'infanterie de Marine, il embarque enfin pour la Cochinchine, direction Haïphong. Il se rend d'abord en train avec ses pairs jusqu'à Marseille, premier long périple. Puis, il embarque sur le Colombo, paquebot de la Compagnie nationale de navigation, utilisé pour le transport des troupes entre la métropole et l'Indochine. Il va ainsi rejoindre son affectation au Yunnan.

Depuis 1889, Hanoï et Haïphong ont été cédées à la France en pleine propriété, les protectorats de l'Annam et du Tonkin (centre et nord du Vietnam) ayant été confiés à deux résidents généraux. Alors que la Cochinchine (sud du Vietnam) est la principale terre de colonisation et d'exploitation agricole, le Tonkin repose notamment sur son industrie minière et manufacturière. Le protectorat est également le centre administratif de l'Indochine française, et l'empire colonial français placé sous la houlette d'un gouverneur général.

Si l'on a bien tenté d'expliquer aux soldats débarqués sur le territoire l'histoire de cette colonisation en Extrême-Orient, Joseph, lui, n'a pas compris grand-chose. Il n'a pas non plus fait l'effort d'être attentif, totalement anéanti par l'étouffante chaleur du climat qu'il découvre et qui l'assomme. De plus, le petit Normand qui n'a pas le pied marin, a mal vécu le voyage en mer qui l'a débarqué à Saïgon, après ce qui lui était apparu comme d'interminables escales à Port-Saïd ou Djibouti, afin de faire le plein de charbon. Lorsqu'il pose le pied sur cette terre inconnue, il pleut, et il a l'impression de pénétrer dans une fournaise. Lui qui, à Brécé, ne supportait pas les étés au cours desquels le thermomètre dépassait à peine les vingt degrés, les trente-deux humides le feraient presque défaillir. La pluie exacerbe les odeurs de ce pays encore inconnu qui lui soulèvent le cœur : terre mouillée, poisson en décomposition, épices étranges et inconnues aux pauvres étals des paysans assis à même le sol, viandes indéfinies autour desquelles d'énormes mouches ne cessent de vrombir.

Au fil des deux années qui s'écoulent, jamais il ne s'habituera au climat tropical, pas plus qu'à tous les insectes répugnants et dangereux qui rôdent aux alentours de la ville où son unité part en exercices. Il a cru un jour mourir de peur en croisant un long serpent vert, une vipère très venimeuse dite à lèvres blanches, alors qu'il marchait dans une forêt de bambous longeant la rivière Saïgon. De plus, les conditions d'hygiène peu développées et le traitement de l'eau étant aléatoires sinon inexistants, Joseph contracte une dysenterie. Il passe huit jours à l'infirmerie, délirant à cause d'une très forte fièvre, des maux de tête à se la cogner contre les murs, et à se vider littéralement. Est-ce pour cela qu'il est envoyé pour trois mois au Cambodge ? La vie de caserne y est plus douce, et il découvre, totalement ébahi, le trésor de la culture Khmer qu'est Angkor Vat, à demi enfoui sous une épaisse végétation. Mais ce qu'il aime par-dessus tout, c'est de pouvoir, comme au Havre, bénéficier d'autorisations de sorties en ville. Il fréquente quelques maisons de tolérance qui ont lanterne rouge sur rue, fort de sa supériorité de mâle blanc colonisateur. L'exotisme de la femme indigène est puissant, il ne s'en lasse pas, et il éprouve même un sentiment assez doux jusqu'alors inconnu pour la jolie Lita, si experte qu'elle lui fait un peu perdre la tête, d'autant plus qu'elle l'incite à boire plus que de raison cet alcool de riz qu'il engloutit comme du petit-lait. Cependant, l'armée le renvoie en Cochinchine jusqu'en septembre 1903. Elle lui décerne même le grade de soldat de première classe et lui accorde un certificat de bonne conduite. Sa santé s'étant détériorée, il est alors renvoyé en métropole où il passe dans la réserve de l'armée active, dispensé de la fin de sa période en tant que rengagé.

Revenu à la vie civile, et sous les cieux qui lui conviennent mieux, il s'installe à Caen, grâce au petit pécule qu'il s'est constitué durant ses années de service. Il trouve un emploi de domestique sur le domaine d'un riche propriétaire qui, autrefois, est aussi parti en Indochine. Il y fait les petits travaux d'entretien, et lorsque l'épouse du Maître décède, il apprend à devenir son valet. Cependant, son salaire est maigre et ses économies ont fondu.

Un jour que son employeur est sorti, il s'introduit dans la chambre de la défunte. Il se doute que son époux lui a offert de beaux bijoux rapportés de son séjour en Extrême-Orient. Il n'a pas à fouiller bien longtemps : il trouve un coffret dans un tiroir de commode, qui regorge de saphirs, de rubis, enchâssés sur de somptueux colliers, bracelets et boucles d'oreilles. Il les empoche, court rassembler ses maigres affaires et se sauve. Il se rend directement chez un bijoutier caennais pas trop regardant, à qui il déclare vouloir vendre l'héritage d'une vieille tante. Si la somme offerte est coquette, il se fait quand même rouler, mais peu lui chaut. Il a aussi dû montrer ses papiers à son acheteur qui prétexte que c'est la loi, qu'il agit selon les règles en vigueur. Le voleur file ensuite directement chez ses parents à Montamy, histoire de se faire oublier.

Deux mois plus tard, c'est entre deux gendarmes que Joseph est conduit devant le tribunal correctionnel de Caen. Il avait très naïvement cru que l'on ne retrouverait pas sa trace, et il redoute à présent d'être condamné à la prison. Est-ce parce qu'il s'effondre en larmes devant son ex-patron, auquel il demande humblement pardon, que le juge sera clément ?

Joseph est condamné à une amende pour vol de 50 francs – somme considérable –, assortie d'un sursis à l'exécution. Comme il ouvre de grands yeux sans bien comprendre, le juge lui explique qu'il suspend la peine de l'amende à condition qu'il respecte les obligations et interdictions qui lui sont fixées par le tribunal. Il est mis à l'épreuve : trouver un travail dans lequel il sera parfaitement honnête et en apporter régulièrement la preuve à la gendarmerie. Il ne doit plus approcher celui qu'il a dépouillé, et il versera un tiers de son salaire chaque mois pendant un an au couvent de la Charité, où les religieuses en feront bon usage auprès des pauvres dont elles s'occupent. S'il ne se conforme pas à ces prescriptions, il devra alors payer son amende.

Joseph s'exécute, se fait embaucher chez les de l'Emperière comme valet de chambre, tout en sachant que son maigre revenu bride sa liberté avec ce qu'il doit verser aux bonnes sœurs. Terminées les virées au bordeau, les verres d'absinthe au comptoir d'un des cafés près du port. Il réfléchit, se dit que la meilleure solution serait de trouver une gentille fille qu'il pourrait épouser et qui lui apporterait, sinon une dot, du moins quelques économies. Après tout, il a bourlingué comme il en avait eu l'envie, il est aussi en âge de convoler, en omettant quelques détails embarrassants de son récent passé d'apprenti cambrioleur. N'est-il pas plutôt bel homme, malgré le teint brouillé que parfois lui occasionnent encore quelques crises de dysenterie très douloureuses ? Cela aussi, il le taira. Reste à chercher celle qui lui dira oui.

3

Le samedi 30 novembre 1907, au lendemain de leurs noces, Joseph et Aimée ont rendez-vous rue Mélingue, à 15 heures, au studio de Monsieur Bréchet, photographe caennais de renom.

Il est moins onéreux d'aller se faire immortaliser dans le décor minimaliste de l'atelier de l'homme de l'art plutôt que de le faire venir à la sortie de l'église le jour du mariage. Le nouvel époux a revêtu sa tenue militaire. Il est très fier de son allure dans sa redingote dont il a astiqué les dix boutons dorés. Suivant les instructions, il se tient très droit, tandis que sa jeune épouse lui prend le bras. Le couple est placé debout, devant un banc qui pourrait être celui d'un jardin public. Il ne manque que la verdure, eut-elle été factice, qui aurait adouci le mur neutre de l'arrière-plan. La jeune femme porte une longue jupe de laine brune très simple marquée à la taille d'un ruban noué, un corsage de soie aux manches légèrement bouffantes et resserrées aux poignets par une rangée de petits boutons de nacre. Sur la précieuse étoffe, cadeau de sa mère pour ses vingt ans, elle a accroché une rose entre ses seins dont on devine la forme, au-dessous de la montre ronde qui pend à un sautoir d'argent. Le col qui lui enserre le cou fait ressortir son joli minois surmonté d'un chignon.

— Ne bougez plus… Un sourire ?

Joseph ne sourit pas. Il fixe l'objectif qui l'impressionne, la bouche entrouverte, l'œil écarquillé, ce qui lui donne l'air niais. Aimée esquisse un très léger sourire, mais guère davantage. Il n'émane aucune tendresse du cliché sépia qui leur sera remis la semaine suivante. Tous deux sont figés dans la pose imposée. Si le bras d'Aimée est glissé sous celui de Joseph, on devine l'éloignement raidi des corps, déjà déçus l'un de l'autre. Parce que la nuit passée n'a pas répondu aux attentes, ni de Joseph, moins encore d'Aimée.

L'été dernier, lorsqu'il avait pour la première fois croisé la charmante femme de chambre peu de temps après avoir pris son service chez les de l'Emperière, Joseph avait immédiatement été piqué de l'aiguillon du désir. Il lui avait semblé reconnaître dans cet élan purement sexuel les émois du cœur et du corps qu'il avait éprouvés pour Lita, sa petite prostituée cambodgienne. Il se dit alors que cette « fi' » pourrait bien être celle qu'il cherchait, puisque le destin l'avait mise sur sa route. Il se renseigna discrètement sur la situation financière d'Aimée, et après avoir glané quelques indications auprès des domestiques de la maison, ce qui le rassura, il lui fit une cour appuyée, n'hésitant pas à lui pincer la taille, ou lui voler un baiser à l'occasion. Il avait appris par le jardinier que la jeune femme s'était constitué un petit pécule, comme sa mère le lui avait conseillé. Elle avait pu épargner de modestes économies grâce à une petite pension versée depuis le décès de son père jusqu'à sa majorité. Il y avait bien sa bézote, déjà toute faite, et dont on ne savait pas qui la lui avait mise dans le ventre. Mais en prenant cette petiote de deux ans, cela lui donnerait l'air d'avoir grand cœur, et le conduirait sans doute jusqu'au lit de la mère. Il lui proposa donc très rapidement de l'épouser, simplement :

— Aimée, veux-tu d'mei pouor ten houme ?

À la grande surprise de Joseph, Aimée accepta illico. L'affaire fut conclue et rondement menée. Les bans furent aussitôt publiés, ils se marièrent. Le garçon, pas vilain de sa personne, semblait amoureux. Aimée s'était dit que l'opportunité de donner un père à sa petite Marie-Louise, ce qui ferait taire les méchantes langues, ne se présenterait peut-être pas de sitôt. De plus, un militaire dans la réserve de l'armée active lui apparaissait comme un gage de bonne conduite, d'honnêteté. Elle ne chercha pas trop à savoir qui était réellement Joseph, et elle se dit que l'amour viendrait sans doute au fil du temps. En revanche, quand il avait évoqué son enfant pour tenter de savoir qui en était le père, elle avait jalousement gardé son secret, lui faisant même promettre qu'il ne lui reposerait plus jamais la question. C'est son point d'honneur, elle ne dévoilera jamais à quiconque que sa petite fille aurait pu porter un nom qui fleure bon l'aristocratie de province, avec particule, s'il vous plaît. Si son géniteur avait seulement pu et voulu la reconnaître.

Aimée avait été très amoureuse. Non de Monsieur, comme la rumeur acide le laissait entendre, mais du fils de l'Emperière, jeune hobereau de dix-sept ans qui l'avait bien vite culbutée et reculbutée quand sa mère avait engagé cette nouvelle servante. Elle s'était laissé faire avec délice, trouvant cocasse que le fils de la maison, plus jeune qu'elle, vînt la rejoindre dans sa chambrette sous les combles, pour des étreintes qu'il prolongeait avec une étonnante vigueur jusqu'au bout de la nuit. S'il lui avait offert son pucelage, elle avait avec lui appris le plaisir : celui qu'elle lui donnait, et celui qu'elle éprouvait dans ses bras. Aimée aimait déjà l'amour, et l'amour le lui rendait bien. Elle s'abandonna sans compter à ce jeune fougueux dont elle était folle et qui comblait sa sensualité gourmande. Ce qui devait arriver arriva : elle annonça un jour à Jean-Édouard qu'elle attendait un heureux événement. Le jeune homme, sous le choc, se réjouit tout d'abord béatement. Puis, très vite, il se rétracta. Jamais un de l'Emperière ne pourrait épouser une domestique. Il faudrait qu'elle s'arrange pour qu'il n'y ait pas d'enfant. Il avait entendu parler d'une femme dans un village proche de Caen qui savait faire passer chez les filles ce genre de « maladie ». Ce fut un choc pour Aimée, une affreuse douche froide. Il n'était pas question de ne pas mettre son enfant au monde, fût-il celui du péché, au contraire. Son amoureux lui fit alors jurer sur la tête de sa mère qu'elle tairait son nom, qu'il ne donnerait jamais au petit être en devenir. Aimée jura, sur la tête de sa mère. Jean-Édouard continua ses visites nocturnes jusqu'à ce que la grossesse avancée d'Aimée le retînt. Quand sa fille naquit, la jeune femme reconnut avec bonheur les traits du visage de son amant, sa chevelure drue, blonde et bouclée, rare et surprenante chez un nouveau-né. Elle craignit un instant que son secret ne fût découvert, tant la ressemblance lui semblait frappante. Elle seule la vit. Madame de l'Emperière se prénommait Louise, comme sa mère dont c'était le deuxième prénom. Elle prénomma donc sa fille Marie-Louise, réunissant ainsi la Sainte Vierge et les deux familles de cet enfant de l'amour, qui ne connaîtrait jamais son père. Le bébé fut d'abord placé pendant les six premiers mois de sa jeune vie chez une nourrice à Cabourg, afin de bien pousser au sein et d'emplir ses petits poumons tout neufs du bon air de la mer. Puis, lorsque la petite fut sevrée, Juliette, sa grand-mère, l'accueillit chez elle avec bonheur.

Qu'un homme lui propose le mariage et, de fait, accepte la présence à leur foyer d'une fillette de deux ans réjouit Aimée. Elle annonce la bonne nouvelle à son amie Léontine.

— Non… Attends, laisse-moi deviner. Ce serait pas ce galopiau de Joseph ?

— Oui, c'est lui, mais c'est pas un galopiau ! Pourquoi tu dis ça ?

— Parce qu'on sait pas trop d'où il vient, çui-là… Y paraît qu'il serait parti en Chine !

— C'est un peu vrai, il a servi dans l'armée, en Cochinchine, et…

— C'est pareil, va savoir ce qu'il a pu faire chez les niakoués. Enfin, toi, t'es amoureuse ? J'espère qu'il t'aime aussi…

— Mais oui, te fais pas d'bile, je l'aime bien, et il fera sans doute un bon père pour ma Marie-Louise.

— Heu là bâ dit ! Tu l'aimes *bien* ? C'est tout ? Ta fi', elle partira un jour, mais le mari, tu l'prends pour la vie !

— T'exagères ma Léontine, l'amour, ça viendra, si on peut aimer plus d'une fois…

— Toi, t'as pas oublié…

— Non, toujours pas. Mais en épousant le Joseph, ça va aller, pi ça doit être un bon gâ. Allez, c'est ben gentil de jacasser comme des pies mais ça donne soif. A-ti bère un coup de cidre, pour fêter mon mariage ! Pi tu seras mon témoin.

Léontine comprend que le sujet est clos, il est inutile de revenir sur quoi que ce soit. Après tout, Aimée fait sa vie comme elle l'entend. De plus, elle est têtue comme une bourrique. Elle n'insiste donc pas, trinque avec son amie, tout en étant déjà inquiète pour elle de ce que sera demain. Ce galopiau de Joseph, elle ne le « sent » vraiment pas. Aussi se garde-t-elle bien de dire à la future mariée qu'elle l'a vu faire le beau au café du village, braillant haut et fort et décochant des œillades à la serveuse qu'il semblait trouver fort accorte.

Aimée devrait être rayonnante sur la photo signée Bréchet. Comme toute jeune mariée. Son sourire à peine esquissé, légèrement forcé, laisse deviner qu'elle n'est pas heureuse. Sa nuit de noces lui tourne dans la tête comme un cauchemar dont elle ne parvient pas à s'extirper. Si seulement elle pouvait remonter le temps, effacer ce mariage, ne plus se souvenir de cette violence qu'elle vient de subir. Pour avoir trop fréquenté les amours tarifées, Joseph s'est comporté comme un hussard de la pire espèce. Le goujat n'a même pas pris le temps de déshabiller sa jeune épouse. À peine la porte de leur demeure refermée, il l'a soulevée dans ses bras pour la plaquer à plat-dos sur la table. Le pantalon déjà sur les chevilles, il lui a remonté jupe et jupons, agrandi en la déchirant la fente de sa culotte de coton blanc pour la pénétrer d'un coup de reins agressif. Elle a eu mal, gémi en lui demandant d'aller doucement. Il ne l'entendait même pas, fixé sur sa « performance ». Il tenait entre ses mains l'objet de sa convoitise. Il se mit à la besogner avec une ardeur décuplée par le sentiment grisant de la posséder enfin, les yeux refermés sur son plaisir qu'il sentait monter. Heureusement, cela ne dura guère. Deux minutes plus tard, il poussait un couinement, s'affalant sur elle de tout son poids.

Aimée tente de le repousser, écœurée par l'haleine alcoolisée et un peu aigre. Aucun geste d'amour, aucun baiser, aucun mot doux ou tendre. Des larmes lui montent aux yeux, un sanglot lui noue la gorge. Elle sent s'écouler d'elle un filet visqueux et collant, comme si un escargot avait glissé sur son intimité. Sans rien dire, il se redresse, se dirige vers la chambre. Pourquoi cette fumelle-là est-elle restée de marbre ? Il est pourtant bien monté, d'autres avant elle ne se sont jamais plaintes. Voilà qu'elle pigne maintenant, ça l'agace. Il ôte son pantalon, sa veste, et se glisse en chemise sous l'édredon, invite enfin sa femme à venir se coucher.

Elle ne répond pas, toujours à demi allongée sur cette table, autel sacrificiel, les jambes pendantes, encore légèrement écartées, le sexe en feu, douloureux après ce qu'elle n'ose pas nommer. Où est le garçon qui semblait si charmant, qui picorait des baisers dans son cou quand il la croisait dans le jardin ? Pourquoi l'a-t-il traitée ainsi, usant d'elle comme d'une catin ? Agit-il toujours de la sorte ? Elle se relève avec peine, ôte lentement ses jupes, son corset, se détournant pudiquement de la vue de Joseph. Ses mains tremblent.

Elle enfile la jolie chemise de nuit au col et aux poignets délicatement ornés de dentelle que Léontine lui a offerte en guise de cadeau de mariage. Quand elle se glisse au côté de son mari, il s'est déjà endormi, ronfle doucement. Elle le contemple, puis soudain, fronce le nez. Dans son sommeil, il a laissé échapper une série de vents sonores et nauséabonds. Devra-t-elle s'habituer aussi à *ça* ? Elle qui a l'odorat si délicat ! Elle s'est accoutumée aux senteurs raffinées, celles du linge de Madame fraîchement repassé, sa poudre de riz, son parfum de chez Guerlain. Ce *Jicky*, un luxe inatteignable pour elle et dont elle s'enivre en collant son nez sur le flacon débouchonné lorsqu'elle range les affaires de toilette sur la coiffeuse de sa maîtresse.

Elle se remémore aussi avec émotion l'odeur et la douceur de la peau de Jean-Édouard qu'elle aimait tant. Son petit Jeannot… Il fleurait bon le savon et l'eau de Cologne, émotions olfactives qu'elle associa à la délicatesse avec laquelle il lui faisait l'amour, attentif à ses réactions, à ses soupirs. Comme il était adorable lorsqu'il lui arrivait de sombrer quelques minutes dans le sommeil, lové contre elle, dans sa chaleur. On aurait dit un ange. Qui est donc cet homme allongé dans son lit ? Non seulement ses intestins empuantissent l'air autour de lui en se relâchant, mais encore ses pieds exhalent aussi des remugles méphitiques. Faudra-t-il qu'elle lui apprenne à se les laver ? Puisqu'elle est dorénavant sa femme. Devant le maire et le bon Dieu. Jusqu'à ce que la mort les sépare. Pourquoi n'a-t-elle pas prêté l'oreille à Léontine, qui a bien tenté de la mettre en garde ? Ce mariage a été décidé bien trop vite. Il est vrai qu'elle ne savait rien de Joseph, ou si peu, pas plus qu'elle n'avait avant le mariage, cédé à ses avances souvent appuyées. Puisqu'il avait promis de la marier bientôt, il lui faudrait patienter pour jouer avec elle à la bête à deux dos. Contrairement à son jeune amant, Joseph est plus âgé qu'elle, ce qui lui a semblé un gage de connaissance de la vie, peut-être d'une forme de maturité rassurante, d'expérience, voire de sagesse ? Un rustre en réalité, sans éducation, et qui est peut-être malade ? Jamais elle n'avait senti une telle puanteur. Ce qu'elle ignore, parce qu'il l'a tu, c'est que Joseph rechute parfois. Il lui arrive encore d'avoir des crises de cette dysenterie contractée au Vietnam, en passe de devenir chronique.

Aimée, horrifiée, en découvre les conséquences lorsqu'il se réveille deux heures plus tard. Elle ne dort toujours pas, fait semblant. Que fait-il ? Il utilise le vase de nuit. La jeune mariée pense qu'elle va s'évanouir. Ou périr étouffée. Quand son mari revient se recoucher après s'être soulagé, il porte sur lui la pestilence de la diarrhée qui l'a saisi et que son corps vient d'expulser. Il n'a pas même eu l'idée d'éloigner le pot de chambre.

La jeune femme attend que les ronflements reprennent, ce qui ne tarde pas. Elle se lève, se saisit du récipient pour le pousser vers le pied du lit. C'est trop : elle vomit. Elle va terminer sa nuit de noces sur une chaise, devant la cheminée dont les braises rougeoient faiblement, les yeux brouillés de larmes, emmitouflée dans l'épais châle de laine qu'elle porte pour aller au marché. Elle tremble, le corps dolent et au cœur un froid glacial, qui se propage dans ses veines. Le temps, désormais, va passer lentement. D'autant plus que son Jeannot, qui a atteint sa vingtième année, est parti pour effectuer son service militaire. Elle ne le croisera plus dans la vaste demeure, se grisant de son regard qui lui en disait si long. Elle se sent brusquement bien seule.

Le lendemain soir, la clochette qui s'agite en émettant ses notes aigrelettes retentit au tableau accroché dans la cuisine où sont en train de dîner les domestiques de la maison.

— Aimée, c'est pour toi, Madame t'appelle, commente Mère Baudry, la cuisinière.

La jeune femme soupire, abandonne son assiette et s'engage dans l'escalier qui mène à la chambre de sa maîtresse. Celle-ci va sortir avec Monsieur : tous deux sont invités au bal que donnent les Gosselin de Manneville en leur château d'Agy. Le jardinier, qui fera office de cocher, s'affaire déjà à préparer la voiture et ses deux chevaux devant le perron. Il est fier de ces superbes cobs normands à la robe baie et à la crinière de jais, qu'il bichonne comme s'ils étaient ses enfants. Madame de l'Emperière est resplendissante dans sa robe de soie rose brochée recouverte de points d'Angleterre. Il ne reste qu'à ajuster à sa taille une ceinture de satin vieil or en la nouant gracieusement dans le dos.

— Ma fille, trouvez-moi mes perles, et mon abeille de diamants. Vous la fixerez dans ma coiffure.

Aimée s'exécute, noue la ceinture puis extrait d'un des tiroirs de la coiffeuse le coffret qui contient les bijoux de Madame. Elle aime ces préparatifs qui la font rêver, manipuler ces objets si précieux, qu'elle ne pourra jamais s'offrir. Elle n'en est pas envieuse, elle aime seulement les prendre dans ses mains, caresser en le passant au cou de Madame le velouté du rang de perles. Ensuite, plaisir suprême, elle tournera autour d'elle, promenant le vaporisateur de *Jicky* pour projeter un voile parfumé sur le cou et le buste de la dame si distinguée dans sa toilette de bal.

— Eh bien Aimée, vous rêvez ? J'attends mon abeille, pressez-vous un peu, je ne veux pas faire attendre Monsieur !

Aimée cherche, soulève un à un tous les bijoux du coffret, mais la scintillante abeille n'y est pas.

— Madame l'aura rangée ailleurs ? Je ne la trouve pas...

— Mais non ! C'est impossible, cherchez encore, ma fille !

— Je vous assure, Madame, regardez vous-même...

Aimée rougit, très ennuyée de ce contretemps. Ses doigts se mettent à trembler tandis qu'elle aligne un à un colliers, bracelets, bagues et broches sur le plateau de verre de la table de toilette. Où est donc passée cette maudite abeille ? À cet instant, après avoir frappé deux coups discrets à la porte de la chambre de son épouse, M. de l'Emperière entre, son manteau ouvert sur son habit, son haut-de-forme, ses gants et sa canne à pommeau d'argent en main.

— Êtes-vous prête mon amie ? Si vous tardez encore, nous serons en retard...

— Figurez-vous que mon abeille de diamants semble avoir disparu ! Aimée, vous la chercherez encore plus tard, fixez-moi ce peigne derrière mon chignon. Les émeraudes iront tout aussi bien avec le rose hortensia de ma robe.

La femme de chambre obéit, plante le peigne incrusté de pierres à l'eau verte à la base du chignon de Madame, avant de déposer une étole de renards blancs sur ses épaules dénudées. De la fenêtre, elle regarde partir le couple en soupirant. Elle revient à la coiffeuse, range tout en faisant l'inventaire soigneux les bijoux qui y sont restés. Mais toujours pas de broche de diamants en forme d'abeille prenant son envol.

Prise d'une intuition subite, elle dévale alors l'escalier, se précipite vers son logis. Elle ouvre la porte à la volée, et découvre Joseph, affalé sur le lit, tout habillé. Il est visiblement ivre, comme en atteste son haleine expulsée entre deux ronflements. Il a pris l'habitude de s'arrêter chaque jour au café du village où il refait le monde au comptoir avec quelques pochetrons notoires, tout en dégringolant des verres d'absinthe et de vin rouge. Aimée décroche de la patère le manteau râpé de son mari, fouille toutes les poches, sans rien y trouver d'autre que des miettes de tabac, un vieux mouchoir de coton sale, son briquet amadou. Surmontant sa crainte, elle s'approche de lui, glisse ses doigts agiles dans une poche du pantalon, puis l'autre. Elle sent alors un objet métallique, qu'elle extrait très doucement, dans la crainte d'éveiller le dormeur. Dans le creux de sa main, les diamants brillent de mille feux à la lueur des flammes de la cheminée.

Ce printemps 1908 sonna le glas d'une vie de travail assez agréable à laquelle Aimée s'était habituée. Honnête dans l'âme, au lieu de se contenter de dire qu'elle avait retrouvé le bijou, elle avoua la forfaiture de Joseph à Madame. Qui s'empressa d'en informer son mari. Furieux, ce dernier convoqua le couple sur-le-champ, auquel il signifia son congé immédiat. S'il ne prévint pas la police, ce fut grâce à son épouse, qui appréciait beaucoup sa camériste et qui fut fort contrariée de son départ. Il fit toutefois savoir autour de lui pourquoi il avait mis à pied son valet de chambre.

Le cœur gros et des sanglots coincés dans la gorge, Aimée rassembla leurs maigres affaires, dans deux balluchons séparés. Il fut décidé qu'elle irait chercher refuge momentanément chez sa mère, le temps de trouver un nouvel emploi. Quant à Joseph, lui aussi en quête de travail, il irait se faire oublier quelque temps à Montamy, dans la ferme de ses parents, en attendant de pouvoir se retrouver à Caen. À toute chose malheur est bon : les quelques mois qui s'écoulèrent chez Juliette, avec la petite Marie-Louise furent une bouffée de bonheur simple pour Aimée, éloignée de l'homme auquel elle avait malencontreusement lié sa destinée.

Elle ignorait que Joseph avait pris l'attache d'un receleur susceptible de lui acheter la broche de Madame de l'Empe-rière, sans encore se décider. Il voulait réfléchir, la somme proposée lui ayant semblé insuffisante. Il avait donc conservé le bijou, en attendant de trouver peut-être plus offrant. Il comptait sur cet argent pour éponger sa dette imposée par le tribunal de Caen, qui avait donné raison au plaignant. On lui accorda cependant des échéances mensuelles, auxquelles il ne pouvait faire face. Il fallait aussi payer les ardoises qu'il avait accumulées Chez Robert, en offrant des tournées à la gloire de l'armée française, en buvant ses gages, et la moitié de ceux de sa femme, à son insu. Finalement, l'éloignement d'avec elle tomba plutôt bien. Il se refit en vendant quelques bêtes que possédaient ses parents, et en empruntant à son frère Victor. Après tout, c'est fait pour ça la famille. Quelques mois passèrent, il retourna à Caen où il se fit embaucher dans l'atelier d'un charron parce qu'il était assez habile de ses mains pour travailler le bois. Il trouva ensuite rue du Vaugueux dans un vieil immeuble une logeuse qui accepta de lui louer deux petites pièces meublées au troisième et dernier étage, qui feraient bien l'affaire pour nicher un couple. En revanche, pas question de s'embarrasser de la gamine, il n'y avait pas la place. Il faudrait qu'elle reste chez sa grand-mère. Pour aller vite et intimer à Aimée l'ordre de venir le rejoindre, il se rendit à pied rue des Fraisiers en remontant la rue Caponière. Moyennant quelques sous, il fit rédiger une lettre par l'un des derniers écrivains publics qui officiaient encore. Il parvint à marchander, le vieux bonhomme ayant lui aussi servi à bord d'un navire en tant qu'écrivain du bâtiment. Entre soldats, on se devait bien ça !

Il fit ajouter en post-scriptum qu'elle trouverait bien à s'employer chez la blanchisseuse qui tenait boutique au rez-de-chaussée de leur maison. Il ajouta lui-même au bas de la missive son prénom, qu'il savait écrire correctement. Content de lui, car il avait obtenu un rabais de vingt sous, il s'empressa d'aller les dépenser au bistrot après avoir confié son courrier aux services postaux.

4

Lorsque Juliette remet à sa fille le courrier qui lui est destiné, cette dernière devient très pâle. Avant même de l'avoir ouvert, elle sait qu'il sonne le glas de ces quelques mois d'accalmie et de repos, à vivre en paix auprès de celles qu'elle aime tant.

Sa petite Marie-Louise est un amour d'enfant. Grâce aux bons soins de sa grand-mère, elle pousse sans souci, en parfaite santé. Aimée ne se lasse pas de bécoter de baisers sonores ses bonnes joues roses, ce qui fait rire la fillette aux éclats. Elle lui apprend quelques comptines, chante avec elle, heureuse de ces petits bonheurs. Elle soupire parfois, émue de la ressemblance frappante de la petite avec son père. Qu'elle est jolie ! Et pas sotte avec ça, elle apprend vite, babille sans cesse, pose des questions à tout propos. La jeune femme sent une larme couler sans qu'elle puisse la retenir en découvrant le contenu de la lettre. Le feuillet tremble entre ses mains. Elle le froisse rageusement, le fourre dans sa poche.

— Maman, pourquoi tu pleures ? demande l'enfant dont les boucles blondes ont la flavescence des ablais sous le soleil.

— Je ne pleure pas ma poulotte, j'ai une poussière dans l'œil. Et si on allait voir la mer ? À Cabourg ?

— Oh oui ! oui ! oui ! Grand-mère, on va à la mer !

La petite fille saute de joie, crie pour attirer l'attention de Juliette qui prépare la soupe du soir dans la cuisine.

—Elle a de bonnes idées ta mé, je vais préparer un en-cas pour manger sur la plage alors. Va chercher ton capé et ton paletot, si on se dépêche, on pourra prendre la voiture de dix heures. Pi on passera tantôt saluer mère Hébert, ta nourrice.

L'enfant s'empresse d'obéir, court chercher son chapeau de paille et sa veste à large col marin assortie à sa robe blanche, confectionnées par Juliette. Celle-ci aussi a vu l'ombre passer sur le visage d'Aimée. Elle s'en inquiète mais n'ose pas l'interroger. Les deux femmes et Marie-Louise prennent la voiture à quatre chevaux qui les conduit en une heure à Cabourg. Une belle journée s'annonce, le soleil est de la partie. Il est un peu plus de onze heures lorsqu'elles arrivent devant le Grand Hôtel dont les 150 mètres de façade regardent la Manche, les pieds dans le sable de cette Côte Fleurie très en vogue.

Le nez en l'air, Marie-Louise plisse les yeux pour mieux scruter les décors floraux, les coquilles Saint-Jacques qui ornent les encorbellements et les colonnades. Une sonnette de bicyclette la tire de son observation. La jolie dame qui pédale doucement lui fait un sourire en passant, bientôt suivie d'une autre. Ce nouveau sport a été importé de Deauville, où il fait fureur et de nombreux adeptes. Des automobiles aussi circulent, dont il faut se garer. Il y a un monde fou ! La mode des bains de mer s'est répandue, il est de bon ton de venir en villégiature dans ces petites villes balnéaires normandes, où de riches parisiens et des bourgeois caennais se sont fait construire de magnifiques villas. Les « trains de plaisir », mis en place par la Compagnie de l'Ouest, permettent aux moins fortunés, en offrant une importante réduction sur le prix des billets, de passer une ou plusieurs journées au bord de la mer à la belle saison.

De nombreux passants, spectateurs de la plage, se pressent sur la promenade qui la longe. C'est une profusion de jupes blanches qui virevoltent au léger vent marin, d'ombrelles multicolores, voiles éphémères roses, mauve azuré qui piquent le paysage de délicates touches polychromes, comme sur une aquarelle. Des enfants aux jambes nues, vêtus de bleu et de rouge construisent des châteaux de sable, jouent au croquet ou tentent de faire s'envoler leurs cerfs-volants. Des baigneurs se poursuivent dans l'eau, s'éclaboussent en soulevant des gerbes scintillantes. De beaux messieurs en pantalons blanc immaculé lancent des œillades aux « jeunes filles en fleurs » qui inspireront Marcel Proust l'été suivant, lorsqu'il les observera depuis sa fenêtre de la chambre 414 de ce grand hôtel luxueux, palais des mille et une nuits pour les trois visiteuses en cette journée estivale. On se retourne aussi sur Aimée qui, songeuse, ne sait plus qu'elle est très séduisante et attire les regards. Marie-Louise tire sur la jupe de sa mère :

— Maman, j'ai faim…

Juliette sourit, propose de s'installer sur la plage afin de manger ce qu'elle a apporté dans son panier d'osier. Un repas frugal, composé de grandes tranches de pain qu'elle émiette dans une assiette de lait pour l'enfant, puis une belle tarte aux pommes confectionnée la veille, croustillante à souhait. Les mains encore collantes de la pâtisserie, la fillette se dirige vers des gamins affairés à leur construction de sable. Aimée s'apprête à la rattraper, mais Juliette la retient. Il faut bien que la petiote s'amuse. Pour elles deux, c'est le moment d'en profiter pour s'octroyer ce temps de douceur de vivre, si rare.

— Tu vas devoir repartir, c'est ça qui te préoccupe ?

— Oui, Joseph veut que je le rejoigne, il nous a trouvé un logement en ville.

— C'est bien, non ? Une femme doit vivre auprès de son mari, tu ne pouvais pas rester ici éternellement.

Il ne veut pas de Marie-Louise, ce fi'd'garce, elle pourra encore rester avec toi ?

— Mais oui, et ne parle pas comme ça, je m'occuperai bien de ta poulotte, tu le sais, et tu viendras la voir aussi souvent que tu voudras.

— J'ai bien peur de ne plus la voir grandir, justement, et ça me déchire le cœur ! Par-dessus le marché, il va falloir que je travaille dur, le Joseph ne gagne pas assez pour nous faire vivre. Merci maman de protéger ma petiote, comment je ferais sans toi ? Allez, n'en parlons plus, si on allait voir la mère Hébert ?

Juliette ne répond pas, enlace sa fille et l'embrasse. Elles rappellent Marie-Louise, qui rechigne à abandonner ses nouveaux amis d'un jour. Elles se rendent à pied chez Armandine Hébert qui a nourri la fille d'Aimée. Elles la trouvent avec un enfançon pendu à sa mamelle. La brave femme, aux rondeurs très épanouies, les accueille avec chaleur. Sans lâcher son précieux fardeau, toujours accroché à son sein, elle soulève la fillette sur son autre bras pour l'embrasser. Cette dernière entoure à son tour le cou de cette jeune femme si douce pour lui rendre un câlin. Elle hume la chair généreuse qui sent bon le savon, le linge fraîchement lavé, et le lait un peu aigre que rejette parfois sur son épaule le petit qu'elle vient de nourrir. Marie-Louise enserre le buste d'Armandine de ses petits bras, enfouit son visage dans l'accueillant giron, sa tête près de celle du bébé qui s'endort doucement, content et repu.

— Attends ma tiote, j'vas remettre le bézot dans son ber.

Dame Hébert va déposer délicatement le nourrisson dans un berceau que son mari, tonnelier de son état, lui a confectionné dans un demi-tonnelet qu'elle a garni de tissu. Il est fixé sur des patins incurvés qui lui permettent de bercer du pied l'enfant qui repose, pendant qu'elle s'occupe à une tâche culinaire. Marie-Louise ne s'est pas détachée d'elle, reste sur ses genoux quand elle s'assoit pour bavarder avec sa mère et sa grand-mère. Juliette a sorti le reste de la tarte aux pommes, leur hôtesse sert trois verres de boisson, du lait de la dernière traite pour la fillette. Le couple Hébert possède une vache, des poules qui leur donnent de beaux œufs, quelques lapins dans un clapier. Un petit potager, soigneusement entretenu, leur fournit les légumes selon les saisons.

— Vous avez un don avec les enfants, Armandine. Marie-Louise vous adore, et celui que vous avez en nourrice m'a l'air bien heureux…

— Je les aime tous ces bézots, qu'ont pas toujours été désirés… Ou que leurs pauvres *més* ne peuvent nourrir quand elles ont pas de lait, ou qu'elles doivent travailler, soupire Armandine. Alors, je crois qu'ils le sentent, et ils me le rendent bin ! Aujourd'hui, j'ai que çui-là, les parents des autres les ont repris pour le dimanche. Eh, Marie-Louise, va voir au fond du jardin, les framboisiers sont en avance cette année avec cette chaleur, va donc goûter les framboises !

Elle ne se le fait pas dire deux fois, file en sautillant. Les trois femmes bavardent un moment, et Aimée se sent bien dans cette petite maison proprette où les enfants sont rois, où l'on éprouve une joie de vivre qu'elle aurait appréciée pour elle-même.

L'heure a tourné, il faut partir. Elles éclatent de rire en voyant revenir la fillette. On dirait un petit clown. Ses joues, son nez et ses mains sont barbouillés de jus de framboises bien rouge. Armandine les lui fait laver, lui passe un linge mouillé sur le visage, avant de l'embrasser en lui faisant promettre de revenir la voir. Elles reprennent la voiture et, alors qu'elles sont à peine rentrées, Aimée serre sur son cœur sa petite fille à l'en étouffer. Puis, elle embrasse sa mère, et sans un mot, les yeux embués de larmes, repart vers celui qui l'attend.

Deux heures plus tard, elle est essoufflée lorsqu'elle arrive au troisième étage du vieil immeuble. Les marches sont raides, craquent à fendre l'âme, les paliers sombres, et des relents d'urine féline flottent dans l'air. Elle toque à la porte, qui s'ouvre immédiatement.

— Te v'la ! C'est pas trop tôt ! Entre, tu vas pouvoir préparer le souper, moi, j'ai à faire, je reviens plus tard…

Joseph, sur ces paroles de bienvenue, la laisse pour dévaler l'escalier. Aimée referme derrière lui, et lentement, regarde autour d'elle. La pièce lui semble très petite, éclairée par une lucarne qui dispense une lumière chiche en cette fin d'après-midi. L'ameublement est sommaire : une table, deux chaises, une cuisinière à bois dans un coin, le tuyau relié à la cheminée dont l'âtre est empli de cendres. Un petit bahut est posé à côté, dans lequel elle trouve un pain et quelques légumes, un peu de vaisselle et deux marmites. Elle pousse la porte qui donne sur une chambre minuscule, où seul tient le lit, avec une unique table de nuit. Une lampe à pétrole au verre fendu et à la mèche noircie est posée sur le socle en marbre, le vase de nuit rangé dans le compartiment fermé. Deux patères fixées au mur, en guise de placard à vêtements. La jeune femme se laisse tomber sur la couche, et se met à sangloter, le visage dans ses mains. Le contraste est si éclatant après l'après-midi qu'elle vient de passer dans la petite maison des Hébert ! Elle se sent seule, perdue dans ce logement qui déjà lui fait horreur. Elle soupire et se met à préparer une soupe comme elle peut, avec ce qu'elle trouve. Le brouet qu'elle confectionne sera clair, Joseph n'a pas acheté de lard, seulement quelques pauvres légumes déjà défraîchis. Il faudra mettre du pain dans les assiettes. La nuit est tombée. Son mari n'est toujours pas rentré. Que pouvait-il donc avoir à faire ? Aimée attend, assise sur une des chaises paillées dont la barre transversale du dossier trop droit lui torture le dos. Elle a allumé la lampe qu'elle a posée au milieu de la table et dressé deux couverts. Soudain, la porte s'ouvre brutalement, la faisant sursauter. Joseph entre en titubant, l'air goguenard, l'œil allumé.

— Ma p'tite femme ! T'es là, t'as manqué à ten houme, tu sais. Donne-moi un bécot…

Surprise, Aimée s'est levée. Son mari s'approche, lui enserre la taille, cherche sa bouche. Il a l'haleine avinée, il semble chaussé de souliers à bascule. Est-ce pour cela qu'il la tient si fort qu'elle ne peut se dégager et subit le baiser qu'il impose ? Elle sent sur son ventre le désir soudain qu'il a d'elle, alors qu'il a plaqué son bassin contre le sien. Aimée n'est pas de taille à lutter tandis qu'il la pousse vers la chambre, la fait choir sur le lit. Il remonte sa jupe, griffant de ses mains calleuses ses bas et sa peau tendre au passage. Il défait son pantalon avec une surprenante rapidité pour un homme en état d'ébriété, puis se laisse littéralement tomber sur elle, force ses cuisses à s'ouvrir pour la pénétrer violemment. La jeune femme ferme les yeux, serre les poings. Ainsi brutalisée, transpercée, elle tente de s'échapper de son corps pour ne pas ressentir la douleur infligée, la honte, la culpabilité.

Elle songe à son enfant chérie qu'elle a dû laisser derrière elle pour cet homme qu'elle n'a jamais aimé, qu'elle aurait pu aimer bien s'il ne la traitait pas comme la dernière des pierreuses en la violant en toute légalité. Elle ne peut que le laisser faire, attendre qu'il ait terminé son affaire. Ce qui ne tarde pas. Elle espère les premiers ronflements pour le pousser sur le côté. Elle reprend son souffle, le laisse dormir. Il n'est sans doute pas près de s'éveiller, le vin l'aura assommé. Elle se relève doucement, se rajuste, va s'effondrer sur cette chaise si roide. Il lui semble qu'elle a épuisé les larmes qu'elle voudrait pouvoir verser, ce qui serait lénifiant. Elle referme les yeux, se laisse peu à peu engourdir par le sommeil, auquel elle finit aussi par céder.

L'été s'écoule, le soleil s'enfuit bien vite, l'automne s'annonce déjà. Le ciel normand a pris ses couleurs d'ardoise, charriant nuages et ce crachin soutenu qui vous transperce jusqu'à la moelle des os quand il est charrié par un vent à vous couper la poire en deux. Aimée travaille dur dans la boutique de Jeanne Letellier.

Dix heures par jour, parfois même le dimanche matin. La blanchisseuse qui manquait de main-d'œuvre l'a accueillie à bras ouverts. Une troisième fille ne sera pas de trop. D'autant plus que puisque sa nouvelle ouvrière habite l'immeuble, elle y a vu l'assurance d'une ponctualité et d'une régularité dans le travail à en attendre. Ça changera de ces gamines qui se louent pour quelques semaines puis partent du jour au lendemain sans prévenir. C'est qu'il y en a du linge à laver, à blanchir, à repasser ! Les pratiques qui le lui confient ne manquent pas, et Jeanne est réputée pour la célérité et la qualité de son service. Pas question pour les trois ouvrières de bavarder, ou de prendre plus de vingt minutes pour déjeuner, il faut maintenir la bonne réputation de la boutique et travailler sans relâche, vite et bien. Gare au moindre faux pli sur un drap monogrammé, Jeanne le fait relaver et repasser à nouveau.

Aimée rentre le soir épuisée, le dos cassé, les mains rouges et boursouflées, avec parfois de vilaines cloques dues aux brûlures du fer. Elle prépare alors le dîner, et attend le retour de son mari. Il la trouve souvent endormie, la tête sur ses bras posés sur la table, vaincue par la fatigue. Il tarde souvent à revenir de son atelier, en faisant plusieurs haltes dans les estaminets qu'il trouve sur son chemin. Il la réveille alors d'une bourrade, pour qu'elle serve le souper, puis, tout aussi épuisé et l'esprit embrumé de vapeurs d'alcool, il va s'effondrer sur le lit et s'endort aussitôt. Le dimanche, il exige de sa femme qu'elle accomplisse son « devoir conjugal ». Aimée, dont le cœur est lourd en permanence, obtempère en le laissant faire d'elle ce qu'il veut. Elle s'évade en songeant à sa petite fille, qui grandit loin d'elle. Elle sait ne pas pouvoir attendre l'argent que gagne Joseph, il en boit une bonne partie. C'est sur elle seule qu'elle doit compter pour faire vivre leur couple et envoyer à Juliette quelques sous durement gagnés et épargnés en cachette pour l'éducation de Marie-Louise.

Ce matin de novembre, alors qu'elle épluche des pommes de terre pour les faire cuire avant d'aller travailler, Aimée parcourt d'un œil distrait les articles de cette page froissée du *Journal de Caen et Progrès du Calvados* qui a servi à emballer ses légumes. Une photo montre un étrange appareil, qui se déplace dans les airs ! Elle lit les lignes qui décrivent l'engin. Il s'agit d'un biplan Voisin, que son créateur Léo Delagrange a fait voler pendant plus de vingt-neuf minutes, en effectuant quinze fois le tour du champ de manœuvre.

Cela fait sourire la jeune femme : à quoi cela pourrait-il bien servir ? Ils sont complètement fous ces « aviateurs ». D'un seul coup, le sourire d'Aimée cède la place à une grimace. Elle est saisie d'une incoercible nausée. Elle n'a que le temps d'attraper la bassine à toilette pour y vomir. Elle n'a pourtant rien mangé ce matin, seulement bu une tasse de lait. Elle se redresse, légèrement étourdie, puis devient très pâle. Son cœur bat la chamade. Une pensée lui a traversé l'esprit, qu'elle refuse. Non, pas ça, Bou Diou, pitié… Elle se reprend, se rince la bouche et se mouille le visage. Le lait devait être un peu tourné, elle ne l'aura pas senti. Elle fait cuire ses pommes de terre, puis, son fichu sur les épaules, descend doucement les escaliers pour se rendre à la Blanchisserie Letellier. Sa journée de travail achevée, elle court chez une sage-femme dont Hélène, une des ouvrières avec laquelle elle a sympathisé, lui a donné l'adresse. La praticienne la reçoit, l'examine et confirme ce qu'Aimée redoute : elle est enceinte. Probablement d'un peu plus de deux mois.

— Vous êtes sûre ? demande la jeune femme, les larmes aux yeux.

— Pratiquement ma jolie, je vous confirmerai ça dans un mois, mais j'ai peu de doutes.

Ainsi, elle allait à nouveau devenir mère malgré elle. Le petit être qui vit déjà dans son ventre, elle ne l'a pas désiré. Maintenant, il va falloir annoncer cette nouvelle à son époux. Comment vont-ils faire avec un bébé, dans cet étroit logement ? Et lui, comment va-t-il réagir ? Et sa patronne ? Acceptera-t-elle de la garder après qu'elle aura accouché ? Elle rentre chez elle, tournant dans sa tête ces questions qui l'angoissent. Joseph est déjà là, qui l'accueille rudement.

— Où qu't'étais ? J'ai faim, mé, pi pourquoi t'es toute pâlichonne ? T'es pas malade au moins ?

— Malade ? Non, à moins que la grossesse soit une maladie ?

— Quoi ? T'es grosse ? C'est pas trop tôt ! Il était temps que tu me fasses un garçon, puisque mon frère n'a point d'enfant. Le nom des Doré sera assuré ! Allez, on va fêter ça, ouvre donc la bouteille que j'ai rapportée. Un bon coup de cidre, ça lui fera un cœur solide au p'tiot !

Aimée s'exécute, ne demande pas d'où vient le flacon qu'elle débouche. C'est un moindre mal, elle n'aurait pas pu avaler une boisson plus alcoolisée. Elle se sent déjà légèrement grise après un seul verre. Joseph, lui, termine la bouteille, sans donner le moindre signe d'ivresse. Demain, elle parlera à Jeanne. Sa patronne est inflexible pour le travail, mais c'est une bonne personne. Elle comprendra, et ne la mettra pas dehors avec son ventre rond.

Ce qu'elle ne sait pas encore, car comme à son habitude Joseph ne le lui a pas dit, c'est que le charron qui l'employait, las de le voir trop souvent aviné et de fait inapte aux rudes travaux à effectuer, vient de lui donner congé. Le patron lui a versé le montant de la semaine de travail due, avec laquelle il est allé se rincer le gosier et acheter le cidre. Non mais, il en avait soupé des pièces de ferraille, et de toute façon, il serait parti de lui-même. Il avait assez vu défiler de charrettes à brancards, de charrues, de brouettes et même de corbillards. Toutes ces roues finissaient par lui donner le tournis. Autant se réjouir, mais sans en souffler mot à sa bonne femme. Elle ne comprendrait rien, s'inquiéterait inutilement, comme toutes les fumelles.

Demain, il ira faire un tour au port. Ce serait bien le diable s'il ne dégottait pas un emploi. Il a besoin de souffler, de respirer à nouveau l'air de la mer et de voir des navires. En attendant l'arrivée de son fils.

5

Aimée vient d'avoir vingt-six ans. Seule sa mère a pensé à venir lui souhaiter son anniversaire. Elle lui a apporté une brassée de lilas de son jardin, aux si grosses grappes que Marie-Louise disparaissait derrière, le nez chatouillé par les thyrses aux senteurs délicates. La petite a eu bien du mal à se hisser sur les genoux de sa mère. Le terme de la grossesse de la jeune femme approche. Souvent, elle passe les mains sur cette éminence de son corps, de ce geste commun à toutes les femmes enceintes. Non pas comme une caresse destinée à l'enfant à naître, mais plutôt parce qu'elle est encore surprise de ne le porter qu'après deux longues années de mariage et les assauts répétés de son époux. Elle ne pouvait savoir que les résurgences du passé à la sexualité désordonnée de Joseph avaient rendu sa fertilité incertaine. S'il lui avait parfois reproché de ne pas se trouver grosse de ses œuvres, Aimée souriait en elle-même, sachant bien qu'elle n'avait aucun empêchement à concevoir, sa petite fille en était la preuve. L'idée n'était pas venue à son benêt de mari que la maladie honteuse qu'il avait contractée lors de son séjour en Cochinchine n'était pas sans conséquences sur sa fécondité. S'il s'en était souvenu et avait fait le rapprochement, il aurait même pu considérer que la conception dont il était responsable relevait presque du miracle.

La patronne a affecté la jeune femme uniquement au repassage dans la blanchisserie parce que son ventre trop rond et pesant l'empêche d'être au lavoir, de soulever les lourdes charges des draps de métis mouillés. Cette deuxième quinzaine du mois d'avril 1909 a vu déferler sur la France entière une étrange vague de chaleur. Un soleil de plomb dans un ciel désespérément bleu écrase bêtes et gens en Normandie aussi, où l'on n'est guère habitué à ce que le thermomètre dépasse les vingt-cinq degrés. On étouffe dans la boutique. Les braises à entretenir pour que chauffe la fonte des fers à repasser font monter plus encore la température. Tout courant d'air salvateur est impossible car il n'y a pas un souffle. Les ouvrières sont en sueur malgré leurs corsages largement ouverts, manches retroussées. Elles doivent redoubler d'attention pour ne pas se brûler, car leurs mains moites glissent facilement sur les manches en bois. Hélène, qui repasse aux côtés d'Aimée a délacé son corset, ce qui a fait froncer les sourcils de Madame Jeanne. Une dévergondée cette fille, toujours à essayer d'attirer l'œil du client. Regrettant de ne pouvoir faire de même, elle n'a cependant rien dit, laissant les ouvrières boire aussi souvent que le besoin s'en fait sentir de grandes rasades d'eau. Elle la maintient au frais dans des pichets de grès en les serrant à la cave, suffisamment profonde pour que la chaleur ne l'atteigne pas.

Ce matin du lundi 19 avril, Aimée a ressenti quelques douleurs passagères, térébrantes et vives, lui larder le ventre. Comme elles se sont vite dissipées, elle n'y a guère prêté attention et elle est partie travailler. Elle est épuisée, a bien du mal à rester debout devant sa table de repassage. Elle se redresse souvent, mains sur les reins, pour tenter en vain de détendre ses lombes dolentes. Soudain, alors qu'elle se cambre légèrement, la tête rejetée en arrière, elle sent sourdre d'elle les eaux qui viennent tremper ses bas et son jupon avant de former une petite flaque au sol. Sans un mot, en grimaçant à la première contraction, elle s'accroche d'une main au bras d'Hélène, qui comprend immédiatement ce qui se passe. Elle l'aide à s'asseoir sur la chaise réservée aux clientes, appelle la patronne :

— Madame Jeanne, vite ! Aimée a perdu les eaux !

— Il n'est pas question qu'elle accouche dans la boutique ! Au lieu de t'affoler, va donc chercher la sage-femme, et vite !

Hélène part en courant, revient une demi-heure plus tard accompagnée de l'accoucheuse. Celle-ci aide Aimée à remonter très doucement chez elle en faisant halte à chaque palier. Une fois dans l'appartement, la brave femme s'affaire, prépare le lit sur lequel elle fait s'allonger la parturiente, puis fait bouillir de l'eau, sort du sac qu'elle a apporté des linges et quelques instruments qui pourraient s'avérer nécessaires.

— Maintenant, il n'y a plus qu'à attendre, en espérant que ce ne sera pas trop long, puisque c'est votre deuxième. Vous voulez qu'on envoie quérir votre mari ?

— Non, pas la peine, il sera bien temps quand l'enfant sera arrivé, s'il n'est pas rentré d'ici là. Il doit travailler de toute façon. Vous n'allez pas me laisser, dites ?

— Mais non ma jolie, n'ayez crainte, je reste près de vous…

Toute en rondeurs et en bienveillance quasi maternelle, la mère Lefèvre accompagne le travail d'Aimée tout le jour durant. Ce n'est que huit heures plus tard, en toute fin d'après-midi que la sage-femme extirpe un tout petit bébé du ventre de la jeune femme. Elle l'emporte immédiatement, et le tenant par les pieds la tête en bas, lui assène sur les fesses une petite tape. L'effet est immédiat : la petite fille se met à pousser des cris de souris à qui l'on aurait coincé la queue dans une porte et qui la font rougir. Satisfaite, la sage-femme procède à la toilette et à l'emmaillotage du bébé avant de retourner s'occuper de la mère et, enfin, lui remettre son nourrisson, tout en lui conseillant de lui offrir le sein. À bout de fatigue, Aimée n'en a pas la force, encore moins l'envie. Elle scrute ce petit être inconnu. Elle ne parvient pas à trouver dans ce bébé si menu quoi que ce soit qui lui redonnerait le sourire.

Que va dire Joseph en apprenant qu'elle a donné le jour à une fille ? Il trouvera sans doute lui aussi qu'elle est laide. Son crâne n'est recouvert que d'un pâle duvet blond, sa drôle de frimousse rouge carmin tirant sur le bronze typique de l'ictère du nourrisson n'évoque aucune ressemblance ni avec sa mère, ni avec son père. Aimée soupire, dépose la petite chose pour laquelle elle n'éprouve pas la moindre poussée de tendresse dans la caisse qui va lui servir de premier berceau, sans même songer à l'embrasser. Ou penser à un prénom à lui donner, ce que Joseph lui avait interdit puisque ce serait un garçon, et que ça porterait malheur de prévoir un nom de fille. Sans même s'en rendre compte, elle sombre dans un sommeil agité de mauvais rêves.

Sur le quai de Juillet du port de Caen, Joseph sifflote gaiement, comme pour accompagner les sifflets puissants des bateaux à vapeur dont le trafic vers Le Havre est intense. Les sirènes des paquebots en partance pour l'Angleterre mugissent, annonçant leur départ, les flancs lourds de marchandises. D'autres emportent voyageurs et fret vers Littlehampton ou Londres, qu'ils relieront en passant par Newhaven. Il hume l'air qui charrie toutes sortes d'odeurs, souvent âcres et qui lui rappellent ses séjours lointains. Il est content de lui, se frotte les mains, sans même prendre garde au soleil qui, en déclinant, offre un spectacle grandiose de feu et d'or en fusion. Il n'a pas réussi à se faire embaucher sur l'avant-port de Ouistreham, mais il s'est vu offrir par le patron d'une entreprise portuaire un emploi de plumet, comme on appelle encore ici les dockers, au port de Caen. Il imagine à l'avance les lucratifs dérivés qu'il pourrait en tirer. Comme il devra transporter toutes sortes de marchandises, ce sera sans doute facile d'en prélever quelques-unes, puis, d'aller les vendre en douce chez certains commerçants caennais peu scrupuleux quant à leur provenance. Il a commencé ce travail hier, l'œil à l'affût afin de repérer quand, comment et à quel moment précis il pourrait subtiliser quelques kilos de café par-ci dans une balle, ou des fèves de cacao par-là. Malin, le Joseph ! Il a déjà quelques idées sur la question. Le thé est tentant aussi, qui pourrait bien plaire aux Anglais lorsqu'ils attendent le navire qui les remmènera vers leur Albion natale. Plus difficile à écouler peut-être ? Il verra bien. Ce soir, il est fourbu. Une halte dans l'un des cafés qui bordent le quai ne lui fera pas de mal. Il a le dos et les bras en compote d'avoir porté toute la journée de lourds ballots. Il s'arrête donc au Bar de l'Escale, déjà bruissant des conversations des marins de passage et de tous ceux qui forment le petit peuple du port. L'air est alourdi de fumée de tabac, de relents de sueur et de vapeurs d'alcool.

Joseph commande un verre de calvados, puis, cherche dans la salle un de ses compagnons de travail avec lequel il a échangé quelques mots dans la journée. Il trouve le sieur Letondeur déjà à demi effondré sur un coin de table. Le bonhomme éructe des propos rendus difficilement compréhensibles par une élocution savonneuse. Joseph a dans l'idée de s'en faire un compère pour le petit commerce qu'il envisage : à deux, on pourrait voir un peu plus grand. Ce ne sera pas ce soir qu'il pourra lui dépeindre ses projets, il n'a pas sucé de la glace le galapiau, il faudra donc attendre un moment plus propice. Joseph réalise bien trop vite que son verre est déjà vide, demande qu'il soit rempli. Un autre suit, encore, puis un autre… Jusqu'à ce qu'il s'aperçoive qu'il n'a plus un sou de son gain journalier en poche. L'Aimée va encore avoir le nez à l'envers. Il repart, la vision trouble et l'équilibre instable. L'alcool aidant, il est repris en chemin de ces douleurs abdominales annonciatrices d'une nouvelle crise de cette fichue dysenterie qui ne l'a jamais quitté.

Il fait presque nuit quand Joseph parvient à monter les trois étages qui le conduisent à son logis. Au moment où il arrive sur son palier, la porte s'ouvre, une femme qu'il n'a jamais vue sort de l'appartement.

— Z'êtes qui, vous ? réussit-il à demander tout en se cramponnant à la rampe.

— Et vous ? demande à son tour la sage-femme, les sourcils et le nez froncés devant celui qu'elle reconnaît comme le mari de sa patiente. Moi, j'ai accouché vot' dame. Parlez bas, elle se repose encore. Pi vous oublierez pas de me payer, je reviendrai demain pour voir si tout va bien.

— Euh là bâ dit, ça y est, elle a fait mon fils, l'Aimée ?

— Allez la voir… à tantôt.

La matrone se sauve pour n'avoir pas à annoncer à cet homme qu'il risque d'être déçu. Au même instant, des pleurs de bébé se font entendre. Joseph pénètre dans la chambre où sa femme vient de prendre le nourrisson dans ses bras pour le calmer. Il s'approche, se sentant soudain tout remué devant ce petit être qui fait de lui un père. Son fils…

— L'est pas ben gros, pi l'est un peu jaune, non ? Articule difficilement Joseph, la larme à l'œil. On l'appellera Martin, et Paul comme mon père et le tien si tu veux…

— Moi, j'ai pensé à Madeleine, et Hélène, comme ta grand-mère. Murmure Aimée qui redoute l'orage. Il éclate : Joseph se met à lui hurler aux oreilles.

— Quoi ? Une fumelle ? T'es bonne à rien, ma pauv' femme ! Pas foutue de faire un garçon, si c'est pas malheureux. Tu te débrouilleras pour payer la commère que j'ai croisée, je donnerai pas un sou pour une fille ! Fais-la taire, et pousse-toi, j'suis fatigué moi, j'veux dormir.

À la fois dépité et en colère, mais bien aise de l'occasion pour n'avoir pas à avouer qu'il n'a pas ramené la moindre pièce à la maison, il se laisse tomber lourdement sur le lit, sans se déchausser ni même songer à dîner ou à se préoccuper de son épouse. Il ne lui faut que quelques instants pour être profondément endormi. Aimée pleure doucement, en berçant le nouveau-né. Elle songe tristement à la boîte à biscuits de fer blanc cachée sous le lit, dans laquelle elle tente de conserver quelque argent en cas de disette et qu'il lui faudra vider afin de payer son dû à la sage-femme.

Trois jours plus tard, Madame Jeanne, qui à quarante-huit ans n'a jamais convolé ni eu d'enfant, est tout attendrie en découvrant le bébé d'Aimée. Si elle rudoie parfois ses ouvrières, des fainéantes qui ne pensent qu'à la gaudriole, elle a aussi un cœur, capable de s'émouvoir. Elle ne s'est jamais remise d'un grand chagrin d'amour : Ernest, son fiancé était mort au cours du terrible hiver 1879. En voulant se rendre malgré tout chez le boulanger, il avait été tué net par la chute d'un toit qui avait brutalement cédé sous le poids de la neige. Catherine Jeanne avait alors dix-huit ans, son jeune amoureux six mois de plus qu'elle et ils avaient prévu de se marier au printemps. Elle s'était enfermée dans son travail de blanchisseuse comme on entre au couvent, n'ayant plus en tête qu'une idée : ouvrir un jour sa propre boutique et devenir à son tour patronne. Ce qu'elle parvint à réaliser après dix années de dur labeur et d'économies engrangées sou à sou. Cependant, elle garde en elle comme un cilice qui viendrait lui piquer méchamment la taille, qu'elle a replète, le regret éternel de son amour perdu et son désir d'enfant à jamais inassouvi. Elle a toujours refusé toutes les avances des garçons de son village qui lui tournaient autour et qui auraient pourtant fait de bons maris. C'est qu'elle était bellotte quand elle était jeune. Elle est restée fidèle à son fiancé, jamais un autre homme ne viendrait après lui s'étendre sur son corps.

Elle accepte donc avec une joie non dissimulée qu'Aimée se rende le matin à « l'atelier », comme elle appelle pompeusement les vingt-cinq mètres carrés de sa petite boutique, avec la caisse berceau de Madeleine. Les filles s'extasient aussi devant cette poupée vivante, mais elles sont vite rappelées à l'ordre par Madame Jeanne qui les prie de se remettre illico au travail. La jeune mère, très lasse, regagne sa place et reprend péniblement son ouvrage, confiant bien volontiers à l'une ou à l'autre le soin de bercer l'enfant lorsqu'elle se manifeste par des pleurs. Elle n'avouera jamais à quiconque, pas même à Juliette venue la visiter la veille pour faire connaissance de sa deuxième petite-fille, qu'elle ne ressent toujours pas d'élan envers ce bébé qui, lui, n'est pas un fruit de l'amour. Elle commence même à trouver à présent une vague ressemblance avec son géniteur dans le visage assez disgracieux du poupon. Elle lui offre son lait, lui prodigue ses soins, mais ne parvient pas à la câliner, n'éprouve aucune envie de l'embrasser, alors qu'elle dévorerait sa Marie-Louise de baisers.

Ce n'est qu'à la fin de l'été 1910 que Madeleine fait ses premiers pas. Quelques boucles très blondes de fins cheveux réfractaires à se laisser coiffer encadrent sa bouille toute ronde aux pommettes rose vif. Ses yeux bleu acier portent sur le monde et les gens un regard étonné, avec un soupçon de férocité, très surprenante chez une enfant si jeune. Plutôt maigrichonne, elle ne pousse pas vite, c'est un petit gabarit. Sitôt qu'elle a commencé à babiller, de façon encore peu compréhensible, elle s'est aussi mise à pincer et à mordre. Surtout sa mère. Est-ce une façon intuitive, quasi animale d'attirer l'attention, de quêter l'affection de celle qui décidément ne peut la lui offrir ? Il en va de même dans la relation adelphique, étouffée dans l'œuf. Marie-Louise ne manifeste aucun intérêt pour cette demi-sœur qui semble avoir déjà la méchanceté dans la peau et avec laquelle il est impossible de jouer sans être mordue au sang lorsqu'elles se retrouvent toutes deux chez Juliette. Aimée, de nouveau enceinte, ne sait plus que faire avec cette gamine qui l'épuise plus encore que son ventre si lourd à porter.

À peine s'est-elle remise de ses couches que Joseph a redoublé d'ardeur, n'a eu de cesse de la culbuter dès qu'il rentre chez eux, sobre ou fin cuit, comme s'il s'était mis en tête de l'humilier quotidiennement et lui faire ravaler cette fillette qui l'embarrasse et devant laquelle il n'hésite pas à trousser la mère. Lorsqu'elle s'est aperçue de sa nouvelle grossesse, Aimée a bien songé à y mettre un terme. Elle ne veut pas d'un nouvel enfant. Que faire ? Elle s'est tournée vers Hélène, qui connaît beaucoup de choses. Cette dernière, en effet, « a une adresse ». Cependant, en apprenant à la lecture du *Courrier du Calvados*, qu'à la suite de « manœuvres criminelles » une femme à laquelle elle avait déjà fourni cette solution en était morte, elle supplia Aimée de garder son bébé et de rester en vie. Qui sait ? Peut-être allait-elle avoir un garçon cette fois-ci ? Si tel était le cas, peut-être aussi que son mari la laisserait en paix ?

Les affaires de Joseph sont assez florissantes, il est content de lui et d'humeur joyeuse. Il donne satisfaction à son patron, en bonne bête de charge, comme il l'a été dans sa jeunesse fermière. Et avec la complicité de Letondeur qui ne s'est pas fait prier, il est parvenu à mettre en œuvre ses projets véreux. À la nuit tombante, lorsque les quais se sont vidés des ouvriers, l'un fait de petites ponctions quotidiennes dans les marchandises transportées pendant que l'autre fait le guet. Les ballots sont soigneusement refermés, le butin emporté discrètement sous sa veste aménagée à cet effet par Letondeur, puis dissimulé dans la cave de la mère Jeanne pour la nuit : Joseph en a tout simplement subtilisé la clef dont il a fait un double un jour où Aimée avait dû rester alitée. Ni vu ni connu, j't'embrouille, sourit Joseph qui se charge ensuite des transactions très tôt le matin, avant l'arrivée de la blanchisseuse. Ce qu'il appelle « faire sa tournée des popotes », chez les quelques boutiquiers dont il est devenu le fournisseur. Ensuite, il rejoint tranquillement son poste de travail. Il reverse à son compère un tiers des bénéfices, puisque l'idée, c'est quand même lui qui l'a eue, et que c'est encore lui qui se décarcasse pour démarcher leurs clients. Il ne sait pas bien lire ni écrire, mais il sait compter, et un sou, c'est un sou ! Il a même rapporté à la maison un beau rouleau de coton pour l'Aimée. Elle pourra le teindre et en faire des chemises pour elle et pour son fils à naître. Ferait beau voir que ce soit pas un gâs ! Elle en a été tout ébaubie, a porté le tissu chez la couturière sans demander son reste ni poser de questions. C'est qu'il sait être généreux quand il a de l'argent dans ses poches. D'ailleurs, il va offrir ce soir une tournée générale au Bar de l'Escale où il s'est fait des relations auxquelles, occasionnellement, il fournit aussi du tabac. Selon les arrivages. Il a juste oublié un détail : il a trente-quatre ans, et l'armée ne va pas tarder à se rappeler à son bon souvenir. De plus, il ne s'est pas assez méfié de Letondeur. Quand le lascar a trop bu, ce qui est souvent le cas, il devient très bavard.

Lorsqu'il rentre chez lui ce soir de septembre, sa femme, qui doit accoucher d'un jour à l'autre, lui tend une enveloppe sur laquelle il reconnaît son nom et le monogramme de l'Armée française. Il prétend ne pas bien voir parce qu'il est fatigué, demande à Aimée de lui en lire le contenu. Au 1er octobre, il devra rejoindre son RIT qui lui indiquera où il effectuera sa période due, comme tous les hommes de trente-quatre à quarante-neuf ans. Il ne lui reste qu'une petite quinzaine de jours pour se préparer à partir. Il hésite entre la satisfaction et la déception. Il va falloir abandonner son commerce, liquider les dernières « affaires » en cours. Par ailleurs, il sait que le Régiment d'infanterie territoriale est essentiellement composé d'hommes déjà considérés comme trop âgés pour intégrer un régiment d'active. Les territoriaux sont donc chargés de différents services de garde ou de surveillance des voies ferrées et du littoral, ce pour quoi ils sont surnommés les « pépères ». Logiquement, il ne devrait pas être envoyé très loin, et s'il se débrouille bien, il pourra même avoir quelques permissions et ainsi commercer à nouveau, en monnayant ce qu'il aura pu grappiller à l'armée.

Le 13 septembre, après un long travail d'une nuit entière, Aimée met au monde un garçon. Un tout petit bébé chétif, mais qui ravit son père. Enfin, un garçon, c'est pas trop tôt. Très fier de lui, il file au bar où il a ses habitudes pour clamer la nouvelle et trinquer à la santé de son fils.

— Comment qu'tu vas l'appeler ton gâs ? demanda Letondeur, la voix pâteuse.

— René, comme mon grand-père, et Martin, comme mon père ! répond Joseph, qui n'a pas songé un instant à demander son avis à sa femme.

Il rentre très tard, fait un raffut de tous les diables en dégringolant après avoir trébuché sur le seuil de la porte. Il reste là, étendu au sol, à emplir la nuit de ses ronflements.

Le 2 octobre, très tôt, des coups violents accompagnés d'un sonore « Police, ouvrez ! » sont frappés au logis d'Aimée. Elle est assise, donne le sein à René. Madeleine, réveillée en sursaut, a peur et se met à hurler. La jeune femme va ouvrir, deux hommes entrent en la bousculant au passage.

— Où est Joseph Doré, Madame ? demande l'un d'eux, péremptoire.

— Il n'est plus là, il est parti hier pour rejoindre son régiment… Pourquoi ? Que lui voulez-vous ?

— Il devra répondre de vols, Madame, où cache-t-il son butin ?

— Quoi ? De vols ? Mais… Je ne sais rien de tout ça, vous devez vous tromper, c'est sans doute une erreur…

— Non, Madame, son complice a parlé, et lui, il est déjà sous les verrous.

Les deux policiers remuent tout dans le modeste appartement, sans rien trouver. Madeleine crie toujours, griffant la main de sa mère rouge de honte et tout aussi apeurée par ce remue-ménage qui a attiré les voisins curieux et avides de ce spectacle impromptu. René tète toujours, sans sourciller. Dès que les policiers sont repartis, Aimée referme sa porte, dépose le nourrisson dans la caisse berceau, calme sa fille, et entreprend de remettre de l'ordre. Elle se sent mortifiée, très en colère contre Joseph, et surtout, songe qu'il n'y a décidément de chance que pour la canaille.

6

4 février 1911, 7h30. Même assis à son bureau, le capitaine Pierre Marie en impose. Il codirige le 27e RIT cantonné à Nogent-le-Rotrou. Malgré l'heure matinale, il est déjà plongé dans les dossiers ouverts devant lui, apposant sur quelques feuillets son paraphe, sur d'autres qu'il tourne avec soin sa signature, joliment calligraphiée à la plume et à l'encre noire. On sent le perfectionniste, voire, le pointilleux. Proche de la cinquantaine, très mince, sanglé dans son uniforme que ne vient troubler le moindre faux pli, il faut reconnaître qu'il a de l'allure. Les trois barrettes jaunes sur ses épaules désignent son grade, et il a accroché au revers de sa veste la médaille de chevalier de la Légion d'honneur, reçue quelques mois auparavant des mains du général Jean Brun, ministre de la Guerre. Il est fier de cette distinction honorifique, la plus haute qui soit décernée en France, qu'il a méritée en servant avec abnégation sa patrie depuis plus de vingt ans.

L'homme n'est pas marié, en dépit de ses très nombreux succès féminins, croisés dans la meilleure société, et ce malgré son plus grand complexe : sa petite taille. Lorsqu'il doit danser le quadrille au bal de l'X, – il a été major de promo à Polytechnique – sa cavalière le dépasse presque toujours. Mais ses prunelles sombres, surmontées d'un grand front, son nez fin, sa bouche sensuelle bien dessinée sous la moustache guidon soigneusement taillée font oublier son mètre soixante-deux. Il pousse un léger soupir d'agacement lorsque deux coups sonores sont frappés à sa porte. Il lance un autoritaire « Entrez ! », sans lever les yeux de sa tâche. Le deuxième classe qui vient d'ouvrir se met au garde-à-vous pour annoncer :

— Le première classe Joseph Doré que vous avez convoqué est là, mon capitaine.

— Rompez. Faites entrer.

La voix est grave, le ton sec et sans appel. Joseph fait un pas en avant, se tient à distance respectueuse du bureau, se met au garde-à-vous, peu rassuré. Il a bien tenté de prendre cette convocation en fanfaronnant dans la chambrée. Il avait appris, Dieu seul sait où, que le capitaine était un *pays* : un Normand « da Rouen ». Forcément, ça créerait des liens, et ça ferait mieux passer la réprimande à laquelle il s'attendait. Après tout, avoir « mis de côté », comme il disait, alors qu'on est affecté à la cantine, quelques bières et quelques bouteilles de vin pour les revendre à bas prix aux nouveaux assoiffés qui arrivent, c'est quand même pas la mer à boire, c'est le cas de le dire ! C'est simplement humain ! Il se tapait sur la cuisse en riant à gorge déployée, persuadé qu'entre Normands, le courant passerait au-dessus de la hiérarchie militaire. À présent, devant cet homme qui n'a toujours pas levé les yeux sur lui, il commence à en douter, à trembloter. Le capitaine pose délicatement son instrument d'écriture, enferme le dossier qu'il vient de traiter dans un porte-documents de cuir rouge, le repousse de côté. Il regarde enfin son interlocuteur, le foudroie littéralement de ses prunelles noires.

— Savez-vous pourquoi vous êtes ici, soldat Doré ?

Joseph a sursauté, surpris par cet interrogatoire qui débute. Sa belle assurance l'a lâché, il a le regard vide de toute expression. La bouche entrouverte comme une carpe sortie de l'eau, il est incapable d'articuler le moindre mot.

— Vous avez entendu ma question ? Ou faut-il que je vous rappelle les faits qui vous sont reprochés ?

Le capitaine Marie s'est levé. Il s'est approché de Joseph qu'il fixe, le sourcil froncé et le regard accusateur. S'il mesure une dizaine de centimètres de moins que son interlocuteur, c'est bien lui qui domine la situation, de plus en plus embarrassante pour le soldat Doré. Ce dernier, la main toujours levée en signe de salut à son supérieur, semble s'être tassé, rabougri, ratatiné sous l'apostrophe à laquelle il ne sait que répondre, l'esprit en panne, ce qui somme toute lui arrive assez souvent, même quand il est sobre. Face au mutisme de son interlocuteur, le capitaine a saisi la cravache posée sur son bureau, comme pour marteler les propos qu'il va tenir, frappant sa paume à petits coups rythmés. Il est aussi un cavalier émérite, qui ne laisserait personne monter celle qui est l'unique objet de tout son amour et qu'il appelle « sa danseuse » : sa jument Lune-rousse, une superbe anglo-arabe à la robe alezane. Il lui consacre du temps, qu'il est en train de perdre avec cet ahuri, non seulement à la monter mais encore à la bouchonner avec soin, prenant plaisir à lustrer son poil, à inspecter ses membres fins mais robustes, flatter sa croupe longue et puissante, brosser sa queue fournie et sa longue crinière.

— Rompez. Je vais vous rafraîchir la mémoire... En octobre, vous avez été affecté ici, à la cantine. Vous aviez la charge des charrettes qui livrent les denrées, ainsi que de l'épluchage des légumes. Or, vous vous êtes imaginé que vous pourriez en subtiliser pour en faire le commerce. Est-ce exact ?

— Oui mon capitaine, murmure Joseph dans un souffle, le rouge aux joues, les jambes flageolantes.

— Vous avez tenté de corrompre votre caporal d'ordinaire en lui proposant de s'associer à votre trafic... Est-ce exact ?

— Oui mon capitaine...

Joseph songe à ce salopiot de traître, ce Caron l'a dénoncé et dont il ne s'était pas méfié. Un gars du nord, goguenard, à la trogne rougeaude et à l'accent à couper à la hache. Il s'était montré enthousiaste à l'idée, l'avait fait parler, lui faisant détailler les « opérations » qu'il comptait organiser. Joseph ne s'était pas rendu compte que le type était plus finaud et capon qu'il n'en avait l'air. Le bonhomme l'avait vu venir gros comme une maison. Contrairement à Letondeur qui n'avait rien à perdre, l'homme tenait à son premier grade de sous-off, et en avait immédiatement référé à son supérieur, qui à son tour avait fait remonter l'information jusqu'à Marie.

— Cela constitue deux fautes graves, qui méritent une sanction. Mais ce n'est pas tout.

L'officier marque une pause, pour mieux tenir l'autre en haleine, le faire mijoter, le retourner sur un gril déjà incandescent. Joseph écarquille les yeux, se liquéfie. Il transpire abondamment, et son ventre, sous l'effet des émotions, commence à le tarauder. Assez bruyamment de surcroît, ce qui augmente sa gêne. Que peut-il y avoir d'autre ? La sueur lui dégouline sur le front, vient lui piquer les yeux sans qu'il songe à l'essuyer.

— Un fonctionnaire de police est venu nous informer de vos précédents exploits au port de Caen, et en consultant votre livret militaire, il est aussi apparu que vous n'en étiez pas à votre coup d'essai. Joli palmarès, soldat Doré, bravo !

Le capitaine, à présent à demi assis nonchalamment sur son bureau, fait mine d'applaudir, sa cravache sous un bras, un sourire méprisant aux lèvres. Le soldat Doré, tassé sur lui-même, triture son képi de ses doigts moites. Il a cru bon de l'ôter face à ce petit teigneux dont il espère encore un peu de clémence. Il s'attend presque à une punition corporelle, jette un regard affolé à la cravache. Après tout, ce n'est pas si grave ce qu'il a fait, il y a bien pire, et… Mais Marie vient couper net ses divagations mentales :

— Vous allez recevoir un blâme qui vous sera notifié par écrit, signé de notre chef d'état-major, comme votre mise aux arrêts à effet immédiat, ce pour quarante jours, pour manquement à la probité et à l'honneur militaire. Vous êtes donc privé de toute sortie, permission ou autorisation d'absence, sauf pour événement familial grave. Enregistrez bien la date d'aujourd'hui, parce que cette sanction qui va figurer sur votre livret ne sera effacée d'office qu'au 1er janvier de la cinquième année suivant son prononcé. Estimez-vous heureux que je ne vous mette pas à l'isolement, mais vous ne retournerez pas à la cantine. Vous avez travaillé chez un forgeron, je crois. Vous irez donc à l'entretien des charrettes et aux écuries.

Joseph n'est pas certain d'avoir tout compris à ce discours, trop amphigourique pour sa petite cervelle. Blâme ? Probité ? Il n'a jamais entendu ces mots dont il ignore le sens. Il retient simplement qu'il va devoir changer d'affectation, c'est bête, et surtout, qu'il va être bouclé pendant quarante jours. Le capitaine s'est rassis. Il fait tinter une clochette. La porte s'ouvre sur le soldat qui avait accompagné Joseph.

— Emmenez-le, faites-lui prendre son poste à l'atelier de charronnerie. Il s'occupera aussi du foin pour les chevaux.

— Bien mon capitaine.

À peine sorti de cet entretien qui l'a ébranlé, Joseph est plié en deux par ses douleurs abdominales qui se font de plus en plus fréquentes. Il devient pâle comme un linge, essaie de suivre tant bien que mal celui qui le précède et qui marche trop vite pour lui. Il serre les dents, et lorsqu'ils arrivent aux écuries, non loin de l'atelier où il devra désormais travailler, il file soulager ses intestins, prétextant une envie pressante d'uriner.

Cela fait presque un mois qu'Aimée est sans nouvelles de Joseph. Elle ne s'en plaint pas, au contraire, ni ne s'en inquiète, heureuse de cette accalmie. À l'armée, il a sans doute d'autres chats à fouetter que de se préoccuper de sa famille. Elle travaille toujours aussi dur, sans autre ressource que ses maigres appointements de blanchisseuse, avec lesquels il lui faut payer le loyer, nourrir Madeleine et le bébé, qu'elle a dû sevrer. Elle n'a plus de lait, et ne gagne pas suffisamment pour le mettre en nourrice. Son mari ne lui envoie pas d'argent alors qu'il touche une solde. Même si c'est pour elle un crève-cœur, sa petite Marie-Louise est toujours à la charge de Juliette. Afin d'empocher quelques sous supplémentaires, elle se rend chez Madame Jeanne le dimanche matin pour y faire le ménage, avant la messe de 11 heures, ses deux enfants avec elle. Heureusement la patronne, qui vit dans le petit appartement au premier étage juste au-dessus de la boutique, est bonne : en acceptant la présence des petits, elle lui permet de travailler davantage et peut ainsi assouvir par procuration ses désirs refoulés de maternité.

René va bientôt avoir six mois. C'est un bébé malingre, qui ne sourit pas, ne pousse pas bien. Il est souvent pris de fièvres annonciatrices de quintes de toux à fendre l'âme, et qu'il est difficile de soulager. Curieusement, il ne pleure pas beaucoup, et en ce début mars frais et très humide, il enchaîne les refroidissements qui le mettent à mal. Ses doigts et ses lèvres sont souvent bleuis, malgré les couvertures dont Aimée l'enveloppe en permanence. Elle tente de le soigner comme elle le peut, lui donnant du lait sucré au miel, denrée chère mais réputée souveraine. Elle est aussi allée chercher chez Monsieur le curé de l'église du Vieux-Saint-Sauveur de l'eau bénite, dont elle dépose quelques gouttes sur le petit front brûlant tout en récitant une neuvaine à l'Immaculée Conception. Pendant neuf jours d'affilée, à la même heure, Aimée réitère sa prière, espérant le soutien et l'aide de la Sainte Vierge, femme et maman comme elle après tout. Sur les conseils de sa mère, inquiète de voir cet enfant si mal grandir, elle s'est même rendue dans la vallée de l'Oison, où à Saint-Germain de Pasquier, Juliette avait entendu dire que la source près de la chapelle avait des vertus miraculeuses pour donner de la force aux enfants. Un voyage long et harassant, dont le point d'orgue a consisté à tremper les petites jambes de René dans l'eau vive très froide.

Saisi, l'enfant s'est mis à hurler, elle l'a bien vite remmailloté, et entrepris le voyage de retour, dubitative, sans parvenir à réchauffer l'enfant.

Le 15 mars au matin, Joseph a pris la route, le sourire aux lèvres. Sa mise aux arrêts a été levée, et il peut enfin jouir d'une permission de sortie de 48 heures pour se rendre auprès de sa famille. Il n'est pas mécontent, sa femme lui manque, et malgré son ventre douloureux, il se voit déjà lui écarter les cuisses. Il est aussi curieux de son fils qu'il ne connaît pratiquement pas. La perspective de la soirée qu'il passera au bistrot à retrouver les compagnons de calva ou d'absinthe lui réchauffe par avance l'estomac.

Au même moment, dans leur petit appartement, Aimée se prépare pour aller travailler. Elle est interrompue par un cri strident que pousse soudain Madeleine.

—Maman ! Maman ! René, l'est tout froid !

Cette gamine est insupportable. Qu'a-t-elle encore inventé pour agacer le bébé, dont elle est visiblement jalouse ? Elle ne rate jamais une occasion, dès que sa mère a le dos tourné, pour lui pincer les doigts ou les joues.

—Ne crie pas comme ça, ton frère a souvent froid, remonte ses couvertures et arrête de l'embêter.

—Non, et pis, il bouge pas…, gémit la fillette qui se met à pleurer.

Ennuyée, la jeune femme abandonne sa brosse à cheveux et ses épingles. Le chignon à demi fixé, elle va voir ce qui se passe en soupirant. Le bébé a les yeux fermés, toute couleur a déserté son visage, ses petits membres sont raides et glacés. Il a dû mourir dans son sommeil. Aimée sent tout son sang l'abandonner, elle s'effondre au pied de la caisse dans laquelle repose l'enfant, sa vue se trouble, et tout doucement, comme une feuille emportée par la brise choit sur la mousse, elle glisse au sol, évanouie. Pétrifiée, Madeleine ne sait quoi faire. Elle se met alors à hurler de plus belle. Tant et si bien qu'Hélène, qui entre à cet instant dans la boutique, regarde Madame Jeanne, intriguée. Pourquoi la petite crie-t-elle ainsi sans que sa mère la fasse taire ? Il doit se passer quelque chose d'anormal.

L'ouvrière grimpe quatre à quatre les étages, tambourine à la porte. Madeleine ouvre, se précipite dans son giron. Hélène éloigne la fillette, se précipite vers Aimée. Elle lui tapote les joues, va chercher un torchon qu'elle humidifie d'eau fraîche pour le lui passer sur les tempes et le front. La jeune mère, en revenant à elle, enfouit son visage dans l'épaule consolatrice, secouée de longs sanglots. Madame Jeanne, qui a suivi, inquiète, entre à son tour. Essoufflée, en un coup d'œil, elle comprend. Elle fond en larmes, se joint à son ouvrière pour enlacer Aimée.

— Il était baptisé ce petit, c'est un ange qui est monté directement au ciel… Je vais aller chercher Monsieur le curé, et on veillera avec vous. Je vais fermer la boutique, pour cause de deuil.

C'est un peu comme si elle aussi perdait son enfant, elle avait commencé à s'attacher à ce bébé. Elle s'éloigne en reniflant, sert rapidement les premières clientes qui patientaient en l'attendant, puis, refermant la porte sur elles, elle appose un écriteau à la vitrine de la blanchisserie.

En arrivant à la fin de l'après-midi, un peu fourbu, Joseph se demande bien pourquoi la boutique où il comptait surprendre sa femme est fermée. Il y a bien un mot affiché, mais il ne parvient pas à en décrypter le contenu. Quand il entre chez lui, Aimée sursaute, lève vers lui son visage rougi et ravagé de larmes. Le berceau est encadré de deux cierges, dont les flammes tremblotantes font ressortir la pâleur de l'enfant mort. Le père Letondeur s'est joint aux trois femmes qui sont assises autour. Qu'est-ce que ça veut dire ? Qu'est-ce qu'il fait là ce curé ? Joseph n'a jamais aimé les bondieuseries, mais il croit cependant reconnaître cet homme à l'austère soutane noire, qui débite son chapelet. Ce serait pas celui qui les a mariés, l'Aimée et lui ? p'têt ben. Madeleine court vers lui, essaie d'attirer son attention en tirant sur sa veste, puisque personne ne s'intéresse plus à elle. Sa femme n'a pas la force de se lever, elle le regarde et murmure :

— René est mort la nuit dernière, Joseph. On va l'enterrer demain, au cimetière Saint-Nicolas…

Agacé par la gamine qui lui a pris la main, Joseph, qui a bien du mal à appréhender la situation, la repousse rudement :

— Retourne avec ta mé, sinon j'appelle le pé la pouque !

En ce temps-là en Normandie, le « Père la pouque » est ce marchand de peaux de lapins, qui porte sur son dos une « pouque », un sac pour ses peaux. Il impressionne tant les enfants que les parents en ont fait un croque-mitaine menaçant.

Madeleine, dépitée et apeurée, va s'asseoir dans les jupes d'Aimée et, pour une fois, se tient tranquille. Son père se gratte la tête, s'approche du berceau. Il le contemple un instant, figé, puis, se dirige à reculons jusqu'à la porte. Sans avoir prononcé un seul mot, il s'en va. Il a pourtant vu des cadavres au cours de sa vie, surtout au Vietnam, ou parfois ils pourrissaient dans la rue. Celui de son fils, aussi blême que la cire des cierges, l'a chamboulé. Il en veut à sa femme, qui ne l'a sans doute pas bien soigné, à la terre entière. Est-ce que ce ne serait pas le signe d'un mauvais sort qu'on lui aurait jeté ? Il trouve que ça commence à faire beaucoup : sa sanction à la caserne, à cause de la dénonciation de Caron, ses maux de ventre, et maintenant son enfant mort. Il essaie de se souvenir : que faisait la mère, à la ferme, quand leur vache était malade ? Elle cueillait du lierre, en faisait des nœuds, récitait une prière… Demain, il n'ira pas à l'enterrement de son garçon. C'est décidé. Et puis, il n'a plus envie de voir l'Aimée, d'affronter ses larmes et son chagrin de bonne femme. Il retourne vers sa caserne, pour être loin de ce mauvais rêve. Il doit s'arrêter plusieurs fois en chemin, ses douleurs le tenant plié en deux, le souffle coupé et les jambes en coton.

Le surlendemain, Joseph ne peut pas se lever. Il a beaucoup de fièvre, et ses maux de ventre semblent avoir empiré. Un de ses compagnons de chambrée prévient le sergent de semaine qui conduit le soldat Doré jusqu'au service médical. Le médecin-major qui l'ausculte et l'interroge estime que son cas est suffisamment grave pour qu'il soit dirigé vers l'hôpital militaire, l'Hôtel-Dieu de Nogent-le-Rotrou. Il va y rester un mois pendant lequel on le réhydrate et on lui fait ingurgiter des carottes et du riz. On lui impose une hygiène drastique. Il n'aura jamais bu autant d'eau de sa vie ! Lorsque, remis sur pied, il rejoint enfin sa caserne, il est à nouveau convoqué par le médecin. Ce dernier lui apprend qu'il a fait une demande d'examen de son cas par la Commission spéciale de réforme de Caen, dont il attend la réponse. Elle arrive trois mois plus tard : le soldat Joseph Doré est réformé numéro 1 avec gratification renouvelable pour dysenterie chronique. Décision qui sera entérinée et maintenue par celle du Conseil de révision, un an plus tard. Non seulement il est renvoyé à la vie civile, mais il ignore encore qu'il ne fera pas partie de la chair à canon enrôlée par la Grande Guerre. Un mal pour un bien ? Chance insolente ?

Il rentre donc chez lui, allègre. Finalement, la vie est belle. Même si l'Aimée, qui éprouve un sentiment de culpabilité mêlé d'un certain soulagement d'avoir perdu son bébé, n'a pas d'entrain. Elle parvient cependant à repousser ses avances. Parce que s'il est toujours aussi hâbleur, sa maladie l'a quand même diminué, et il n'est plus capable « d'honorer » son épouse. Au moins, elle travaille, et ce qu'il touche, il peut aller joyeusement le dépenser en bouteilles et autres tournées qui lui valent la considération de ses compagnons de beuveries. Parfois, il lui arrive malgré tout de s'ennuyer. Il décide donc d'aller du côté de Ouistreham, respirer à nouveau l'air de la mer sur ce littoral calvadosien de la Manche. Il se promène sur le canal de l'Orne, en longeant son chemin de halage.

— Eh, l'homme ! Tu chercherais pas de l'embauche par hasard ?

— P'têt ben… Vous proposez quoi ?

— Guider mes chevaux qui tirent les bateaux sur le chemin. T'en dis quoi ?

— J'en dis que ça me déplairait pas, si vous offrez le gîte et le couvert, patron !

En un instant, Joseph a vu là une opportunité tombant à pic pour ne plus avoir à rentrer chez lui. Il a envie de nouvelles aventures, ses vieux démons refont surface, peut-être ? L'homme qui lui fait face, campé solidement sur ses jambes écartées, sourit, lui tend la main :

— Top là ! Tu commenceras dès demain matin. Mon journalier a fait une mauvaise chute. Il s'est rompu un abattis et il est retourné dans sa campagne, sa chambre est libre. Par contre, cela diminuera ton salaire, je te donne un franc cinquante la journée, si ça te va.

C'est pas cher payé, mais ça lui va. Il frappe la main tendue, et suit son nouvel employeur qui lui fait les honneurs de ce qu'il appelle « la chambre ». Une pièce minuscule située à l'étage d'une gargote où il pourra prendre ses repas. La servante y est accorte. Va savoir ; c'est p'têt' une baudée, une de ces femmes de mauvaise vie qui lui fera quelques menus plaisirs en supplément, si elle n'est pas trop regardante.

7

2 janvier 1913. La blanchisserie vient d'ouvrir. Les trois ouvrières sont à leur poste, et Madame Jeanne rend leur linge aux premières pratiques, ces petites bonnes et ces femmes de chambre envoyées par leur patronne de bon matin. Cela fait sourire Aimée, elle les regarde avec attendrissement, ces très jeunes filles lui rappellent tant de souvenirs. Entre leur départ et l'arrivée des clientes « ordinaires », il se passe toujours un moment de creux. C'est cet instant que choisit chaque matin dame Catherine Jeanne pour s'asseoir au milieu de la boutique, perchée sur un haut tabouret, telle une reine entourée de ses suivantes, ses lunettes rondes cerclées de fer sur le bout du nez. Une Madame Verdurin normande.

C'est un rituel qu'elle a instauré : tandis qu'elle déguste une tasse de café, elle parcourt ses journaux et lit ce qu'elle estime être les meilleurs articles à voix haute afin que les filles en profitent. Moyennant 5 francs, tarif préférentiel instauré par le journal pour les Calvadosiens, elle s'est abonnée pour un an au *Bonhomme Normand, Journal des événements, bruits et nouvelles du Calvados, de l'Orne et de la Manche.* Elle aime particulièrement les réclames et les annonces. Soudain, après avoir tourné une page, elle fronce les sourcils, s'exclame :

— Ben il a de la goule çui-là ! En v'là-t-y de l'exagération et une concurrence pas très loyale, non, mais regardez-moi ça !

Elle montre en pointant du doigt la réclame incriminée, encadrée et imprimée en caractères qui font deux fois la taille des autres encarts. Les trois jeunes femmes approchent pour mieux voir, Hélène lit à voix haute : « La Grande Blanchisserie Moderne de Thury-Harcourt (Calvados) livre à Caen le mardi, le jeudi, le samedi de chaque semaine. Renseignements détaillés sur demande au directeur. Téléphone : 15 » La patronne offusquée renchérit :

— J't'en ficherai des « Blanchisseries modernes » ! Et il a un téléphone, lui ? Remarquez, je me demandais… Et si on embauchait une journalière pour faire des livraisons ? Une petite gamine, ça doit pas être bien dur à trouver ? Pi ça ferait chic, non ? Aimée, quel âge elle a vot' Marie-Louise ?

— Elle n'a que huit ans, Madame, elle va à l'école tous les jours, ma mère y veille. Vous savez bien qu'on ne peut pas faire travailler les enfants de moins de douze ans…

— C'est bien dommage, parce qu'en plus, elle est bellotte votre petiote, ça aurait plu à la clientèle, pour sûr.

Le sujet étant clos, la lectrice se replonge dans les colonnes du *Bonhomme Normand.* Elle éclate de rire, ce qui fait à nouveau lever les têtes des trois blanchisseuses, en attente d'une nouvelle réjouissante.

— Quelle histoire ! Tout ça pour une croûte ! Tu parles d'un tintouin pour cette « Joconde » qui revient en France ! Y paraît que c'est un tableau qui avait été volé et qu'on a retrouvé… « à Florence, chez Vincenzo Perrugia qui l'avait dérobé deux ans plus tôt pour le restituer à l'Italie, sa patrie » !

Madame Jeanne, qui a écorché le nom du voleur en donnant lecture des lignes de l'article, lève les yeux par-dessus ses lunettes et poursuit :

— Après tout, si la dame a été peinte par un Italien, on peut pas lui donner tort non plus à ce gars, pourquoi faire un tel foin ?

Elle est interrompue par la clochette qui grelotte à chaque ouverture de la porte. C'est le facteur, qui lui tend quatre plis.

— Merci Fernand, pose donc sur la caisse, tu veux un café, un coup d'beire ? Y'r'pleut, reste donc un peu à l'abri !

— Ce serait pas d'refus, mais j'suis pas en avance, boujou bien mesdames, salue l'employé zélé, soulevant son képi.

Catherine replie ses journaux, va prendre les lettres sur le comptoir, dont deux sont destinées à Aimée, qu'elle lui remet. La jeune femme ne reconnaît pas l'écriture de sa mère sur l'enveloppe, pourtant, le cachet de la poste est celui de Bretteville-sur-Odon où Juliette réside. Pas davantage les pattes de mouches tracées sur une enveloppe froissée, en provenance de Ouistreham. Intriguée, Aimée décachette la première, déplie un feuillet couvert d'une belle écriture avec pleins et déliés. Au fur et à mesure de sa lecture, elle sent le sol se dérober, elle se laisse choir sur le tabouret que Madame Jeanne a abandonné, puis éclate en sanglots. Hélène se précipite, ramasse et lit à son tour la lettre qu'Aimée a laissée tomber.

Ma chère Aimée,

Je suis messagère d'une bien triste nouvelle. J'étais la voisine et l'amie de ta chère maman, peut-être te souviens-tu de moi. Juliette a passé le 30 décembre, après avoir contracté une bien méchante pneumonie qui l'a emportée très vite, sans que le médecin ait pu la sauver. Ne sois pas inquiète pour ta petite fille, je l'ai prise avec moi. J'ai aussi rassemblé les quelques affaires de Juliette, que je te donnerai quand tu viendras à Bretteville. Ta mère, avant de mourir, m'a remis ses quelques économies, afin que je puisse, si tu en es d'accord, prendre Marie-Louise en pension. Nous nous entendons bien toutes les deux, et, comme je travaille aux ateliers de couture du théâtre, je l'emmène avec moi lorsque je dois être présente aux représentations. D'ailleurs, avec ton accord, je lui ferai

apprendre la danse. Elle en rêve, et ça la distraira. Son chagrin, causé par le départ au ciel de sa bonne-maman qu'elle aimait tant, est bien grand. Cela ne coûtera pas, parce que je fais partie du personnel. Juliette sera inhumée le 3 janvier au cimetière Saint-Gabriel, auprès de son Adrien, après la messe d'enterrement qui sera dite en l'église Saint-Julien à 15 heures. Je t'y retrouverai, et dans cette attente, je t'adresse mes pensées les plus attristées. Ta dévouée,
Joséphine Hamel.

Bien sûr qu'Aimée se souvient de « Jo », comme Juliette l'appelait de longue date. Comment aurait-elle pu oublier les doigts de fée qui lui confectionnaient de si jolies robes lorsqu'elle était adolescente ? Ou les tartes aux pommes croustillantes, dévorées au sortir du four en se brûlant la langue ? Juliette aime beaucoup cette femme chaleureuse, enjouée, qui riait tout le temps de tout et de rien. Les deux amies échangeaient des confidences tout en travaillant aux travaux de couture dont Joséphine avait fait sa source de revenus. Elle habillait quelques bourgeoises caennaises, tirant l'aiguille à s'en user les doigts et les yeux jour et nuit. Un hasard de la vie a fait qu'en passant devant le grand théâtre, elle y avait aperçu une affichette collée à la porte d'entrée. On recherchait une couturière pour la confection des costumes de scène. Joséphine avait poussé la porte, s'était présentée et avait été embauchée. Désormais, elle travaillait non seulement tout le jour, mais la nuit, elle était dans les coulisses pour veiller aux costumes des artistes. Est-ce pour cela que le temps avait passé sans qu'elle ait songé à prendre époux et fonder un foyer ? Aucune « occasion » ne s'était jamais vraiment présentée, aussi Joséphine au grand cœur avait-elle offert toute son affection à Juliette, un peu comme une grande sœur puisqu'elle était de quatre ans plus âgée qu'elle. C'est aussi tout naturellement qu'elle devint la seconde bonne-maman de Marie-Louise lorsque la fillette fut confiée à Juliette. Elle la gardait lorsque celle-ci devait s'absenter, et elle tissa très vite des liens de grande tendresse avec cette enfant qui la ravissait.

Aimée sait cela. Dans l'immense chagrin qui l'a saisie, c'est un soulagement de savoir que Marie-Louise est entre de bonnes mains. Laisser à Jo toutes ses économies pour l'aider à élever la petite en est la preuve, s'il en avait fallu. Elle confiera donc à Joséphine le soin de s'occuper de sa fille. Elle sait aussi que Marie-Louise a beaucoup de mal à supporter Madeleine qui ne l'aime pas. Il vaut mieux qu'elles restent éloignées, et l'idée de faire apprendre la danse à son aînée lui semble excellente. Elle en parlera demain… Mon Dieu, demain elle devra accompagner sa mère, qu'elle n'a pas revue avant qu'elle meure, jusqu'à sa dernière demeure. À cette pensée, ses sanglots redoublent. Hélène la prend dans ses bras, afin qu'elle puisse épancher son chagrin sur une épaule consolatrice. Madame Jeanne, toute chamboulée, en a les larmes aux yeux. Elle a ramassé l'autre courrier destiné à son ouvrière, s'approche, le lui tend.

— Ouvrez pour moi, Madame, une mauvaise nouvelle à la fois me suffit…

— Ce n'est peut-être pas un autre malheur, veux-tu que je lise ?

— S'il vous plaît, Madame.

Après avoir rechaussé ses lunettes, la patronne parcourt la lettre. Elle semble avoir un peu de mal à déchiffrer une petite écriture tremblée, mais, parvenue à la signature de l'expéditeur, elle sourit.

— Je ne crois pas que ce soit une mauvaise nouvelle, au contraire, dit-elle en faisant un clin d'œil à Hélène, par-dessus la tête d'Aimée. C'est un certain Adolphe Frémont, patron charretier au chemin de halage, qui explique qu'il a embauché ton mari à Ouistreham. De fait, il le loge sur place, et Joseph te fait dire qu'il ne rentrera pas avant un bout de temps !

Aimée sourit à son tour, se mouche, et devant les mines réjouies de ses compagnes, finit par rire. En effet, cette missive tombe à point nommé. Elle pousse un profond soupir de soulagement à l'idée de ne pas avoir à subir cet époux qu'elle ne supporte plus depuis trop longtemps. Elle va pouvoir reprendre sa vie en main, sans lui, mais aussi sans sa mère. Les larmes remontent, il lui faut se préparer à affronter l'épreuve de la mise en terre de Juliette.

16 mars 1913. Joseph n'a toujours pas reparu à Caen, pas plus qu'il n'a donné signe de vie. Les jours s'écoulent paisiblement pour Aimée, entre la blanchisserie et les visites faites à Jo et sa fille. Marie-Louise est ravie de montrer à sa maman le tutu que lui a confectionné Joséphine, ses chaussons roses et les positions de la danse classique qu'elle a débutée avec bonheur. Une vie simple, loin des événements inquiétants qui se déroulent ce jour au Pré Saint-Gervais, non loin de Paris. Le PS et la CGT ont réuni une foule immense pour une manifestation monstre contre le projet de loi instituant le service militaire à trois ans, sans dispense, afin de préparer l'armée française à une guerre éventuelle contre l'Allemagne. Le communiqué officiel publié dans *Le Figaro* du 5 mars a soulevé la colère et mis le feu aux poudres :

« Le Conseil supérieur de la guerre s'est réuni le 4 mars 1913, à l'Élysée, sous la présidence de M. Raymond Poincaré, Président de la République. À l'unanimité, le Conseil a déclaré qu'il y avait nécessité absolue, dans l'intérêt de la défense nationale, d'augmenter les effectifs militaires. À l'unanimité également, il s'est prononcé en faveur du service de trois ans, strictement et rigoureusement égal pour tous, sans aucune dispense. Le Conseil des ministres qui doit avoir lieu ce matin examinera ce projet et arrêtera ses décisions. Puis, un projet de loi sera déposé sur le bureau des Chambres. »

Envers et contre tout, la « Loi des trois ans » paraît au *Journal Officiel* le 8 août...

Cet été normand est bien frais. Pour se réchauffer et se donner du cœur à l'ouvrage, Joseph s'est offert quelques rasades en faisant halte dans divers débits de boissons avant de se rendre à son travail. Il arrive en retard, bien éméché. Le père Frémont l'attend, les poings sur les hanches, l'œil torve des mauvais jours.

— Te v'là ? C'est pas trop tôt... Qu'est-ce que t'as encore bouiné ? Allez, prends les rênes, je t'ai attelé et bâté la Frivole, elle au moins, elle marche droit c'te jument. Ils attendent leur livraison à Bénouville, t'as neuf kilomètres à faire !

Joseph ne répond pas, se visse la casquette sur la tête et prend les rênes pour guider la bête. Une petite péniche aux flancs alourdis de sable est reliée à son bât par un câble fait d'une grosse corde tressée. Docile, l'animal attend l'impulsion de son conducteur pour commencer à tirer sa charge.

— Ahi ! À hue !, crie Joseph, essayant d'être convaincant devant le patron.

La jument hennit, s'arc-boute en soufflant des naseaux avec force tout en secouant sa crinière. L'embarcation se met à avancer sur l'eau. L'homme qui est censé guider Frivole marche, lui, un peu de travers. Adolphe Frémont le regarde partir, partagé entre la colère et l'inquiétude. Son haleur arrivera-t-il dans les temps pour décharger le sable à l'arrivée ? Sans trop savoir pourquoi, il se signe, comme pris d'un mauvais pressentiment.

Trois kilomètres plus loin, Joseph commence à éprouver la fatigue et la soif. Il a emporté dans sa besace une bouteille de calva, en prévision. On la lui fait pas à lui : faut ménager l'homme, boudiou ! Il s'offre donc une petite pause, assis sur le bord du talus. Sans s'en rendre compte, il a bientôt descendu la quasi-totalité du breuvage aux reflets d'or pâle. Lorsqu'il se relève, sa vision est floutée, bien qu'il n'y ait aucun brouillard. Il reprend les rênes, mais comme il marche à présent en zigzag, le cheval dévie aussi.

— Euh là Frivole ! T'es trop loin du bord !

Il tire violemment sur la rêne pour faire repartir la jument au plus près de l'eau. Dans cette manœuvre trop brutale, le câble s'est relevé d'un coup, balayant les jambes de Joseph. Avant d'avoir compris ce qui lui arrive, il est projeté dans les eaux froides de l'Orne. Il ne sait pas nager, mais subitement dégrisé, il parvient toutefois à s'agripper aux herbes du talus. Obstinée, Frivole continue à tirer, toujours déviée de la ligne droite, sans plus personne pour la conduire. Et comme la corde a été tendue de manière trop violente, la péniche se met à osciller dangereusement. Joseph, apeuré, commence à percevoir ce qui est en train de se passer. Il crie de toutes ses forces des « Ho, Frivole, Ho ! » à l'adresse de la bête, de la vase plein la bouche, la conjurant de s'arrêter tout en se cramponnant tant bien que mal à sa touffe de roseaux. La jument s'arrête. Le câble se détend et la péniche tangue, roule de plus en plus fort. Soudain, rompant net la corde, elle se retourne. La tonne de sable se déverse, tel un sablier laissant s'écouler son contenu d'un bulbe à l'autre, entraînant doucement mais inexorablement Joseph au fond de la rivière. Frivole, libérée de sa charge, se met à brouter tranquillement et avec délice les herbes folles et les fleurettes du chemin de halage.

1er août 1914. Toutes les cloches de toutes les églises de Caen se mettent à sonner à cinq heures du soir. Des affiches sont apposées dans toute la ville, comme dans les villages où les gendarmes les ont apportées aux maires. La population, alertée et inquiète s'est précipitée dans les rues. Les gens se bousculent et se pressent pour lire la nouvelle placardée sur les murs. La stupéfaction se lit sur tous les visages. Personne n'avait cru la guerre possible !

Devant l'ordre de mobilisation générale, des femmes se mettent à pleurer, des hommes semblent attristés eux aussi, mais retiennent leurs larmes. Certains savent déjà qu'ils vont être recrutés par le 36e Régiment d'infanterie de Caen et du Calvados. Le lendemain, alors que l'Allemagne déclare la guerre à la France, tous les organes de presse publient la proclamation du président Poincaré. Ce dernier se veut rassurant, il souligne que « [...] la mobilisation n'est pas la guerre ; dans les circonstances présentes elle apparaît au contraire comme le meilleur moyen d'assurer la paix dans l'honneur. Fort de son ardent désir d'aboutir à une solution pacifique de la crise, le gouvernement, à l'abri de ces précautions nécessaires, continuera ses efforts diplomatiques et il espère encore réussir. Il compte sur le sang-froid de la noble nation pour qu'elle ne se laisse pas aller à une émotion injustifiée ; il compte sur le patriotisme de tous les Français et sait qu'il n'en est pas un seul qui ne soit prêt à faire son devoir. À cette heure, il n'y a plus de partis, il y a la France éternelle, la France pacifique et résolue. Il y a la patrie du droit et de la justice tout entière unie dans le calme, la vigilance et la dignité ».

Madame Jeanne, après avoir donné lecture à ses ouvrières de la bonne parole présidentielle du haut de son tabouret, repose en soupirant *Le Bonhomme normand.* Un long silence s'ensuit, toutes sont frappées de stupeur. Ces femmes, qui subitement prennent conscience que leur destin est suspendu, oscillent entre la consternation et des bouffées d'angoisse. Catherine Jeanne s'est ratatinée sur son siège, elle paraît prématurément vieillie. Si le souvenir de la guerre contre la Prusse est encore vivace, voire revanchard– son père était mort pour la Patrie –, elle qui jadis proclamait haut et fort son patriotisme n'éprouve aucun élan qui ferait d'elle une va-t-en-guerre enthousiaste. Elle réfléchit longuement, comme prostrée, le regard fixe, essayant d'envisager toutes les conséquences que cette guerre annoncée va avoir sur son sort et celui de ses employées. Ces dernières, toujours silencieuses, ont repris leur fer à repasser, tandis qu'au baquet Hélène frotte comme une damnée un lourd drap de métis.

—Laissons passer ce mois d'août, et nous verrons bien la tournure que prendront les choses. Je comprendrai que l'une ou l'autre, ou vous toutes, vous décidiez de me quitter. Vous avez sans doute de la famille, des parents que vous aimeriez aller retrouver…

—Vous avez raison, Madame, attendons les nouvelles, moi, je n'ai plus personne, je reste avec vous pour le moment. C'est vous qui déciderez…, dit Hélène, rouge et en sueur de s'être tant acharnée sur sa tâche.

La guerre ! Et l'ombre de la mort qui plane. Aimée ne sait que penser, elle est inquiète pour Jo ct Maric-Louise. Elle a perdu un enfant, puis sa mère, son mari s'est noyé… Il aura encore une fois échappé à l'armée, qui sans doute l'aurait malgré tout rappelé. Que faire ? Rester à Caen ? Se rapprocher de ses sœurs, Adrienne, ou bien Georgina ? Elles seront certainement plus éloignées des fracas de cette guerre puisqu'elles résident à la campagne. Les époux doivent être mobilisés eux aussi, que vont-elles devenir ? Madame Jeanne a raison. En effet, il faut attendre. Les décisions viendront plus tard.

Le 4 août, l'Allemagne envahit brutalement la Belgique, violant sa neutralité. À partir du 23 août, les blessés de la bataille de Charleroi arrivent en masse dans les hôpitaux et les formations sanitaires du Calvados. La vie devient difficile : avec les stocks de farine épuisés, plusieurs boulangers ont mis la clé sous la porte, suivis des bouchers. Les prix des denrées de première nécessité ne cessent d'augmenter.

En cette fin de mois, la blanchisseuse décide de fermer sa boutique elle aussi. Elle ira participer aux travaux de la ferme auprès d'une parente dont l'époux et les deux fils sont partis au front. Il faut bien remplacer les hommes aux champs en cette période de récoltes et de moissons, et s'occuper des bêtes. Hélène a décidé d'être infirmière bénévole, en rejoignant les rangs des « anges blancs » de l'hôpital complémentaire n° 43 à Mondeville. Le théâtre ayant fermé, Joséphine a décidé de se rendre à Lisieux, pour participer à la confection de vêtements militaires aux établissements Mommers. Elle emmène Marie-Louise avec elle, elles seront logées sur place, en sécurité. Aimée en est soulagée, et elle part à son tour. Elle va à Bernay avec Madeleine pour aider sa sœur Georgina qui a déjà trois enfants et dont le mari est parti à la guerre… Jusqu'à quand ?

8

Août 1917. La guerre s'enlise. Elle est devenue un effroyable carnage dans lequel des milliers de soldats ont déjà été broyés. Dans les tranchées, le « gaspillage », comme le disent les autorités militaires, fait chaque nuit des morts atteints par des tirs d'embuscade et d'obus. Entre deux branle-bas de combat, les hommes tentent de survivre, luttant avec les rats, les poux, le froid ou la chaleur, la gadoue, les remugles infects où prédomine l'odeur fade du sang mêlée à celle plus âcre d'urine. Le « pinard », sur lequel le ravitaillement ne lésine pas, permet d'oublier un peu lorsqu'il grise.

Le 24 août 1917, *Le Courrier du Calvados* rapporte que :

> « Le matin du 19 août 1917, Albert Thomas, ministre de l'Armement, et Loucheur, sous-secrétaire d'État aux fabrications de guerre, devaient procéder à l'allumage du premier haut-fourneau de la Société normande de métallurgie (SNM). Avec eux étaient présents MM. Henri Chéron, sénateur du Calvados, et Schneider, directeur du Creusot et président de la SNM, entouré de nombreux représentant de la métallurgie française. »

L'achèvement des hauts-fourneaux de Mondeville, suspendu pendant les deux premières années de guerre et le site étant loin du champ de bataille, il présente un intérêt stratégique majeur.

L'industrie de guerre fait renaître l'activité industrielle, mais les hommes étant au front, elle va pour la première fois faire appel aux femmes pour le travail en usine. Ce sont elles, que l'on appelle les « munitionnettes », qui fabriquent les divers matériels de guerre. Parallèlement, des travailleurs étrangers sont embauchés, pour la plupart Italiens, Espagnols, Algériens et Kabyles. Des Chinois aussi, que l'on caricature dans la presse. Avec eux, des ouvriers mobilisés dans l'industrie et des prisonniers de guerre viennent former un contingent de près de six mille ouvriers.

La plupart de ces hommes célibataires sont logés dans des cantonnements provisoires en fonction de leur origine, ou chez des « cantiniers », puisque l'énorme chantier dont les premières assises ont été jetées en 1913 a été interrompu par le déclenchement des hostilités. Il prévoyait que, dans cette vaste cité ouvrière, les travailleurs y trouveraient « des logements salubres, clairs, gais, modernes, pourvus d'eau, de gaz, d'électricité, du tout à l'égout de jardins, de squares », est-il rapporté en juin 1913 dans *La Revue illustrée du Calvados.*

Un an plus tard, *l'Ouest Éclair* relate avec fierté que « la société des HEBN (Habitations économiques de Basse-Normandie) est constituée pour l'édification de ces cités ouvrières sur les communes de Colombelles, Mondeville, Giberville et Cuverville où pourront se loger confortablement et à bon compte les 2 500 employés qui formeront le personnel des hauts-fourneaux ». Durant la guerre, quelques maisons regroupées en « cités » seront construites, mais en attendant, seuls des baraquements font office de logements pour les ouvriers et les ouvrières.

Cela fait deux mois qu'Aimée est venue travailler à la fabrication de grenades. Elle a laissé Madeleine chez sa sœur Georgina. Si elle a pu lui être utile, elle a eu le sentiment d'être une charge supplémentaire. Elle a donc décidé de partir à Mondeville quand on a fait appel aux femmes. Le salaire est attrayant, même si les conditions de travail et de vie sont plus que rudes. Un labeur quotidien de dix heures épuise la jeune femme. Sa fidèle amie, Léontine Letulle, l'a rejointe : son fiancé est parti pour la Somme, et elle a voulu participer à la guerre elle aussi. Les deux femmes se soutiennent, l'une déjà veuve, l'autre qui garde espoir mais s'attend chaque jour au pire. Si elle prie pour le retour de son promis, elle ne se fait toutefois pas beaucoup d'illusions.

Malgré la fatigue, Aimée ne parvient pas à trouver le sommeil lorsqu'elle rejoint le dortoir du baraquement de femmes où les ouvrières sont logées. Léontine, elle, s'effondre littéralement. À peine est-elle allongée sur son mauvais lit de camp qu'elle s'endort, une couverture rêche et malodorante ramenée sur sa tête. Le cantonnement des Espagnols se trouve non loin du leur. Presque chaque nuit, ils allument un feu pour se rassembler autour d'un peu de chaleur, bavardent en fumant, tandis qu'une guitare joyeuse ou mélancolique accompagne les conversations. Aimée adore écouter les sonorités de cette langue qu'elle perçoit roucoulante et gutturale à la fois. Il lui semble que les hommes parlent fort et très vite. Parfois, un chant s'élève. La voix est rauque, belle, suave. Elle aimait tant chanter elle aussi ! Il y a si longtemps… Un soir, alors qu'elle entend la guitare, elle a envie d'aller plus près, de découvrir celui qui en joue. Par curiosité, et pour oublier qu'elle se sent bien seule. Bien qu'elle ait de bonnes nouvelles de Marie-Louise, sa fille lui manque, elle ne peut pas aller la voir souvent. Jo veille sur l'adolescente, lui a fait reprendre l'école de danse qui a rouvert, comme le théâtre où l'on donne des représentations pour soutenir le moral des troupes. La fillette, qui a maintenant douze ans, a été très fière de raconter dans une lettre à sa mère qu'elle a fait ses tout premiers pas sur scène dans un petit ballet en prélude au spectacle de music-hall avec des comiques troupiers qui font rire les soldats. Elle aussi s'était beaucoup amusée aux incroyables vocalises du grand Dumaine, dont la gloire avait atteint son apogée avant la guerre et qui avait repris du service à Caen pour la bonne cause.

— *¡ Hola, guapa ! Acercate !* Que tu es jolie, approche !

L'interjection a fusé, sans qu'Aimée en comprenne le sens ni qu'elle lui était adressée. Sans doute venue d'un des hommes qui, joignant le geste à la parole, lui fait signe de s'approcher. Il est assis à côté du guitariste. Ce dernier s'est interrompu devant cette apparition soudaine. Aimée a sursauté et rougi, prenant subitement conscience de l'incongruité de sa présence face à tous ces hommes. Elle sourit timidement, fait mine de rebrousser chemin.

— *Señorita*, Mademoiselle, ne pars pas ! Vous êtes très jolie, et nous, on n'a pas beaucoup de visites ici.

Le musicien l'a appelée Mademoiselle… Il parle français, mêlant le « tu » et le « vous » avec un accent prononcé, des r qui roulent en cascade, et Aimée trouve cela charmant. Depuis combien de temps ne lui a-t-on pas dit qu'elle était belle ? Le sait-elle seulement ? Pourtant, malgré les épreuves qu'elle a déjà traversées, l'épuisement qui a creusé et pâli ses joues, ses yeux légèrement cernés, elle est ravissante dans l'éclat de ses trente-quatre ans.

— Je ne voulais pas vous déranger, je vous ai entendu jouer, c'est beau…

— Alors, reste, je vais jouer pour toi *Señorita* Mademoiselle, aie pas peur, assieds-toi.

Le guitariste a fait signe à un des hommes assis sur un tabouret branlant, lui demandant de le céder à la visiteuse. Aimée s'assoit donc, tandis qu'une main restée dans l'ombre lui tend un verre empli d'un vin à la couleur jaune paille très clair.

— Goûte, *Señorita* : c'est notre dernière bouteille de Manzanilla. Juan l'a rapportée avec lui de Sanlúcar, son pays. Il te fait un honneur, tu es notre invitée.

Aimée se sent rougir une fois encore, remercie celui qui lui a offert ce présent, le guitariste traduit pour son compagnon qui ne parle pas français. Elle porte le verre à ses lèvres, est surprise par la fraîcheur gouleyante de ce vin qu'elle ne connaissait pas, qui développe une légère amertume, un peu salée, très nouvelle pour la jeune Normande. Elle n'a pas bu d'alcool depuis une éternité, aussi est-elle vite grisée par les quelques gorgées avalées avec gourmandise. Ses yeux brillent dans la pénombre, où seules les flammes du brasero de fortune éclairent en partie les visages. L'effet du vin l'a détendue, et tandis que le musicien joue une *seguidilla* andalouse, elle le contemple. De plus en plus fascinée par les mains agiles et véloces sur l'instrument, dont le bois clair verni jette quelques éclats en renvoyant la lumière. Deux hommes accompagnent le rythme et les sonorités parfois arabisantes en frappant dans leurs paumes, comme en sourdine, ou plus fort parfois. Cette musique nouvelle pour Aimée est envoûtante, elle applaudit vigoureusement quand le morceau s'arrête.

— Tu aimes ma musique, Mademoiselle ?

— Beaucoup, Monsieur, merci, pouvez-vous jouer encore ?

— Je m'appelle Ruben. Ruben Calvez Lopez, et toi *Señorita* ?

— Aimée...

— C'est beau, c'est comme le nom de l'amour, non ? Tu as un amoureux Aimée ?

La jeune femme rougit de plus belle, ses joues la brûlent, elle ne peut soutenir le regard à la fois doux, bienveillant et inquisiteur de Ruben. Elle s'entend murmurer un « Non » étouffé. Puis, alors que le guitariste enlace de nouveau son instrument au corps de femme, la tête penchée sur les cordes qu'il caresse, Aimée le détaille tout à loisir. Les scintillations du feu détachent de l'ombre un profil très pur emprunté à la statuaire grecque. Des boucles aussi sombres que les ailes d'un merle retombent sur le front et brillent des pétillements d'une flamme dansante. Une barbe de deux jours, tout aussi brune, souligne une mâchoire fine au menton légèrement saillant. Le regard capte celui de la spectatrice en coups d'œil furtifs, plantant des prunelles très noires dans les yeux azuréens qui ne se dérobent plus. Dans la concentration du jeu musical, la bouche mince et délicatement dessinée, reste entrouverte sur une rangée de petites dents serrées et très blanches. Le polo grisâtre et informe qui doit lui tenir lieu de chemise souligne une musculature fine, laisse deviner dans l'échancrure ouverte sur la poitrine les frisures mousseuses d'une légère pilosité d'ébène. Bien qu'il soit assis, on devine une taille assez haute et élancée.

—Dieu qu'il est beau… songe Aimée, sous le charme de cet inconnu et de ce moment magique, volé au fracas et à la fureur insensés de cette guerre, pourtant omniprésente dans un quotidien morne, qui semble sans plus d'avenir, figé dans un présent fait de peur et d'exténuation intenses.

—Il est tard Mademoiselle Aimée, je vais t'accompagner. C'est pas prudent de te promener dans le campement toute seule *por la noche*.

La guitare s'est tue, Ruben se lève et la confie à celui qui a offert le vin. Il prend naturellement la jeune femme par la taille, l'entraîne avant qu'elle ait pu dire un mot. Il la dépasse d'une tête, elle se sent soudain toute petite et se laisse entraîner par le bras protecteur auquel elle a déjà envie d'accorder toute sa confiance. Ils ne disent rien sur le chemin, aucune parole n'est utile, parce que l'un et l'autre savourent le plaisir si simple de marcher ensemble d'un même pas. Lorsqu'ils arrivent devant le dortoir de la jeune femme, celle-ci se détache doucement, à regret, de Ruben.

—Merci beaucoup Monsieur Ruben, j'ai aimé votre musique, le vin… Merci ! Je suis un peu ivre et…

—Appelle-moi Ruben, *Señorita* Aimée. Je travaille à la fabrication des obus à la fonderie. Chez moi, en Andalousie, j'étais ingénieur, j'ai appris le français dans mes études. Ma famille est restée près de Séville, dans la *finca* d'un de mes oncles, un grand domaine à la campagne. Moi, je ne sais même plus comment je suis arrivé ici, *y tú* ?

— Moi ? Une de mes filles est à Caen, l'autre à Bernay, chez la famille aussi. Je travaille à l'usine, pour faire des grenades.

Aimée se mord la langue. Pourquoi avoir parlé de ses filles ?

— Tu es mariée ? Ton mari est à la guerre ?

— Non, je suis veuve, murmure Aimée, redoutant de ne plus jamais revoir Ruben après ces confidences. Qui sait, sotte qu'elle est, il a sûrement lui aussi une épouse, ou une fiancée qui l'attend, dans sa lointaine Espagne. Elle s'est monté la tête, il n'est sûrement pas libre.

— Je ne me suis pas marié, je n'ai pas eu le temps. La guerre… Et la Mademoiselle qui devait me fiancer a préféré rompre avant mon départ.

Aimée le regarde avec un grand sourire. Elle tente de le réprimer, aussitôt confuse d'avoir manifesté sa satisfaction à l'énoncé de ce qui vient d'être dit.

— Si tu veux, Mademoiselle Aimée, je t'attendrai demain à la sortie de ton usine, on ira promener vers la route de Mondeville, là où il y a les belles maisons des ingénieurs avec les petits jardins.

— D'accord, je ne me suis pas encore aventurée jusque-là, mais avec vous, j'irai sans crainte.

— Mademoiselle Aimée, il faut que toi tu me dises « tu » !

Il a insisté sur le « tu » en le prononçant « tou », ce qui fait à nouveau sourire la jeune femme.

— Très bien, alors à demain, je te souhaite une bonne nuit maintenant…

Enhardie, elle se hausse sur la pointe des pieds pour déposer sur la joue qui pique un peu un baiser très léger, avant de s'en retourner. À peine a-t-elle esquissé un pas qu'elle est saisie aux épaules. Deux mains l'invitent avec douceur et fermeté à faire demi-tour. Ruben l'attire contre lui, l'enlace et prend sa bouche en un long baiser. Pas un instant elle ne songe à le repousser, bien au contraire. Tout son corps se réveille, comme au sortir d'un trop long sommeil, sous l'étreinte si sensuelle de Ruben. Quand enfin ils se détachent l'un de l'autre, ils ont tous deux des étoiles et des promesses tacites dans les yeux.

Le lendemain matin, Léontine doit secouer Aimée pour la réveiller, alors qu'habituellement son amie est toujours la première à se lever.

— Debout, on va être en retard ! Qu'est-ce que t'as fait la nuit dernière ? Quand je me suis couchée, t'étais pas là, ça m'a inquiétée. T'es pâlichonne, et c'est quoi cet air niais de ravi de la crèche ?

— Tu m'as tirée d'un rêve… Je suis allée me promener, et j'ai eu droit à des airs de guitare pour moi toute seule figure-toi.

— Ah bon ? Et qui fait donc de la musique ici, dans ce trou à rats ?

— Un des Espagnols qui campent un peu plus loin. Il s'appelle Ruben, si t'entendais comme il joue bien. Pis, il est tellement beau, et doux…

— Toi, ma fille, t'es amoureuse ou j'm'y connais pas ! Tu m'as l'air toute chaboualée ! Fais attention quand même, hein ? C'est pas très bien vu ici de se mêler aux étrangers et ça manque pas de commères pour cancaner…

— Mais non, proteste assez faiblement Aimée. Il m'a juste embrassée, et il viendra m'attendre ce soir à la sortie de l'atelier. S'il ne m'a pas oubliée…

— Oh ! Un baiser ? Ça promet ! l'asticote Léontine. Mais si, il viendra, tu verras. Prends garde, qu'il aille pas te prendre pour une de ces filles qui se vendent aux soldats pour quelques sous !

— Tais-toi donc, tu dis des bêtises, et allons-y, sinon, on va s'en faire enlever des sous !

Plus l'heure approche qui va sonner la fin de la journée de labeur, plus Aimée est tendue, anxieuse. Elle est aussi troublée et exaltée qu'une jeune fille dans l'attente de son premier rendez-vous. Un seul baiser a ravivé en elle bien des désirs, de ceux qu'elle éprouvait quand elle était femme de chambre et que son jeune amant, qu'elle aimait à la folie, la rejoignait en secret. Alors, elle adresse une prière muette et fervente à la Sainte Vierge, pour revoir Ruben. Juste avant de sortir, perdue parmi la cinquantaine d'ouvrières qui s'égaillent en bavardant, elle vérifie que son chignon est bien en place, rajuste une mèche rebelle et son corsage, s'enveloppe frileusement dans son châle. Elle prend une grande inspiration, se dirige vers la sortie, déjà aux aguets. Peu d'hommes vont et viennent aux alentours de l'atelier des femmes, aucune haute silhouette en vue. Aimée marche lentement, cherche des yeux, sent son cœur battre à tout rompre. Bientôt, elle se retrouve seule, ses compagnes sont toutes parties. Il ne lui reste plus qu'à regagner son campement. Alors qu'une larme de tristesse et de dépit mêlés vient de sourdre à sa paupière, elle tressaille violemment quand un bras vient se poser sur son épaule.

— Je t'ai fait peur *Señorita ?* J'attendais que les autres soient parties pour te retrouver…

— Ruben… Oui, j'ai cru que tu ne viendrais pas et…

— Viens, il va encore pleuvoir, je t'emmène dans mon *castillo* secret !

Un sourire taquin aux lèvres, Ruben a pris la main d'Aimée et l'entraîne d'un pas rapide. Ils suivent la route de Mondeville, pour arriver à un ensemble de petits chalets de style normand. Chaque maisonnette est entourée d'un jardin, et de ce qui a dû être une pelouse, avant d'être délaissée de tout entretien. Ruben s'arrête, pousse le portail grinçant d'une des demeures, après avoir regardé soigneusement alentour pour vérifier qu'il n'y ait personne, referme derrière eux. Il conduit la jeune femme sur l'allée envahie de hautes herbes folles, ouvre la porte d'entrée de la maison, et fait entrer sa compagne. Aimée écarquille de grands yeux interrogateurs.

— Voilà mon château secret, *bienvenida Señorita* ! N'aie pas peur, les occupants sont partis et ne sont pas près d'y revenir. Je l'ai découvert, j'aime venir faire de la musique ici, quand j'ai le mal du pays… Et c'est plus agréable que le campement ! Je te fais visiter ?

Aimée se laisse encore guider dans cette maison que ses locataires ont abandonnée, laissant derrière eux leur mobilier et leurs affaires. Une famille sans doute éclatée par la guerre, l'homme mobilisé, une épouse, peut-être, des enfants partis chercher refuge dans un lieu plus sûr. Ruben pénètre dans la dernière pièce, une chambre à coucher dont le lit a été fait soigneusement, recouvert d'un jeté-de-lit en boutis fleuri, assorti aux rideaux. Lorsque Ruben les tire pour occulter la fenêtre, un peu de poussière volette. Il allume alors une bougie, posée sur une des tables de nuit, s'approche d'Aimée qui est restée sur le seuil. Il lui sourit, la fait entrer en prenant soin de refermer derrière elle la porte de la chambre. Il l'embrasse longuement, elle chavire de bonheur. Très délicatement, il entreprend de dégrafer son corsage, fait tomber sa jupe et ses jupons au sol. Il se dévêt à son tour, la soulève de terre pour la poser avec une infinie tendresse sur le lit. Aimée ferme les yeux, aspire à plein nez l'odeur de cet homme, pose enfin ses mains sur lui, s'enivre de sa peau douce à ses doigts qui vont s'égarer dans les boucles brunes. Attentif à ses réactions, comme s'il avait une porcelaine de Saxe entre les bras, Ruben conduit lentement la jeune femme au plaisir. Elle se sent à nouveau vivante sous ce corps ajusté au sien, s'abandonne et pousse un long feulement quand elle est emportée par la jouissance.

Léontine avait raison : en serrant de toutes ses forces dans ses bras l'homme qui vient de l'emmener si loin, elle plante son regard dans le sien. Elle est amoureuse.

9

Ce mois de septembre 1917 est très doux, comme si l'été qui avait laissé s'approcher un automne trop précoce gris et frais, revenait en force.

Aimée est heureuse. Elle travaille en fredonnant et entraîne ses compagnes de labeur dans une chorale improvisée. Elle se remémore les jolies chansons entendues à Caen où parfois des chanteurs de rue s'accompagnaient d'un limonaire. Ils allaient ensuite de village en village, distribuant pour quelques pièces de monnaie les paroles sur des feuilles volantes. C'est tout un répertoire très gai qui retentit alors dans l'atelier : valses populaires, tangos, mélodies d'amour…

« Frou frou, frou frou, par son jupon la femme
Frou frou, frou frou, de l'homme trouble l'âme... »[1]

Ce refrain la fait sourire, car elle aussi a l'âme troublée, comme l'est celle de Ruben. Leur amour naissant grandit, et ils se retrouvent dans la petite maison abandonnée presque tous les soirs pour s'aimer. Ils y passent la nuit, enlacés, s'éveillant au petit matin pour partir chacun à leur tour, afin de n'éveiller aucune éventuelle curiosité. La jeune femme semble avoir repris soudain des couleurs, et surtout, une joie de vivre qu'elle

1. La chanson « Frou-Frou » était interprétée par Berthe Sylva (paroles : Hector Monréal et Henri Blondeau ; musique : Henri Château).

n'avait plus éprouvée depuis tellement longtemps. À force de persuasion, elle est parvenue à racheter à une ouvrière qui le lui a cédé pour trois fois sa valeur un petit chapeau de paille. Une sorte de canotier qui lui sied à ravir, sur lequel sont posées des fleurs de soie aux couleurs pastel. Pour Ruben, elle a retrouvé le plaisir d'être coquette, de ne plus « sortir en cheveux », de se faire plus jolie encore, joyeuse, malgré le déroulé de ces tristes jours d'une guerre impitoyable qui ne cesse de réclamer toujours davantage d'armements pour sa chair à canon. L'un dans sa fonderie et l'autre dans son atelier manient à longueur de journée les dangereux produits conçus pour donner la mort. Tous deux sont harassés lorsqu'ils se retrouvent.

Chacun apporte son modeste repas, ils prennent le temps de dîner en se parlant beaucoup. Ils se racontent l'un à l'autre, sans plus de crainte ni de honte, dans une urgence nécessaire en ces temps si ténébreux. Aimée a dévoilé à Ruben le secret de la naissance de sa petite Marie-Louise, puis son mariage et la méchante vie que lui a fait subir Joseph, la naissance de Madeleine. Elle a cependant occulté la mort de son fils, le souvenir étant trop douloureux. Ruben lui a dépeint Séville et la campagne andalouse où se sont installé ses parents, Dionisia Lopez et Don Miguel Calvez. Aimée imagine la propriété du frère de Miguel, Don Pedro, la belle et grande *finca* héritée de leur père et du père de leur père avant eux. Dans les récits de son amant, elle découvre tout un monde ruisselant de soleil, elle voit les hectares de nature où vivent les *toros* les plus braves, fiertés de leurs éleveurs. Elle qui ne connaît que les bœufs normands et les quelques taureaux reproducteurs primés dans les foires agricoles a du mal à imaginer des bêtes sauvages à la robe noire et aux cornes redoutables ! La neutralité de l'Espagne dans le conflit, qui fait du pays de Ruben un terrain d'espionnage et de contre-espionnage, a permis aux hommes de sa famille de ne pas quitter la terre natale. Mais parce qu'il était jeune et avait des bras solides, il a été envoyé de l'autre côté des Pyrénées afin d'aider les Français et participer à l'effort de guerre. Il avait cru naïvement qu'il serait employé à Mondeville en tant qu'ingénieur…

Las ! Le besoin d'ouvriers pour fabriquer toujours plus d'armes est prépondérant, et on ne cherche pas à savoir si les étrangers peuvent occuper les postes de cadres. Aimée est admirative de cet homme qui est venu s'égarer sous le crachin normand, fils unique et chéri d'une famille de petite noblesse et de riches propriétaires terriens. Quand il joue pour elle les mélodies qui la ravissent, elle le dévore des yeux, se retient pour ne pas l'embrasser, encore et encore.

Octobre est arrivé sans prévenir. Aux ateliers des hauts-fourneaux le temps est étale et chaque jour est semblable au précédent et au suivant, aussi figé que la surface d'un bouillon gras. Un matin, alors qu'Aimée se lève sans bruit pour ne pas éveiller Ruben et lui octroyer quelques précieuses minutes de sommeil supplémentaires, elle est prise d'une violente nausée qui la fait se précipiter dehors. Elle vomit une bile amère, et elle sait immédiatement pourquoi. Doit-elle se réjouir ou se désespérer ? Pourra-t-elle continuer à travailler si elle est effectivement enceinte ? Devra-t-elle le dire à son amant, et comment réagira-t-il ? Voudra-t-il aussi un fils, ou bien l'abandonnera-t-il en apprenant sa paternité ? Avoir un enfant pendant la guerre semble si impensable, si incongru ! Elle attendra un mois pour en être certaine, il sera alors temps de décider… Mais ce qu'elle sait, c'est qu'elle veut cet enfant de l'amour, aussi fort qu'elle a voulu Marie-Louise.

— Ma *Señorita* Aimée ! Tu vas avoir un petit bébé de nous ? *Santa María*, quel bonheur ! Ma mère sera folle de joie, tu verras !

Ruben, qui a soulevé Aimée de terre, la fait tourner en la serrant à l'étouffer dans ses bras. Il rit et pleure, la future maman sent aussi couler des larmes de joie. Elle avait tant craint la réaction de Ruben, elle s'en veut d'avoir douté de lui.

Il la repose délicatement au sol, puis, un genou à terre devant elle, lui prend les mains qu'il baise et levant les yeux vers elle pour plonger son regard dans le sien, lui demande :

— Aimée Doré, puisque tu portes notre enfant, veux-tu être ma femme ? Dis oui, *por favor*... On quittera Mondeville le mois prochain, on rejoindra ma famille en Espagne, et nous ferons une belle fête de mariage. Mes parents seront heureux de t'accueillir, et le bébé naîtra à la *finca*, loin de tout ce fracas...

Aimée pleure maintenant à chaudes larmes. Elle relève cet homme qui fait battre son cœur, l'enlace pour enfouir sa tête dans son cou et murmurer un « oui » timide et ému à son oreille. Il lui prend le menton pour relever son visage et l'embrasse avec une infinie tendresse.

Léontine est ravie pour son amie et accueille avec joie les nouvelles du mariage projeté et de la grossesse d'Aimée.

— Alors, tu vas me quitter ? Partir vivre dans ce pays de mauricauds que tu ne connais pas ? T'es sûre ? Et tes filles ?

— À part toi, je n'ai plus personne ici. Et mes filles, on les emmènera.

— Tu apprendras l'espagnol ? Les petites aussi ? Et la danse pour Marie-Louise ?

— Mais oui ! Elles sont jeunes, elles s'y mettront vite j'en suis sûre, et moi je me débrouillerai, j'ai un très bon professeur ! Marie-Louise ? Elle apprendra les danses espagnoles, et Ruben jouera de la guitare pour l'accompagner... J'irai la chercher dans trois semaines, Georgina me ramènera Madeleine à Caen d'où on partira tous les quatre, et... en route pour Séville !

— Euh ben, t'as déjà pensé à tout ... En attendant, faut aller travailler.

Les deux jeunes femmes rient aux éclats, et se dirigent vers leur atelier. Dès lors, il semble à Aimée que le temps a ralenti, quand elle voudrait qu'il passe deux fois plus vite.

Quand elle retrouve Ruben dans leur refuge, tous deux font des projets à n'en plus finir avant de s'aimer avec passion.

Ils sont euphoriques et confiants, l'avenir sourit enfin, ce sera si bon de fuir la guerre et de prendre un nouveau départ sous le ciel d'Andalousie. Le jeune homme ne cesse de raconter son pays, sa famille. Il a tellement hâte qu'Aimée découvre tout cela qu'il lui a communiqué son impatience. Il a hâte de son enfant, et ils ont commencé à choisir des prénoms : pour une fille, Dionisia, comme la mère de Ruben, et Léontine, comme son amie. Si c'est un garçon, ce sera Miguel, comme le père de Ruben, et Adrien, comme celui d'Aimée. Fille ou garçon, leur enfant apprendra à monter à cheval dès son plus jeune âge, à jouer de la guitare, à...

— Attends donc qu'il ou elle vienne au monde, tu es bien pressé Monsieur le guitariste !

— Tu as raison, je suis pressé maintenant. Je veux nous emmener loin d'ici, tu dois te reposer et notre *niño* naîtra chez lui, dans la maison de sa famille.

Plus qu'une petite semaine. Ruben et Aimée quitteront alors les hauts-fourneaux de Mondeville pour entreprendre le long périple qui les amènera jusqu'au sud de l'Espagne. Ils se rendront d'abord à Caen, où Ruben fera la connaissance des deux filles d'Aimée. Ensuite, il faudra se rendre à Paris, trouver un train qui les conduira jusqu'à la frontière espagnole. Lorsqu'ils l'auront passée, depuis la Catalogne, un autre train de la *Compañía de los Ferrocarriles Andaluces*[1] les emmènera enfin jusqu'à Séville. Ce sera coûteux : toutes les économies de leurs deux salaires réunis serviront à combler les frais du voyage. Ils n'emporteront que le strict nécessaire pour n'être pas encombrés de bagages inutiles. De toute façon, ni l'un ni l'autre n'a beaucoup de possessions...

Plus le jour du départ approche, plus Aimée est impatiente et anxieuse à la fois. C'est à Léontine qu'elle a confié les questions qui, malgré tout, la taraudent et qu'elle a tues à son futur époux. Elle ne veut pas l'inquiéter inutilement.

1. Compagnie des chemins de fer andalous.

— Crois-tu que sa famille sera gentille avec moi ? Ces gens si riches ne s'attendent pas à revoir leur fils accompagné d'une petite Française qu'il veut épouser, enceinte en plus... Je me demande aussi comment ils vont réagir quand ils verront Marie-Louise et Madeleine. Ça va pas être facile au début, va-t-on se comprendre ? Peut-être qu'ils parlent un peu français ?

— Arrête de te mettre la rate au court-bouillon. Moi, je t'envie ! Même si ça me fait quelque chose que tu partes, t'as enfin de la chance d'avoir trouvé un bon gars ! Il t'aime, t'es amoureuse, vous allez vous marier et avoir un bébé, c'est tout ce qui compte, non ? Le reste, tu verras bien, chaque chose en son temps, boudiou !

La sagesse et le bon sens de Léontine rassérènent quelque peu Aimée qui, toutefois, ne peut se défaire d'une boule dans la gorge en songeant à tout ce que représente ce grand saut dans l'inconnu. Plus que trois jours...

Perdue dans ses pensées, Aimée ne chante pas aujourd'hui dans son atelier, où chacune s'affaire en silence devant son établi. Elle est très fatiguée en cette fin d'après-midi qui n'en finit pas, attend avec impatience l'heure de la sortie pour aller vite retrouver Ruben.

Soudain, un énorme bruit se fait entendre, comme un coup de tonnerre qui fait trembler les vitres. Les ouvrières ont sursauté, le geste suspendu, les regards tournés vers l'extérieur. Après quelques secondes d'un silence oppressant, des cris fusent, des hommes courent en direction de la fonderie, et une colonne de fumée noire commence à répandre vers le ciel son panache sombre, telle l'aile géante d'un oiseau de mauvais augure. Toutes les femmes se précipitent et sortent, cherchant à savoir ce qui se passe. Une odeur irritante les saisit, certaines portent à leur nez un mouchoir. Léontine arrête un homme qui semble pris de panique et lui crie avant de se remettre à courir :

— Une explosion... Le feu provient de la fonderie !

Aimée est devenue blême, ses jambes semblent refuser de continuer à la porter, ce qui n'échappe pas à son amie.

—Toi, tu restes ici, je vais aux nouvelles et je reviens. Tu m'attends sans bouger, lui ordonne Léontine sur un ton qui ne demande pas de réplique.

Elle suit tous ceux qui ont grossi le contingent d'ouvriers se pressant vers le lieu d'une évidente catastrophe. Déjà, pour tenter d'éteindre l'incendie qui menace de provoquer une nouvelle déflagration, une chaîne s'est formée pour acheminer de l'eau dans des seaux en attendant l'arrivée des pompiers. Le mur du bâtiment est éventré, les flammes dévorent ce qui était encore quelques minutes avant la manufacture d'obus. Des murs à l'intérieur se sont effondrés, ensevelissant certains des hommes qui y travaillaient encore. Un ouvrier qui est parvenu à sortir est emporté par des camarades. Il a perdu connaissance en réussissant à s'extraire, une jambe déchiquetée, les cheveux brûlés, tout le corps noirci. Un autre, à ses côtés, semble miraculé, sans blessure apparente et les vêtements en lambeaux. C'est un tout jeune garçon qui ne doit avoir guère plus de quatorze ans, hagard, en état de choc. Il n'entend pas ce que lui disent les autres, perçoit leurs questions comme à travers une balle de coton à cause du bruit de l'explosion. Il articule péniblement :

—On allait charger un obus pour le convoi à partir demain, il est mal tombé… Après, il y a eu l'explosion, y'a des gars là-dedans !

—Tu sais combien ?

—On était une dizaine…

Huit ouvriers manquent donc à l'appel. Sont-ils encore vivants ? Tous les hommes sont arrivés sur place, s'activent pour maîtriser le sinistre. Ils y parviennent heureusement assez rapidement, s'emploient à déblayer avec difficulté les décombres fumants, à la recherche de leurs camarades. C'est à la nuit tombante qu'enfin les premiers corps sont extraits.

Un seul homme est encore vivant, mais si gravement brûlé qu'il décédera à peine une heure plus tard. Les sept autres ont tous péri. Dans l'urgence, on les a alignés un peu plus loin, à même le sol. Il va falloir retrouver qui ils sont, prévenir leurs proches, procéder à des funérailles si la guerre ne permet pas d'informer les familles assez rapidement. Sans que Léontine l'ait vue approcher, Aimée est arrivée elle aussi. Elle a besoin de savoir. Elle s'approche des cadavres. Son amie n'a que le temps de se précipiter pour la recevoir dans ses bras : elle vient de pousser un hurlement qui n'en finit pas. Tombée à genoux, enlacée par Léontine, elle est horrifiée et anéantie par la vision brutale du cadavre de Ruben.

Le travail a repris à la fonderie, où tout au long de la guerre six cents tonnes d'obus seront fabriquées. Cinq des victimes de l'explosion ont été inhumées au petit cimetière de Colombelles, autour de l'église Saint-Martin. Une simple croix de bois fichée en terre et portant le nom et les dates de naissance et de mort surmonte les sépultures. Sur l'une d'elles est inscrit : Ruben Calvez-Lopez 5-8-1879 + 25-10-1917. Aimée, qui a épuisé toutes ses larmes, reste longtemps face à la modeste stèle de l'homme qu'elle a tant aimé et avec lequel elle s'était bâtie de si beaux châteaux en Espagne… Leur enfant, qui se fait encore discret en elle, ne le connaîtra jamais, pas plus que le chaud soleil andalou. Elle a défait du petit chapeau de paille les fleurs qui l'ornementaient pour les accrocher au bois d'une branche de la croix. La fidèle Léontine, qui se tient légèrement en retrait, la prend affectueusement par l'épaule.

— Viens, il faut rentrer maintenant. Ne va pas prendre froid dans ton état, ce serait pas bon pour le bébé.

Le 11 novembre 1918, des volées de cloches et des sonneries de clairon retentissent partout en France. Depuis 11 heures, le cessez-le-feu est effectif. L'Allemagne est vaincue. L'armistice, signé dans la clairière de Rethondes en forêt de Compiègne, met provisoirement fin aux combats. On dénombrera vingt millions de morts, dont plus de neuf millions de militaires. La France, comme ses alliés, est exsangue, compte un million et demi de ses militaires morts. Il n'est pas une famille au sein de laquelle on ne déplore le décès d'un ou plusieurs hommes partis soldats. Des vies bouleversées, dévastées, éclatées, qu'il va falloir reconstruire. Restent des blessés par milliers, tant civils que militaires. Très peu d'hommes sont revenus indemnes. Parmi eux, Émile Landron, le mari de Georgina, la sœur d'Aimée, est rentré sain et sauf. Un vrai miracle. Léontine ne reverra jamais son gentil fiancé : il a été tué pendant un assaut un mois avant la fin de la guerre.

Le lendemain, Caen est en liesse et une retraite aux flambeaux pour fêter la fin de ce premier conflit mondial anime les rues. Aimée, qui porte dans ses bras son bébé de cinq mois déambule dans la foule, aux côtés de Léontine et de Madame Jeanne. Peu de temps avant l'armistice, les deux amies ont quitté Mondeville pour retourner à Caen. Si on avait incité les femmes à travailler dans les usines, on leur fait à présent clairement comprendre que leur vraie place est au foyer. Pire, certains sous-entendent qu'elles ont volé le travail des hommes ! Catherine Jeanne, dont le père et les trois frères ne sont pas revenus, porte le deuil, mais partage, malgré tout, la joie qui éclate après tant de désolation. Elle va bientôt rouvrir sa blanchisserie, et elle est heureuse que son ouvrière lui soit revenue, accompagnée de cette Léontine toute prête à se mettre à l'ouvrage. C'est à la fin du mois de mai qu'un beau jour, les deux femmes sont venues sonner chez elle. La brave blanchisseuse en a pleuré et a longuement serré Aimée dans ses bras. Cette dernière, tout aussi émue, lui a raconté son histoire en caressant de ses deux mains son ventre arrondi.

Elle a retrouvé son ancien appartement, que la femme du propriétaire, mort au combat, a accepté de lui relouer. Léontine logera à l'étage au-dessus, dans une chambre mansardée. C'est au soir du 18 juin qu'Aimée a été prise des premières douleurs.

Quelques heures plus tard, une petite fille lui est née. La jeune maman sourit quand la sage-femme lui présente son enfant : elle se souvient de la naissance de Madeleine, nouveau-née chétive au pâle duvet blond et aux yeux bleus. Le contraste est saisissant avec cette petite fille, toute rose et ronde, qui piaille déjà vigoureusement. Elle a ouvert sur le monde des prunelles sombres et sa jolie tête est recouverte de cheveux très noirs et abondants. Léontine, qui n'a pas quitté son amie, ne peut s'empêcher de s'exclamer :

— Ma parole, c'est un vrai pruneau c'te bézote ! C'est son père craché ! Tu vas l'appeler comment ?

Aimée a rougi un peu, et des larmes perlent à ses paupières à l'évocation de Ruben.

— Ce sera Denise, parce que je trouve que ça ressemble à Dionisia, comme sa grand-mère paternelle qu'elle ne connaîtra jamais. Et toi, Léontine, tu veux bien être sa marraine ?

Léontine à son tour chasse une larme, en acceptant avec joie la responsabilité de porter le bébé sur les fonts baptismaux. C'est avec émotion qu'elle présente un mois plus tard l'enfant au curé de l'église du Vieux-Saint-Sauveur, où Aimée a le triste souvenir de sa noce.

Peu à peu, la vie a repris. On reconstruit, les magasins ont rouvert et le temps passe, inexorablement, produisant son effet lénifiant sur les cœurs endeuillés. La boutique de Madame Jeanne a retrouvé des clientes et fait vivre gentiment les trois femmes qui travaillent d'arrache-pied. Aimée va voir tous les dimanches Marie-Louise et Jo avec Denise tandis que Madeleine est restée à Bernay, chez Georgina. L'aînée de ses filles, maintenant adolescente est de plus en plus jolie, et c'est un bonheur de la voir s'occuper de sa toute nouvelle petite sœur en jouant la seconde maman.

Le 11 novembre 1919, Léontine entraîne Aimée au bal organisé pour fêter le premier anniversaire de l'armistice dans la salle des fêtes de la mairie de Caen, brillamment éclairée. Sur la scène, un orchestre enchaîne les derniers succès à la mode.

C'est si bon d'aller danser à nouveau, de valser à s'en faire tourner la tête, de boire des verres de cidre ! Ce soir-là, Aimée accorde toutes les danses à un joli garçon qui ressemble un peu à Ruben. Il la guide d'une main très sûre, la fait tourbillonner, et rire aux éclats. Il est normand, natif de Colleville-sur-Mer. Depuis quand la jeune femme n'a-t-elle pas vu la mer ? Il l'y emmènera, c'est promis. Parce qu'ils se reverront, pour sûr ! Si elle en doutait encore, à trente-six ans Aimée est toujours très séduisante. Narcisse Brault est sous le charme. Quel drôle de prénom… songe sa cavalière, qui se sent si vivante entre les bras vigoureux qui l'enserrent. Désirée et désirante, elle se laisse soudain entraîner, sous le regard étonné de Léontine. Elle n'aura pas le souvenir du chemin emprunté jusqu'à la chambre accueillante où le garçon au nom de fleur l'a aimée jusqu'au petit matin. Ils se retrouveront à deux reprises, avant que Narcisse disparaisse sans plus donner de nouvelles à celle qui a cru une fois encore à l'amour.

5 septembre 1920, neuf mois plus tard. Les cris de douleur d'Aimée s'entendent jusque dans la blanchisserie. Madame Jeanne en a le cœur serré. Le travail a débuté au petit matin, et huit heures plus tard, l'enfant n'est toujours pas né. La sage-femme est très inquiète car le bébé se présente par le siège. Léontine est aux côtés de son amie, lui tient la main, impuissante. Quand enfin la sage-femme parvient à extraire un petit garçon, il est trop tard. Il ne réagit pas, ne respire pas et elle ne peut pas le ranimer. Aimée a perdu connaissance, à bout de forces. Elle ne se réveillera jamais, elle a perdu trop de sang et c'est dans la nuit qu'elle pousse un dernier soupir dans les bras de Léontine.

Le destin de ses trois filles aux trois pères était en marche. Qu'adviendrait-il d'elles ? Allaient-elles porter les engrammes des femmes qui les avaient précédées et mises au monde, empreintes vivaces de traumatismes transmis et susceptibles de se répéter ?

II

« Les pères ont mangé des raisins verts,
Et les dents des enfants en ont été agacées. »

La Sainte Bible, Ézéchiel Ch. 18, v 2

1

18 novembre 1920. Des trombes d'eau se déversent sur Caen. De véritables ruisseaux se sont formés sur les chaussées et montent sans vergogne à l'assaut des trottoirs. Sur la place Fontette, des passants abrités sous de vastes parapluies sombres se pressent en pataugeant dans d'énormes flaques pour se diriger vers l'entrée du palais de justice, le Palais Fontette.

Tous les membres de la famille d'Aimée vont être reçus par le juge Leroy qui présidera à 15 heures précises le conseil de famille convoqué par ses soins. Tous ont les pieds trempés dans leurs souliers du dimanche qui n'ont pas résisté à l'eau. Les femmes endeuillées sont de noir vêtues et les chapeaux, qui ont mal supporté la pluie diluvienne, s'avachissent sur leurs têtes. Les hommes ôtent leurs casquettes, trempées à tordre. De vagues relents de chien mouillé se répandent. Ils sont venus de Bernay ou de l'autre bout de la ville de Caen, ou encore de Cabourg. Ils sont très impressionnés en entrant dans le palais par l'imposant vestibule néo-classique, porté par dix colonnes doriques monumentales en avant-corps. Les parapluies dégoulinants sont refermés, on les secoue afin d'en chasser l'eau, qui tombe sur le sol pour former des petites mares, taches sombres sur le pavage de la salle des pas perdus. Ce vaste hall porte bien son nom, car ces braves gens sont un peu perdus. Heureusement, un huissier qui les aperçoit les renseigne aimablement et les dirige vers la salle d'audience où ils sont attendus.

Monsieur le juge Albert Leroy a revêtu pour la circonstance sa robe noire sur laquelle une bavette de dentelle immaculée, jaillissant d'un col empesé à coins cassés, est du plus bel effet. Il arbore crânement la toque qui dissimule à demi son front, ne laissant apparaître sur les tempes que des cheveux courts et sans doute bouclés. Des bésicles rondes à monture de métal sombre sont posées haut sur son nez droit, adoucissant un regard clair et perçant.

D'un geste ample, il invite chacun à s'asseoir autour d'une grande table rectangulaire entourée de sièges de bois dont l'assise paillée est fatiguée, unique ameublement de cette salle austère éclairée d'un vaste plafonnier. Tous prennent alors place, intimidés et silencieux, dans le seul bruit de raclement des pieds de chaise sur le sol. Leroy s'adresse avec bienveillance à cet inhabituel public qui le change des chenapans et autres vauriens auxquels il a souvent affaire. Sans pour autant se départir, face à ces petites gens, de l'autorité et de la prestance étudiées que sa charge et sa robe imposent.

— Mesdames et messieurs, nous voici réunis pour tenir le conseil de famille qui doit décider des tutelles des enfants de feue Aimée Louise Yon, épouse Doré. Vous êtes tous ses parents ou alliés. Je ne suis pas membre de ce conseil, je ne fais que le présider et j'entérinerai vos décisions. Je vous rappelle que le ou les tuteurs désignés par vous pourront encaisser les revenus des mineurs s'il y en a. Charge au conseil d'en imposer l'utilisation, de décider des conditions d'entretien ainsi que de l'éducation des enfants qui seront confiés au tuteur. Ayez l'amabilité de vous présenter et de me faire part de vos propositions.

Après ce préambule édicté d'une voix claire et grave, tous restent silencieux, aucun n'osant prendre la parole en premier.

Joséphine, qui est venue avec Marie-louise, assise à son côté, lève alors timidement la main. Monsieur le juge l'incite à s'exprimer :

— Madame…

— Je m'appelle Joséphine Hamel, Monsieur le juge, et Aimée était mon amie. Cela fait déjà plusieurs années que sa fille aînée Marie-Louise, ici présente, vit chez moi. Cette jeune fille a maintenant quinze ans, elle a commencé à apprendre la danse, où elle se montre très douée selon son professeur. Je précise que les cours ne coûtent rien, car je suis employée par le théâtre. Je propose donc de continuer à m'occuper de Marie-Louise, et qu'elle reste avec moi à Caen. Si vous en êtes d'accord…, ajoute-t-elle en se tournant vers les autres.

Marie-Louise a pris la main de Jo, la serre, attendant anxieusement ce que les membres de la famille auront à dire. Contre toute attente, Madeleine, que Georgina a amenée, ainsi que la petite Denise, s'exclame du haut de ses treize ans :

— Moi, je veux bien que ma grande sœur reste à Caen, et je veux bien aussi rester à Bernay chez tatie Georgina !

— Voilà qui a le mérite d'être clair, sourit le juge. Et qui est cette petite fille ? demande-t-il, à l'adresse de Georgina en désignant l'enfant assise sur ses genoux. Avant qu'elle ait pu répondre, Madeleine s'écrie :

— C'est ma p'tite sœur Denise, elle aussi on peut la garder à Bernay !

— Mademoiselle, c'est à votre famille d'en décider, ce pour quoi nous sommes ici. Qu'en dites-vous, Madame et Monsieur ? ajoute-t-il, se tournant vers Madame Adolphe, l'aînée des sœurs d'Aimée, et son mari, lequel se tient coi. Il garde les yeux baissés, triturant nerveusement sa casquette toujours mouillée. C'est elle qui prend donc la parole :

— Je ne suis que la demi-sœur d'Aimée et de Georgina. Avec mon mari, on habite assez loin. On s'est pas beaucoup fréquentées avec Aimée, et on connaît pas ses enfants.

On pense que c'est pas à nous de les prendre... Hein, Fernand ? ajoute-t-elle en donnant un coup de coude à son époux.

Fernand Adolphe, comme réveillé en sursaut, approuve en hochant vigoureusement la tête. Déjà qu'il a fallu venir de Cabourg par ce temps de chien, faudrait quand même pas se retrouver avec les deux bouches de plus à nourrir de ces gamines et les avoir sur les bras en repartant ! Georgina lève timidement le doigt à son tour, comme à l'école.

— Monsieur le juge, comme Joséphine a déjà accueilli Marie-Louise, qui sera très bien avec elle, j'ai pris Madeleine pendant que ma pauvre sœur Aimée était à Mondeville pour travailler pendant la guerre. Not' fils aîné s'est marié il y a peu, not' fille Marguerite s'occupe déjà des plus petites, et Denise pourra jouer avec mon dernier, Paul qu'est du même âge. Vous savez, avec deux bézotes de plus, je m'arrangerai... T'es d'accord, Émile ? ajoute-t-elle à l'adresse de son mari.

Émile Landron, affalé sur sa chaise, les jambes allongées sous la table, semble lui aussi émerger d'un somme. Ce qu'il a retenu du discours du juge, c'est que les tuteurs pourront disposer des revenus des mineures. Il a vite réfléchi : elles doivent bin toucher quelques sous, ces deux garces, ça sera toujours ça de pris, d'autant plus qu'à c't'âge-là, ça mange pas beaucoup. De toute façon, c'est la mère et la Marguerite qui s'en occuperont. Alors, oui, il est d'accord. Le juge reprend la parole :

— C'est parfait ! Madame Georgina Landron, vous serez donc tutrice des enfants Madeleine et Denise Doré, Monsieur Émile Landron étant de fait subrogé tuteur. Vous gérerez à bon escient et dans leur intérêt la pension d'orphelines de père et mère qui leur a été allouée. Madame Joséphine Hamel, vous serez tutrice de Marie-Louise Doré. Monsieur et Madame Adolphe, si cela vous convient, j'entérine la décision du conseil de famille.

Cela convient au couple Adolphe, trop heureux de n'avoir pas à prendre la responsabilité des petites pupilles. Quelques signatures plus tard, apposées d'une écriture tremblée et malhabile sur les feuillets administratifs dont le juge leur remet un double, les couples et les fillettes saluent respectueusement le magistrat et repartent vers le déluge qui continue de s'abattre sur la ville. Avant de sortir du palais, on s'embrasse. Marie-Louise, soulagée et heureuse de la décision qui vient d'être prise la concernant, prend dans ses bras la petite Denise, et dépose sur ses joues des baisers sonores avant de la remettre à sa tante.

— Ben et moi ? l'interpelle Madeleine, tu viendras me voir à Bernay ? Tu m'enverras des photos de ta danse ? demande-t-elle à son aînée.

Marie-Louise l'embrasse et promet. C'est alors que Joséphine sort de son sac un petit objet qu'elle tend à la jeune fille :

— Ta maman avait fait faire cela chez Bréchet. Elle le portait toujours avec elle, il est pour toi maintenant...

Elle donne à Marie-Louise un petit miroir qui tient dans la paume. Il est rond, de la taille d'une médaille, sur l'avers duquel figure la photo d'un joli bébé nu et potelé, tout chevelu de boucles aussi sombres que ses yeux. L'enfant repose à plat ventre sur un gros coussin recouvert d'un bouillonné de dentelles blanches, la tête tournée vers l'objectif.

— C'est ta petite sœur Denise, elle avait trois mois quand votre mère l'a fait photographier. Comme ça, quand tu utiliseras le miroir, il te rappellera ta chère maman et ta petite sœur.

Madeleine jette un regard torve sur la photo, puis sur son aînée. Elle ne dit rien, vexée de n'avoir reçu aucun présent, tourne les talons sans même dire au revoir à Joséphine ni à cette Marie-Louise dont elle a toujours été jalouse. Georgina, qui porte Denise sur un bras, est émue de l'aménité de Jo, lui redit combien elle sera contente de les accueillir à Bernay, où Marie-Louise pourra ainsi rester en lien avec ses sœurs et connaître ses cousins. Enfin, après une ultime embrassade, tous se séparent, se dispersent en ouvrant les parapluies qui n'ont pas séché. Quand se reverront-ils ? On s'est bien dit qu'on se donnerait des nouvelles, qu'on ferait un repas tous ensemble, à la belle saison…

Ainsi le destin vint-il à la rencontre de Marie-Louise, de Madeleine et de Denise, scellé dans l'espoir du meilleur pour chacune d'entre elles, mais aussi peut-être du pire à redouter, entériné au bas d'un papier administratif. Pour les deux plus jeunes des filles d'Aimée, le pire avait déjà un nom : celui de leur subrogé tuteur Émile Landron.

En cette année 1920, soit deux ans après la fin de la guerre, des campagnes d'affichage auxquelles les murs de Caen n'ont pas échappé fustigent l'alcool, avec force encarts dans la presse locale. Le dessin « choc » très réaliste d'une affiche signée Chanonnaz montre une femme en pleurs avec ses enfants face à un époux hirsute et barbu qui tient sa bouteille dans ses bras, la serrant contre sa poitrine. Le texte semble emprunté à un chœur de tragédie antique : « Ah ! Quand supprimera-t-on l'alcool ? » Au-dessous, le lecteur est invité à s'inscrire à « L'Union des Françaises contre l'alcool, sise rue des Saints-Pères ». Une autre, signée d'Eugène Burnand[1] offre l'image effrayante de l'agonie d'un homme après des années d'abus d'alcool sous les yeux de sa famille impuissante. En larges lettres blanches sur fond noir au bas du dessin, cette simple phrase : « L'alcool tue ». En regard de ces redoutables avertissements propres à frapper les esprits, des réclames contradictoires glorifient l'absinthe « verte ou oxygénée », soi-disant « recommandée par les docteurs ». Cependant, un cri d'alarme a été lancé dès 1918 par la Ligue nationale contre l'alcoolisme, clamant que « chaque verre d'absinthe est un pas vers la folie, chaque bouteille d'alcool mène à la ruine ». Comment en est-on arrivé à ce constat : « L'alcool, poison, abrutit et conduit à la misère ? » Peut-être parce que l'on s'est aperçu que les rares soldats qui ont échappé au carnage et sont

1. Peintre suisse (1850-1921), de style naturaliste.

rentrés dans leurs foyers sont alcooliques ? Émile Landron en est un parfait exemple.

Aux malheureux qui pataugeaient dans les tranchées, il fallait remonter le moral. L'Armée avait donc choisi de les endolorir – sinon les assommer – avec « le pinard », utilisant l'argot pour désigner ce vin de qualité médiocre, créant chez ces hommes une addiction à l'alcool. Livré par tonneaux entiers et distribué aux corvées des premières lignes, avec slogans à l'appui en vantant... les bienfaits ! Tels : « Allez, au pinard là d'dans ! Pour ta santé, le rouge t'est recommandé. C'est le pinard qui tue le cafard. »[1] D'un quart de vin par jour reçu gratuitement dès le début de la guerre, les poilus en perçurent deux quarts en 1916, puis trois quarts en 1918. Ils auront aussi droit à quelques centilitres d'eau-de-vie, pour se réchauffer et chasser les idées noires. Des chansons circulent d'un régiment à l'autre, dont on entonne les refrains en chœur et à tue-tête pour se donner du courage :

« Le pinard c'est de la vinasse
Ça réchauffe par ousse que ça passe,
Vas-y, bidasse remplis mon quart,
Vive le pinard, vive le pinard[2]*. »*

Émile Landron a eu une sacrée baraka, peut-être grâce au pinard. Si avant d'être mobilisé il ne rechignait pas à lever le coude, il fit au front la connaissance de ce pinard qui allait faire de lui un ivrogne invétéré. Affecté au ravitaillement en vin de la tranchée où croupissaient les soldats de son régiment, il ne se contenta pas de les approvisionner, mais au passage, se servait des doubles rations, « pour se donner du cœur au ventre ». Au fil du temps, entre assauts et pluie d'obus, il échappa à tout combat et, de fait, à la mort qui décima ses compagnons jusqu'en 1918. Toujours

1. Carte postale (1918).
2. Chant de marche écrite par Michel Simon et créé par le comique troupier Bach en 1916.

à moitié ivre, il déambulait, mégot au bec, trinquant entre deux déluges de feu avec les uns ou les autres. Jusqu'à ce qu'un lieutenant retors et va-t-en-guerre exigeât que tous ses hommes aillent « sus aux Boches » en sortant de leur trou à rat, baïonnette au fusil. Landron dut comme les autres ajuster sa Rosalie[1] à son Lebel, escalader la tranchée pour se lancer en terrain découvert. L'ennemi répliqua immédiatement en déversant sur ces suicidaires des salves d'obus en continu. Émile avançait en titubant, courant en zigzag et en riant aux éclats car, en dépit de l'heure matinale supposée surprendre l'ennemi, il était déjà rond comme une queue de pelle. Un vrai feu d'artifice ! Autour de lui, les hommes tombaient comme des mouches, morts déjà, ou blessés qui se mettaient à hurler de douleur et de peur. Puis, d'un coup, le trou noir après qu'il eut été projeté en l'air avant de retomber au sol de tout son poids, les bras en croix.

Quand il se réveilla, il était sur un brancard, dans la cour d'un hôpital où des infirmières allaient et venaient en tous sens, parmi les gémissements et les cris des blessés. Il s'aperçut alors qu'il n'entendait plus très bien et que sa cuisse gauche lui faisait mal. En y regardant de plus près, il vit un pansement sommaire, rougi de sang. Un médecin, qui venait constater les dégâts auprès de chacun pour sérier les urgences, lui indiqua qu'il devrait attendre un peu : il n'avait reçu qu'un éclat qui ne compromettait pas l'usage de sa jambe, pas d'amputation en vue pour lui.

À cause des explosions, il resterait sourd d'une oreille et conserverait du seul assaut qu'il n'ait jamais tenté une légère boiterie. Il fut démobilisé à sa sortie de l'hôpital, l'armistice ayant été signé. Il rentra donc tranquillement à Bernay, où Georgina fut surprise de le voir revenir vivant et visiblement intact. Avant même de s'enquérir du sort de son épouse et de

1. Surnom donné à la baïonnette, indissociable du fusil sur lequel elle est fixée : un fusil de type Lebel.

celui de ses enfants pendant leur longue séparation, il réclama immédiatement à boire. Georgina lui proposa de l'eau, il n'y avait à la maison ni cidre ni vin…

— Alors tu vas en acheter, ou mieux, t'envoies la Marguerite. Et vite, là j'veux récurer la marmite de ma p'tite femme, ça fait trop longtemps que j'y pense !

Joignant le geste à la parole, il saisit rudement son épouse par le bras, l'entraîna vers leur lit sur lequel le petit Paul dormait encore.

— Attends, Émile, le petit…

— Y dort, le bézot, l'entendra rien !

Georgina n'eut pas le temps de pousser l'enfant, elle fut violemment plaquée sur la couche avant d'être brutalement forcée, sa jupe remontée sur le ventre. Les larmes aux yeux, elle se mordit la main pour ne pas pleurer, subissant l'assaut de cet homme qu'elle n'avait pas revu depuis quatre ans, et qui subitement était devenu un étranger. Réveillé par les soubresauts et les grincements du lit, le petit Paul se mit à hurler en voyant au-dessus de son visage celui de ce père dont, à cinq ans, il n'avait aucun souvenir.

Si la soif d'alcool d'Émile Landron était devenue inextinguible, au lieu d'endormir ses désirs et ses pulsions, elle avait exacerbé un appétit de sexe dévorant et halluciné.

2

Juillet 1923. À Bernay, charmante commune de 7 500 âmes, la Maison Rousseau s'enorgueillit d'être une entreprise familiale, prospère et lucrative depuis les années 1850. Cette « Fabrique de casquettes et coiffures d'uniformes civiles ou militaires » entretient la vie ouvrière de la petite ville.

Elle emploie peu d'hommes, sinon les « coupeurs » ainsi que les « bichonneurs » chargés du repassage et de la mise en forme des casquettes. Deux catégories sont distinctes dans les ateliers : le « bleu », qui exige une fabrication des plus soignées des casquettes de marins et d'uniformes ou bien de celles de soie que portent tous les fermiers cossus. Ce sont majoritairement des femmes qui travaillent aux ateliers, encadrées par des contremaîtresses. Les meilleures ouvrières, sorte de « corps d'élite », sont occupées au « bleu ». Enfin, les brodeuses, qui manient la canetille[1] d'or et d'argent, ou la soie pour les blasons des villes, sont aussi considérées comme la fine fleur de la Maison. La finition de la casquette, dite « fantaisie », moins précieuse, est confiée à des petites mains qui œuvrent à domicile. Cela permet à des mères de famille de gagner un salaire d'appoint tout en gardant leurs enfants.

1. Fil d'or, d'argent ou de laiton enroulé autour d'une aiguille servant à la fabrication des tissus brodés d'or ou d'argent.

La vie de Bernay est ainsi animée par les incessantes allées et venues de ces femmes qui vont chercher ou rapportent à l'usine des coiffures entassées dans de grandes toiles ou de vieux rideaux appelés « toilettes ». Des gamines d'une douzaine d'années sont également employées pour courir chez l'une ou l'autre de ces ouvrières qui n'aurait pas respecté le délai sur la date convenue. Certaines très jeunes filles, pour gagner quatre sous, n'hésitent pas à faire des kilomètres une fois la semaine pour restituer à la fabrique tout un tas de casquettes empilées sur une voiture à bras.

Georgina a toujours mis un point d'honneur à ne jamais prendre de retard dans son travail. Elle a bien été obligée de prendre cet emploi pour pouvoir nourrir ses cinq enfants, ainsi que Madeleine et Denise dont elle a la charge, puisque son mari dépense la plus grande partie de son salaire en boisson. Aussi passe-t-elle toutes ses nuits à coudre les cuirs intérieurs des casquettes à la faible lueur d'une lampe à pétrole, les yeux rougis de fatigue, les doigts gourds, et parfois en sang d'avoir été trop piqués. Ses journées sont bien remplies avec les enfants et l'entretien de la petite maison située dans le quartier de la Couture. À quarante-trois ans, elle en paraît déjà largement dix de plus…

Le mari, Émile Landron, part travailler tôt le matin. Il a de l'or dans les doigts et la main verte. On l'emploie en tant que jardinier dans les maisons bourgeoises, pour lui confier l'entretien et l'aménagement des jardins, ce qu'il réalise à merveille. Un véritable artiste dans son domaine. Lorsqu'il est à jeun, ce qui ne dure que la matinée. Dès midi, il se rend au bistrot, commence à boire. Ensuite, il passe par l'épicerie où l'attendent ses quatre litres de vin, sa consommation du reste de la journée qu'il emporte avec lui dans les riches propriétés. Au fil de l'après-midi, il peut ainsi étancher sa soif. Après le travail, il repasse par le débit de boissons avant de reprendre, bien aviné, le chemin de sa maison, souvent à une heure avancée de la nuit. Il s'est aussi mis à chiquer un tabac noir et âpre qui lui noircit les dents.

Landron a une ardoise au café et chez l'épicier, qu'il paie une fois par semaine. À la fin du mois, il ne reste plus grand-chose à ramener à la mère. Quand elle a le nez de travers à cause du peu qu'il lui donne, une bonne torgnole dans la goule, ça lui remet à l'endroit ! Pareil avec les filles, les siennes et les deux pièces rapportées, la Madeleine et la Denise. Faut que ça file droit, que ça fasse pas de simagrées. Et quand c'est nécessaire, il a ses outils pour leur montrer qui c'est le maître dans la boutique et se faire obéir. Il a toujours son couteau dans sa poche, qu'il n'hésite pas à leur mettre sous le nez quand ça rechigne à plier.

18 heures. Les enfants et leur mère se mettent à table. Il est temps de souper, puis de coucher les petits, et pour Georgina, il faudra commencer à coudre. Le repas du soir est toujours frugal : une soupe de légumes, dans laquelle, les meilleurs jours, nage un morceau de lard, et du pain que l'on trempe dedans. Dieu seul sait quand le père va rentrer, et dans quel état. La maison est petite, il a fallu répartir les couchages dans seulement trois lits pour sept personnes. Celui des parents, à côté duquel Georgina a casé un petit lit de fer dans lequel dort Denise, la plus petite. Marguerite, l'aînée des filles partage sa couche avec ses deux sœurs cadettes, et Madeleine celle de Paul. On est à l'étroit, mais on se tient chaud. Le bois coûte cher, on l'économise et on n'allume du feu que par grand froid.

Soudain, la porte s'ouvre brutalement. Pourquoi Émile revient-il aussi tôt ? Toute la famille attablée semble rétrécir, se tasser, dans l'attente angoissée de la scène à venir. Le geste de Georgina s'est suspendu, la louche dans la main au-dessus de la soupière fumante.

Denise n'ose pas lever les yeux, le front au ras de son assiette. Son cœur s'est mis à battre très fort, et tout son corps est pris d'un irréfrénable tremblement. Cet homme si laid qu'elle doit appeler « mon oncle » la terrifie depuis qu'elle est arrivée chez ses tuteurs. Il s'avance d'un pas tangué, prend appui sur le bord de la table, juste à côté d'elle. Il sent la sueur et l'alcool à plein nez. Il est fin soûl.

— Alors, on s'goberge sans attendre le père ? C'est pas gentil, ça...

Il se penche et d'un seul jet précis, puissant et abondant, crache sa chique dans la soupe. Puis, il éclate d'un rire gras et gargouillant, rejetant la tête en arrière, ce qui le déséquilibre plus encore. Personne n'ose bouger. Autour de la table, les jeunes filles et le petit garçon semblent pétrifiés. Tout en grommelant des propos incohérents, Émile se dirige vers la chambre, en se tenant aux murs. On entend le lit gémir sous le poids de l'homme qui vient de se laisser choir d'un coup. Quelques minutes plus tard, un ronflement sonore se fait entendre. Georgina respire, mais, les larmes aux yeux, elle va verser le contenu de la soupière dans l'évier. Ce soir, il faudra encore manger avec les chevaux de bois. Ce n'est pas la première fois que son mari les prive ainsi de repas.

— Il faut aller vous coucher les enfants. Qui dort dîne, ajoute-t-elle avec un pauvre sourire.

Elle les embrasse, essayant de cacher son émotion, sa peur, son chagrin. La petite Denise entre dans la chambre, tout doucement, en priant la Sainte Vierge et son enfant Jésus pour que l'homme ne se réveille pas. Tant bien que mal, très doucement, elle se glisse dans son lit qui grince malgré sa légèreté de fillette de cinq ans. Mais son oncle ne dort pas. En dépit de son ivresse, Landron la guette, comme il le fait presque chaque soir depuis qu'elle est arrivée chez lui il y a trois ans. Il l'épie, les yeux mi-clos, en prédateur concentré avant l'attaque, sachant qu'il va bientôt déguster sa proie. D'un seul coup, il abat sur elle son énorme patte. Il la soulève comme il le ferait d'une plume pour l'amener à lui. Il lui met son autre main sur la bouche, au cas où lui passerait par la tête l'idée de crier. Il est nu de la taille aux pieds. La paume rêche griffe le visage de l'enfant. Elle voit comme en gros plan les doigts aux ongles noirs de terre qui l'enserrent.

Elle sait que ce qu'il lui fait, ce n'est pas bien, mais elle ne criera pas. Elle sait aussi qu'elle va encore avoir mal, très mal, et que si elle saigne, elle aura tellement honte qu'elle ne le dira jamais à personne. Des haut-le-cœur lui soulèvent l'estomac, elle reçoit de plein fouet l'haleine fétide et les relents de ce corps qui suinte l'alcool par tous les pores de la peau. Elle n'est plus qu'une poupée de chiffon entre les serres de cet homme abject qui à présent, tout en grognant comme un porc, a sorti son couteau qu'il s'amuse à promener sur l'enfant si frêle. Elle en a si peur, Denise, de ce couteau ! Jamais elle n'oubliera ce jour où il l'a poursuivie dans le jardinet qui entoure la maison. Il a bien failli vraiment l'égorger, sans doute en proie à une de ces crises de plus en plus fréquentes quand il a abusé du pinard.

Si Madeleine n'avait pas été là pour s'interposer en appelant au secours, elle serait sans doute passée de vie à trépas, saignée comme une vulgaire volaille. Alors, du fin fond de son épouvante, des souffrances infligées à son enfance effractée, fracassée et meurtrie, elle devient muette en subissant les agressions réitérées de son tortionnaire. Sur les microsillons de son inconscient, les rayures indélébiles resteront empreintes à jamais. Elle attend qu'il couine plus fort encore, signal du moment où il la rejette sur son petit lit avant de sombrer dans un sommeil de brute, pour de bon cette fois. Elle peut alors pleurer, parce que ses larmes lui font du bien, comme un baume lénifiant appliqué sur une plaie à vif.

Deux heures du matin, plus un bruit dans la maison. Ce qui inquiète Georgina, toujours penchée sur son ouvrage, l'oreille aux aguets. Émile s'est-il réveillé, puisqu'elle ne l'entend plus ronfler ? Comme s'il avait entendu cette question informulée, il apparaît soudain dans l'encadrement de la porte de la chambre, une lampe à la main qui, en éclairant son visage pardessous, lui donne l'air d'un clown grotesque et terrifique. Le teint rougeaud, le nez épaissi et couperosé, le sourire narquois sur ses dents jaunâtres, il n'est décidément pas beau à voir. D'autant plus qu'il est toujours à demi-nu, exposant sa virilité obscène, une lueur lubrique dans le regard. Marguerite, pressentant le danger, s'est réveillée et levée. Elle attend en silence, le souffle court et le cœur emballé. Dans la lueur des lampes, la hache que son père tient en main jette des scintillements annonciateurs de danger imminent.

— Tu viens tout de suite la mère, j'attends, moi ! C'est plus l'heure de coudre. La nuit, une bonne femme doit faire plaisir à son p'tit mari !

— S'il te plaît, Émile, laisse-moi travailler...

— Comment ? Vas-tu obéir, saleté, et plus vite que ça, ou j'te fume ! hurle-t-il en levant la hache d'un geste menaçant.

Joignant le geste à la parole, il abat alors violemment l'outil sur la table dans laquelle elle se fiche, rasant la tête de Georgina qui ne peut retenir un cri. Puis, il la saisit par les cheveux pour la lever de sa chaise. Marguerite se précipite, essaie de se mettre entre Landron et sa mère. Elle fait face, ne songeant qu'à protéger la malheureuse.

— Non, papa, laisse maman tranquille ! Si t'as une victime à faire, tue-moi, mais pas maman !

Landron semble réfléchir un instant, surpris par la détermination de sa fille. C'est qu'elle est bath c'te garce-là, s'il la massacre, il pourra plus en profiter quand la mère, c'te raclure, celle-là, une vraie pondeuse en plus, est pas là. À cette pensée, sa colère redouble. Il assène à Marguerite une gifle magistrale qui l'envoie valdinguer contre le mur de la cuisine. Il saisit le bras de Georgina pour l'entraîner à sa suite. Elle résiste en se laissant glisser au sol, se met en boule, certaine de ce qui va suivre. Ce qui ne manque pas. Les coups pleuvent, pieds et poings rageurs, dont la force est décuplée par le violent accès de furie éthylique qui a saisi Landron. Il la remet debout en la soulevant par une oreille, lui assène encore quelques taloches en plein visage avant de la jeter sur leur lit. Elle ne peut que serrer les dents, en attendant qu'il ait fini de la violenter. Elle se retient de crier, étouffe ses sanglots afin de ne pas réveiller les fillettes qui, heureusement, n'ont pas bougé. Ont-elles entendu ? Vu ? Denise, elle, a tout vu, recroquevillée dans son lit pour se faire toute petite, invisible. Sans trop savoir pourquoi, bien plus tard, quand elle sera une femme, elle ne supportera pas les grands couteaux de cuisine et la vue d'une hache la fera défaillir, tout comme la nudité d'un homme la mettra toujours mal à l'aise.

Marguerite attend sa mère dans la cuisine avec anxiété. Elle a remis de l'ordre dans l'ouvrage de Georgina qui a valsé au sol et a préparé un linge propre et une bassine d'eau qu'elle a fait chauffer sur la cuisinière à charbon. Elle la reçoit dans ses bras lorsqu'elle reparaît, le visage tuméfié, un œil à demi fermé et gonflé, une lèvre ouverte dont le sang qui a coulé la barbouille de traînées rougeâtres, une touffe de cheveux arrachés collée par le sang sur son épaule. Sa fille l'assoit et, avec d'infinies précautions, panse ses plaies du mieux qu'elle peut. La pauvre femme n'est plus qu'un corps dolent, et le lendemain, elle comptera les bleus qui le parsèment, la respiration rendue difficile à cause des coups de pied qui ont sans doute endommagé une ou deux côtes.

Lorsqu'elle se rend à la fabrique pour livrer son travail, les autres femmes s'inquiètent de son coquard, de sa lèvre fendue. Elles ne sont pas dupes quand elle prétend être tombée chez elle en heurtant un coin de table. De plus, dans le quartier, tout le monde connaît l'Émile, l'a entendu brailler à tue-tête dans les rues, et gueuler sur sa femme et ses enfants. D'ailleurs, les petites aussi ont parfois de méchants bleus... Est-ce l'une de ces ouvrières qui a donné l'alerte ? Par solidarité féminine ? Crainte qu'un malheur finisse par arriver ?

À Bernay, un groupe de femmes de la grande bourgeoisie entretient des liens étroits avec les Filles de la Charité, congrégation des religieuses qui tiennent l'orphelinat. Les dames patronnesses visitent régulièrement les foyers ouvriers, dans le but de venir en aide aux plus démunis, et de s'enquérir du devenir de leurs enfants. Elles veillent à ce qu'ils aillent suffisamment à l'école pour savoir bien lire, écrire et compter avant d'être envoyés travailler à leur tour lorsqu'ils atteignent douze ou treize ans. Deux de ces dames viennent un jour frapper à la porte de la famille Landron. Elles sont stupéfaites de la propreté et de la bonne tenue de la maison, mais surtout des traces encore bien visibles sur le visage de Georgina et sur ses bras dénudés par les manches retroussées pour la lessive. Cette dernière leur offre de s'asseoir, étonnée de cette visite impromptue. Elle prépare un café, de celui sans chicorée que Landron exige le dimanche matin.

Ces personnes distinguées, dans leurs si jolies robes, ont l'air bien gentilles, et Georgina, mise en confiance, se confie, libère un peu son cœur en reconnaissant que son mari la bat, qu'il s'en prend aussi bien vilainement à son aînée, Marguerite et à la petite Denise. Mais que peut-elle faire, alors qu'il menace de tuer la fillette, ou elle-même quand il est enragé par la boisson ? Elle se sent impuissante, rongée par la culpabilité de ne pas oser ni pouvoir intervenir quand cet homme malmène sa fille ou sa petite nièce. Elle raconte comment elle a pris en charge les deux filles de sa défunte sœur, croyant bien faire. Lorsque les deux dames repartent, elles vont directement demander un entretien avec la mère supérieure en charge de la congrégation afin de l'informer de ce qu'elles viennent d'apprendre et qui les a fait frémir. Il faut intervenir, rapidement de surcroît, ne pas laisser dans cette famille une petite fille de cinq ans, orpheline de père et mère, maltraitée par son oncle alcoolique et violent. De violent à violeur, le pas semble d'ailleurs avoir été franchi… D'un geste de la main, la supérieure balaie cet argument qu'elle ne souhaite pas entendre.

— Puisque cette enfant est orpheline, nous pourrons l'accueillir à l'orphelinat. Elle doit percevoir une pension à ce titre, n'est-ce pas ? Vous demanderez à sa tutrice de nous la verser pour que nous puissions pourvoir à son entretien et à son instruction.

L'affaire est rondement menée. Dès le lendemain, ces dames retournent chez Georgina pour lui faire part de la solution envisagée pour Denise afin que l'enfant soit soustraite aux agissements de Landron. Pour l'épouse battue, hélas, elles ne peuvent pas grand-chose, ce dont elles sont bien désolées. Elles lui souhaitent seulement d'être courageuse. Marguerite intervient :

— Laisse Denise partir d'ici, maman. Nous, on fera face et on se débrouillera. Mais qu'au moins ma petite cousine soit mise à l'abri.

Georgina sait bien que c'est ce qu'il y a de mieux pour la petite fille, même si elle éprouve du chagrin de devoir se séparer de sa nièce. Elle se sent tellement coupable d'être dans l'incapacité de la protéger. Alors oui, Denise ira à l'orphelinat. Les dames s'engagent à venir la chercher dans deux jours, pour lui laisser le temps de préparer ses affaires, et elles la conduiront elles-mêmes chez les bonnes sœurs.

Depuis leur installation à Bernay en 1654, les Filles de la Charité, appelées aussi sœurs de Saint-Vincent-de-Paul par les Bernayens, agissent selon les préceptes de leur ordre. Elles viennent en aide aux plus malheureux, aux malades et aux orphelines. Leur maison, l'orphelinat de l'Immaculée Conception, est située rue de la Charentonne, face à la rivière éponyme. Denise n'a pas vraiment compris pourquoi tatie Georgina l'a serrée si fort et tant embrassée en lui disant au revoir, ni pourquoi elle se retrouve entre ces deux belles dames qui l'emmènent loin de la maison. Elle découvre la cour d'entrée austère pavée d'un bâtiment de briques à deux étages, massif, carré, qui lui semble immense. Tout comme la gigantesque porte de bois qu'une religieuse lui fait franchir, sans lui dire un mot, la tenant fermement par la main. L'enfant trouve étrange cette robe longue qui bruisse, agitant à chaque pas un long chapelet qui pend depuis la ceinture. De même, cette drôle de coiffe, cornette blanche empesée qui relève ses ailes sur les côtés et le large plastron blanc qui orne la poitrine lui paraissent tout aussi démesurés. La fillette a un peu de mal à suivre et trottine aux côtés de la religieuse qui marche vite. Elle s'arrête enfin, frappe à une porte. Une voix claire répond un « Entrez » sonore.

La sœur ouvre, pousse Denise devant elle. La pièce n'est pas très grande, mais aux yeux de l'enfant, elle l'est bien davantage. Des étagères sur un mur, couvertes de livres, et un large crucifix sur un autre pour tout ornement. Assise derrière un bureau de chêne massif, une autre religieuse la scrute derrière ses petites lunettes rondes.

— Ma Mère, voici la petite nouvelle recommandée par ces dames : Denise Doré, orpheline de père et mère depuis l'âge de dix-huit mois. Elle a cinq ans, ne semble pas avoir de poux.

— Très bien, conduisez-la au dortoir pour qu'elle y trouve sa place, puis, ce sera l'heure du souper. Je vous charge d'elle, sœur Laurence. Vous commencerez dès ce soir à lui faire apprendre ses prières.

— Bien, ma Mère…

Sœur Laurence reprend l'enfant par la main, l'entraîne à nouveau, lui fait parcourir un long couloir, monter deux larges escaliers qui sentent l'encaustique. Elle ouvre la porte d'un dortoir qui comporte vingt lits, rangés par dix, de part et d'autre d'une petite allée centrale. Sur l'un d'eux, la religieuse dépose le maigre balluchon de Denise, puis l'invite encore à la suivre. Cette fois, elles descendent un étage, et entrent au réfectoire. C'est une vaste salle triste et grise malgré ses hautes fenêtres, tout en longueur, où tables et bancs ne forment qu'une seule rangée. Un peu plus de quatre-vingts filles font à ce moment leur entrée pour le souper. Les plus âgées d'abord, puis, les plus petites dont la main est tenue par une « grande ».

— Silence Mesdemoiselles, et on reste debout pour le bénédicité.

Une religieuse prononce la courte prière pendant que toutes les jeunes filles ont la tête baissée, puis se signent après un « Amen » répondu en chœur. Bruit de bancs remués quand elles s'assoient. Quatre grandes commencent ensuite à passer tenant une énorme marmite pour distribuer la soupe. Denise a été assise assez rudement par sœur Laurence, qui prend place à côté d'elle. Une louche vient verser dans l'assiette creuse de l'enfant un bouillon clairet à la surface duquel flottent les peaux translucides de petits pois vides de leur contenu.

— Mange ! lui ordonne la sœur.

La fillette tente d'avaler une première cuillérée, en vain. Elle ne parvient pas à mâchouiller les mues résiduelles de l'insipide brouet, ni à les avaler. Elle les recrache dans sa main. Sans mot dire, la bonne sœur la soulève pour la caler sur ses genoux. D'une main ferme, elle saisit celles de la fillette qu'elle maintient avec force dans son dos. De l'autre, elle lui enfourne dans le bec une cuillérée du potage.

— Avale ! Et remercie le Seigneur d'avoir à manger !

Plus tard dans la nuit, Denise vomit son premier repas d'orphelinat. Le lendemain matin, sœur Laurence lui fait nettoyer ses salissures.

Si les fées ont oublié de se pencher sur son berceau, deux d'entre elles pensent l'avoir confiée au paradis après l'avoir extirpée de l'enfer. Les Moires se jouent-elles de la petite fille ? Ses premiers moments chez les bonnes sœurs ne ressemblent pas à l'image d'Épinal que ces dames ont dû se forger.

3

Janvier 1924. La guerre et ses années sombres se sont estompées dans les esprits. Un optimisme farouche a succédé aux souffrances endurées. Libération, joie de vivre recouvrée, on a envie de plaisirs et de nouveauté en ce début des Années folles. On a envie de danser, de s'amuser, de s'étourdir, dans une frénésie de sociabilité et de divertissement, un irrépressible besoin de sortir et de faire la fête. De nouveaux rythmes, des musiques originales venues d'Amérique font fureur dans les music-halls parisiens.

Les troupes de douze à vingt-quatre *girls*, qui font le succès des revues, deviennent des numéros à part entière dans les programmes de variétés. Dès 1919, John Tiller présentait à l'Alhambra ses très réputées *Dancing Girls*, sans lesquelles dorénavant il ne saurait plus y avoir de spectacle. Pierre Lazareff, tout jeune journaliste, écrit dans *Paris-Soir* : « (...) Alors que l'on osait à peine et comme avec crainte risquer un numéro chorégraphique dans un spectacle, maintenant, danses classiques, acrobatiques, modernes ou pittoresques sont de gros éléments de succès pour un programme. » Et cela fait sensation. Cette expression, semée comme une traînée de poudre, qualifie un numéro ou une revue qui rencontre un vif succès auprès du public. La formule résume aussi ce que le spectateur a envie de trouver en assistant à ce spectacle : de nombreuses sensations, et fortes si possible. Il ne cherche pas à passer une soirée tranquille au music-hall mais il attend de chaque représentation qu'elle lui « en donne plein la vue ».

Espérant être engagée dans une troupe de danseuses, Marie-Louise doit se rendre à Paris pour passer une audition. Elle n'a encore jamais quitté Caen, et Joséphine s'en alarme beaucoup. Paris ! N'est-ce pas la capitale de bien des dangers, avec ses *apaches* popularisés par la grande Mistinguett quand elle interprète *Mon homme* ? Est-il judicieux de laisser partir seule une toute jeune fille, jolie comme un cœur de surcroît, qui ne sait encore rien de la vie ? Ne risque-t-elle pas de tomber aux mains de gens peu scrupuleux, qui pourraient la malmener ? Et si elle part, quand reviendra-t-elle ?

— Arrête de t'inquiéter ma Jo ! Il n'y a aucune raison. Crois-tu que mon professeur de danse m'enverrait à Paris s'il n'était pas certain que rien de fâcheux ne puisse m'arriver ? C'est lui qui m'a inscrite. Il s'est arrangé pour que je loge le temps qu'il faudra chez une de ses parentes qui habite non loin des Ambassadeurs. Jo, s'il te plaît... L'audition a lieu dans deux jours ! Si je suis retenue, je resterai là-bas pour les répétitions, puis pour les représentations et toi, tu viendras me voir sur scène ! Tu te rends compte ? C'est mon rêve qui devient réalité ! Je savais que la danse serait un jour mon métier.

— Tu n'as que dix-huit ans ma bézote ! Et je te rappelle que c'est moi ta tutrice. Comment veux-tu que je ne sois pas morte d'inquiétude ?

— Bientôt dix-neuf... répond Marie-Louise, se hissant sur la pointe des pieds. Et moi, je te rappelle que c'est grâce à toi que j'ai commencé à danser quand j'étais petite ! Sans toi, je n'en serais pas là, et si M. Adrianov m'envoie passer cette audition, c'est qu'il croit en moi. Alors, toi aussi, ma Joséphine, crois en moi et dis oui ! Et puis, je ne suis plus une enfant... ajoute-t-elle en prenant Joséphine dans ses bras pour lui déposer sur la joue un gros baiser.

Jo est vaincue. Oui, elle laissera Marie-Louise partir... Elle se rassérène intérieurement en songeant qu'une petite provinciale n'a peut-être pas beaucoup de chances d'être engagée dans la troupe parisienne d'un des temples du music-hall. La jeune fille, elle, saute de joie, entraîne la brave femme dans une ronde qui lui fait tourner la tête. Vite ! Il faut préparer ses affaires, a-t-on une petite valise ? Surtout, ne pas oublier ses chaussons, ses souliers de satin à petits talons si jamais on lui demande un exercice de danse de caractère, ses costumes, la partition de piano pour accompagner sa prestation... Ne faut-il pas aller à la gare pour acheter le billet avant la date du départ ? Pour être sûre ?

— Tu me fais tourner la tête, allons, calme-toi, et montre-moi tes tenues, que je vérifie qu'il n'y ait pas de couture à refaire ou une pression à recoudre, se défend Jo. Nous n'avons plus beaucoup de temps !

Sur le quai de la gare, en regardant le train démarrer dans son nuage de vapeur, Joséphine suit des yeux longuement la petite main qui agite un mouchoir blanc par une fenêtre. Sans savoir pourquoi, elle a un mauvais pressentiment. Comme si elle craignait de ne plus jamais revoir sa chère pupille. Et son cœur se serre.

Dès son arrivée, Marie-Louise, un peu perdue à sa descente du train, s'aventure dans les dédales inconnus du métro pour se rendre chez Ludmilla Adrianova, une cousine germaine de son professeur de danse Ivan Adrianov. Grâce aux indications précises et détaillées notées sur le petit carnet que ce dernier lui a remis, elle trouve facilement l'immeuble de sa logeuse. Une petite dame pimpante entre deux âges l'accueille à bras ouverts. Elle a conservé un accent à couper au couteau, roule les r, cultive la nostalgie de sa Russie natale. Comme de nombreux Russes blancs, sa famille a émigré. Ivan était premier danseur d'un célèbre corps de ballet à Moscou. En France, il a choisi de monter une école au sein du théâtre de Caen, où cela était plus facile qu'à Paris. Il a cependant de nombreux contacts dans la capitale, dont l'adjoint au directeur des Ambassadeurs, auquel il a recommandé sa protégée. Ludmilla, pianiste, est restée à Paris où elle vit de cours de musique à domicile et en recevant chez elle quelques élèves. Elle donne parfois des concerts lors de soirées privées de l'aristocratie parisienne qui s'est entichée de ces réfugiés aux grands talents artistiques. Elle est enchantée de recevoir la petite Normande que son cousin lui envoie. Elle la met rapidement à l'aise en lui offrant du thé noir aux feuilles de cassis accompagné de *prianik*, gâteau voisin du pain d'épices.

— Demain serra grrrrand jourr pour toi, *malyshka*, petite fille il faut te reposer Je t'accompagnerrrai jusqu'au théâtrre. Maintenant, dorrmirr !

Marie-Louise a toutefois du mal à s'endormir. Elle est un peu triste en songeant à sa Jo qu'elle a laissée, mais elle est heureuse et anxieuse à la fois de cette audition qui décidera, ou pas, de sa carrière future. La réalisation de son désir le plus cher est à portée de main, à elle de la saisir : demain elle donnera le meilleur d'elle-même pour y parvenir.

Ludmilla, en chaperon attentif, a accompagné la jeune femme jusque devant les portes du théâtre des Ambassadeurs. Elles sont très en avance. Aussi, Marie-Louise prend-elle le temps de détailler les belles affiches colorées annonciatrices des spectacles. Elle songe que bientôt, peut-être, elle aussi y figurera ! Elle entre, demande son chemin au gardien. Il lui indique les vestiaires des girls, ensuite, il lui faudra attendre pour monter sur scène.

Certaines filles sont déjà prêtes, d'autres encore en train de se changer, de se maquiller, ou de faire quelques derniers assouplissements. Enfin, on les prie de rejoindre les coulisses et de guetter l'appel de leur nom pour se produire devant ceux qui décideront de les embaucher ou de les remercier. Elles doivent être une trentaine, six seulement seront sélectionnées. Exceptionnellement, le directeur a autorisé un public très restreint de riches messieurs, des habitués, à assister, depuis le balcon, à cette audition, ce que toutes ignorent.

— Marie-Louise Doré !

En entendant son nom, Marie-Louise sent son cœur se mettre à battre plus fort. Elle respire un grand coup, affiche un sourire radieux puis se lance. Elle est portée par la voix d'Ivan qu'elle entend encore lui donner à Caen les indications, ce à quoi elle doit faire attention, ses encouragements. Elle a des ailes, elle doit réussir. Pour ne pas le décevoir, pour elle, pour Joséphine à qui elle doit tant. Contrairement à plusieurs des filles qui l'ont précédée, elle n'est pas interrompue et peut mener à bien sa courte chorégraphie mille fois répétée, sans se départir du sourire qui illumine son joli minois de chatte égyptienne. Enfin, elle salue, sort côté cour pour attendre encore. C'est après le passage de la dernière fille et quelques instants de délibération que tombe le verdict. Une liste est lue à haute voix pour annoncer quelles sont les nouvelles recrues qui vont venir étoffer le corps des girls attachées au théâtre.

À l'énoncé des noms, des cris de joie fusent. Celles qui n'ont pas été retenues s'éloignent lentement, en larmes, ou furieusement avec des gestes de colère. On invite les six nouvelles danseuses à rester sur la scène, le maître de ballet va s'adresser à elles. Il leur demande de se présenter, leur donne à chacune un nouveau prénom. Marie-Louise n'y échappe pas : désormais, pour la scène, elle s'appellera Maryse. Les invités quittent la salle discrètement. L'attention de l'un d'entre eux a été mise en éveil lors du passage de Marie-Louise, qu'il a trouvée particulièrement charmante…

À vingt-neuf ans, Pierre Fosse s'ennuie. Fils unique de Jacques et Marguerite Fosse, il a la charge de leur célèbre biscuiterie sise à Arcueil, près de Paris. Il devrait en assurer la direction, mais, piètre homme d'affaires, contrairement à son père qui a développé l'entreprise ayant assuré sa fortune, il délègue au sous-directeur les rênes de l'usine qui tourne à plein régime et de fait, lui assure de très confortables revenus. Son père l'ennuie, qui parfois le rappelle à ses devoirs. Sa mère l'ennuie, qui ne cesse de le tanner pour qu'il fonde enfin une famille et assure la descendance. Comme si la famille était royale… Ridicule. Heureusement, ses parents se sont retirés à Bordeaux, berceau de leurs ancêtres. Ils lui ont fait construire une jolie villa en bord de mer au Cap-Ferret, où il se rend quand son ennui devient trop pesant ou qu'il veut épater son dernier béguin. À Paris, il vit dans un appartement confortable de l'avenue Henri-Martin, propriété de ses parents. Ils le lui ont cédé avant de rejoindre leur fief girondin. Il en a fait sa garçonnière où il accueille ses nombreuses conquêtes féminines. Pierre a deux passions dans la vie : les femmes et le jeu.

Son physique flatteur et son portefeuille garni et généreux lui attirent de nombreux succès. Aucune dame ne peut résister à sa silhouette athlétique, sa haute stature, ses yeux sombres et ses boucles brunes, sa bouche sensuelle. Il séduit aussi par son élégance raffinée, ses belles mains soigneusement manucurées, ses manières tellement distinguées, et son urbanité sous lesquelles il dissimule de féroces appétits. Mais ce jeu de la séduction est trop facile, cela finit aussi par l'ennuyer. Il n'a encore jamais éprouvé ce délicieux frisson qui lui donnerait à penser que l'amour a enfin décoché sa flèche. Ses liaisons se succèdent, auxquelles il met toujours un terme, sans qu'elles n'aient jamais été de vraies relations amoureuses. Au grand dam de sa mère, qui a vu défiler un vrai bataillon de jeunes filles dans la villa près de l'océan où elle lui rend visite lorsqu'il y vient avec sa dernière conquête. Il repart alors vite fait vers la capitale, pour fuir les remontrances et les sermons maternels, avant de se remettre en chasse en fréquentant assidûment ses terrains préférés que sont les cercles de jeux et les music-halls. Il y retrouve ses amis à l'orchestre puis aux tables de poker. Des jeunes gens comme lui, fils de riches familles, oisifs qui cherchent à faire grimper leur adrénaline en misant gros sur une frimousse ou une paire de gambettes ou bien un full aux as. De sorte que Pierre est assez souvent obligé de passer à l'usine pour prélever du coffre des sommes souvent rondelettes afin d'éponger ses dettes. Ce qui ne passe pas inaperçu. Le comptable incorruptible en réfère à Monsieur Fosse père, qui à son tour admoneste son fils dans des courriers rageurs faisant planer la menace de déshériter ce vaurien. Pierre fait pour un temps amende honorable, promet de cesser de dilapider le capital familial. Jusqu'à la prochaine rencontre, qu'il éblouira en la couvrant de fleurs et de bijoux pour la mettre dans son lit. Et qu'il jettera nonchalamment d'un revers de la main dès qu'elle aura cessé de plaire. La petite Maryse des Ambassadeurs lui a tapé dans l'œil, il entend bien vérifier sur elle son pouvoir de séduction.

Paris, le 1er mars 1924
Ma Jo chérie, pardon de ne pas t'avoir écrit plus tôt, mais ma vie est devenue un tourbillon ! Après avoir été recrutée dans la troupe des girls, j'ai enchaîné les répétitions dès le lendemain en vue du nouveau spectacle qui débutera le 15 ! Autant te dire que nous travaillons très dur. Notre maître de ballet est intransigeant, ne laisse rien passer, et les journées sont épuisantes. Tu serais enchantée des costumes de scène que nous porterons toutes. C'est très joli, et reste bienséant même si nos jambes sont mises en valeur avec des jupes très courtes. Je vais toucher un cachet qui me permettra de payer ma logeuse, Ludmilla, qui est adorable et m'a prise sous son aile. Tu n'as pas à t'inquiéter. Avec les répétitions qui s'éternisent, je mène une vie monacale : en sortant du théâtre, je rentre et, après un dîner léger à la mode russe, je m'écroule de fatigue et je vais dormir. Donne-moi de tes bonnes nouvelles, ainsi que, si tu en as, de mes petites sœurs. Je t'embrasse et te serre sur mon cœur. Ta Marie-Louise, devenue Maryse, danseuse aux Ambassadeurs !

Le grand soir est arrivé. Maryse, au milieu des onze autres jeunes filles qui composent les girls, s'apprête à entrer en scène. Elles sont toutes plus jolies les unes que les autres avec leur jupette aux nombreux volants chatoyants, leur bustier pailleté moulant les gorges et ce drôle de petit chapeau coquinement posé de biais sur les têtes. Les couturières des ateliers ont elles aussi mis les bouchées doubles afin que les costumes des douze jeunes femmes aient été fin prêts pour la générale qui a eu lieu la veille. Le chorégraphe donne ses ultimes directives :

— Mesdemoiselles, on se concentre. Quand vous êtes en ligne, je vous rappelle que je ne veux voir qu'une seule tête depuis les coulisses, et une seule jambe qui se lève ! Coordination et synchronisation, comme chez les *Dancing Girls* ! C'est à vous dans une minute, dansez, soyez belles, souriez !

Une fois entrée en scène, Maryse sent son trac s'envoler pour faire place au bonheur de danser dans ce théâtre. Elle est heureuse, ne voit de la salle qu'un trou noir, tandis que les projecteurs font scintiller les paillettes et le satin. Le public est conquis, il tape dans ses mains en rythme, hurle des bravos quand, à la fin de leur numéro, les douze girls saluent d'un ensemble parfait. Elles se séparent en deux lignes impeccables, les unes sortant côté cour, les autres côté jardin. Les spectateurs continuent à taper dans leurs mains, taper des pieds en réclamant un bis. Le directeur fait signe à l'orchestre de reprendre au milieu de la musique, les filles reviennent sous des vivats enthousiastes. C'est un succès, on en parlera dans les journaux le lendemain, cela *fait sensation.*

Au troisième rang d'orchestre, on ne trouve que des messieurs en smoking. Ils ont laissé au vestiaire leur redingote, leur haut-de-forme et leurs gants couleur « beurre frais ». Ils sont admiratifs, mais le manifestent moins bruyamment que le public du poulailler ou du promenoir. On entretient, même au théâtre, cet entre-soi qui distingue les riches rentiers des bourgeois et des ouvriers. Pierre Fosse n'a pas quitté Maryse des yeux, suivant tout le déroulé du numéro en focalisant sur elle ses jumelles de théâtre. Elle est décidément charmante, il se promet dans les jours à venir de tout faire pour l'approcher, et tenter de l'apprivoiser pour la séduire. Pour être sûr qu'elle lui plaît vraiment, il revient tous les soirs de la semaine. Aucun doute, il est fasciné par son sourire, ses yeux clairs légèrement en amande, sa poitrine que l'on devine généreuse et haut perchée, ses jambes à la fois fines et si joliment potelées, là où il faut, ses petites mains qu'elle agite avec tant de grâce… Il agira dès le mardi suivant.

— Mademoiselle Maryse ! Mademoiselle Maryse ! crie un gamin qui disparaît à demi derrière une énorme gerbe de roses rouges tandis qu'il arpente les couloirs desservant les loges.

Une porte s'ouvre, lui laissant entrevoir plusieurs femmes à demi nues, occupées à ôter leur costume de scène pour se changer. Le pauvre devient aussi cramoisi que les fleurs qu'il tient dans ses bras.

— Qu'est-ce que tu lui veux à Maryse ? lui demande une jolie brune dont le peignoir qu'elle vient d'enfiler à la hâte et pas encore refermé ne cache pas grand-chose de son anatomie.

Le garçon balbutie qu'il doit remettre le bouquet à Mademoiselle Maryse. La jeune femme le lui prend des mains, lui fait un baiser léger sur le front et le renvoie. Puis, elle remet à sa destinataire le somptueux présent floral. Parmi les fleurs, une enveloppe. Maryse, stupéfaite, ouvre des yeux ronds tandis que ses compagnes se pressent autour d'elles en riant.

— Eh ben, qu'est-ce que t'attends pour ouvrir l'enveloppe ? Nous aussi on veut savoir qui est le prince charmant qui t'a envoyé ça ! T'as fait une touche, pour sûr !

Toutes applaudissent après que la jeune femme a lu tout haut, les joues en feu, ce qu'une main masculine a écrit sur un carton monogrammé : « *À la plus ravissante des girls de ce théâtre, avec toute mon admiration. Respectueusement, Pierre F.* »

Deux jours plus tard, alors que Ludmilla attend sa protégée devant la sortie des artistes, elle remarque ce très bel homme qui depuis quelques minutes fait les cent pas, agitant nerveusement sa canne à pommeau d'argent en marchant. Lorsque dans un joyeux brouhaha les girls sortent enfin, elle cherche Maryse des yeux, tout comme le gentleman semble lui aussi espérer la venue de l'une d'entre elles. Lorsque la jeune fille apparaît, il passe devant Ludmilla pour aller à sa rencontre. Il l'arrête, se penche pour la saluer en se présentant :

— Bonsoir Mademoiselle. Pierre Fosse, avez-vous aimé le modeste bouquet que je vous ai fait livrer ? M'accompagneriez-vous pour un souper afin que nous fassions connaissance ?

Maryse regarde alternativement son chaperon russe et cet inconnu si bien mis dont le regard pénétrant lui a fait monter le rouge aux joues. Elle ne sait que faire ni que dire, Ludmilla vient à sa rescousse :

— Bonsoirrrr Monsieur. C'est aimable à vous, mais Marrrryse m'a été confiée et je veille surrr elle. Si vous prromettez de la ramener à la maison avant le lever du jourrr, je l'autorrrise à souper avec vous.

— Mais avec plaisir chère Madame, voici ma carte, afin que vous sachiez que votre délicieuse protégée est entre de bonnes mains.

Le destin peut-il parfois prendre les traits d'une Russe exilée, qui sans trop réfléchir donne son blanc-seing à la jeune fille pour « faire connaissance » de cet homme, sur la seule foi de sa mise et d'une carte de visite ? Souvent, Maryse se posera la question. Pour le moment, elle est toujours aussi muette, stupéfaite que Ludmilla ait accepté de la laisser ainsi partir en compagnie d'un inconnu. Ce dernier la prend par le bras, l'entraîne vers une voiture. Ordre est donné au chauffeur de les déposer avenue Victor-Hugo, chez Prunier.

L'érubescence n'a plus quitté les joues de Maryse, qui n'en croit pas ses yeux. Quel endroit ! Passée la devanture de magnifiques mosaïques bleues, elle a l'impression de pénétrer dans le palais des mille et une nuits : marqueteries fines, verres dépolis, éclairage à giorno, de l'escalier aux toilettes, des sols aux plafonds et des peintures aux poignées de portes, tout est pensé pour envelopper le regard des lignes nouvelles Art déco. Et si le décor est somptueux pour la petite Normande, le dîner tient les promesses de l'écrin. Elle n'a jamais rien goûté d'aussi délicieux. Peu à peu, le champagne aidant, qu'elle découvre aussi pour la première fois, elle se détend face à son hôte. Elle le trouve décidément très séduisant. Elle se sent fière, parce que c'est elle qu'il a remarquée dans la troupe et qu'il a invitée ce soir.

Il se livre un peu, parle de la biscuiterie, de ses amis, de ses soirées aux Ambassadeurs pour la voir, elle, Maryse, la plus jolie et la plus talentueuse des danseuses. Le temps a vite filé, bien agréablement, et en consultant sa petite montre de poignet, cadeau de Joséphine, elle s'aperçoit avec stupeur qu'il est près de deux heures ! Il lui faut rentrer à présent, Ludmilla doit s'inquiéter. Jouant toujours les gentlemen, Pierre fait appeler sa voiture, et raccompagne la jeune fille. Avant de la quitter, il lui prend la main, la baise avec dévotion. Puis, fichant son regard dans le sien, lui fait promettre qu'il pourra la revoir. Émue, et déjà le cœur ébranlé, Maryse murmure un « oui » quasi inaudible avant de descendre du luxueux véhicule automobile.

Pierre savoure le souvenir de ces instants passés avec celle qu'il appelle par devers lui « sa petite oie blanche ». Il a flairé l'innocence, la candeur, la fraîcheur et la pureté de la jolie Maryse dont, à plusieurs reprises, il a capté les regards admiratifs posés sur lui. Une vraie jeune fille. Voilà qui va le changer de toutes les petites grues qu'il a jusqu'alors conquises trop facilement. Il est certain qu'elle acceptera de le revoir. Lui, en tout cas, ne se privera pas de passer ses soirées aux Ambassadeurs, car si elle tarde à céder, il s'en trouvera bien une moins farouche pour passer le temps. En attendant.

4

Avril 1925. L'Exposition internationale des arts décoratifs et industriels modernes vient d'ouvrir à Paris. Vingt et un pays sont présents, européens pour la plupart. L'Asie est représentée par la Chine, le Japon et la Turquie ; l'Afrique par les colonies françaises et les pays sous mandat ou protectorat français. L'esplanade des Invalides, le pont Alexandre-III, les quais et les alentours du Petit et du Grand Palais ont vu fleurir des constructions éphémères au luxe ostentatoire. On a dépensé sans compter pour cette manifestation où, dès l'ouverture, la foule se presse. De séduisantes « garçonnes » s'y promènent, cheveux courts au vent ou emprisonnés sous de ravissants chapeaux cloche. Les toilettes sont discrètement griffées Schiaparelli, Révillon ou Chanel et l'on peut humer sur leur passage les sillages odoriférants du célèbre N° 5.

C'est le parfum préféré de Maryse, que lui a fait connaître Pierre. Il lui a aussi appris à devenir une Parisienne élégante, l'emmenant s'habiller rue Cambon ou lui faisant choisir de jolis bijoux chez Cartier. La montre sertie de diamants qu'il lui a offerte à l'occasion des deux ans de leur liaison ne quitte plus son poignet où elle scintille de mille feux sous le pâle soleil printanier tandis qu'ils arpentent tous deux les allées de l'exposition. Ils retrouveront plus tard à la Coupole leurs amis de la *café society* pour y boire un *drink* avant que Maryse ne se rende au théâtre et monte sur scène. Du haut de ses vingt ans, elle est devenue la coqueluche de ce petit milieu où, dorénavant, elle n'est plus que Maryse, la « danseuse de Pierre ». Marie-Louise est définitivement oubliée. Dans sa candeur juvénile, elle est heureuse, se sent choyée et aimée mais elle n'a pas vraiment saisi ce qui est connoté dans l'expression qui la qualifie, usitée avec des sourires pleins de sous-entendus...

Loin des mondanités parisiennes, des music-halls et des cafés en vogue, la vie à Bernay s'écoule bien différemment pour les petites sœurs de Maryse. Cela fait trois ans que Madeleine travaille dans une ferme, les dames patronnesses ayant estimé qu'elle y serait mieux qu'à la merci de son subrogé tuteur, ce Landron qui terrorise sa famille. Est-ce à force d'être rouée de coups que sa malheureuse épouse Georgina est décédée ? Nul ne le sait, ni ne veut le savoir. On se dit, pour se donner bonne conscience, qu'elle s'est usée à la tâche, en travaillant jour et nuit. Elle venait d'avoir quarante-cinq ans.

Depuis qu'elle est arrivée à l'orphelinat, les jours de Denise se succèdent, mornes et tristes, se diluant dans un présent toujours semblable à hier, ponctués par de rares sorties à l'extérieur. La messe du dimanche en l'église Sainte-Croix, quelquefois en semaine pour une raison ou une autre qu'elle ignore. Quand les religieuses emmènent leurs ouailles « en ville », quelques Bernayens s'arrêtent pour regarder passer ce petit troupeau : les orphelines. Ce vocable leur colle à la peau, comme une marque infâmante, comme s'il s'agissait d'un péché irrémissible, comme s'il n'était pas de bon ton de n'avoir pas eu de parents. Bien plus tard, au passage d'une orpheline devenue femme, mariée, commerçante parfois et ayant atteint un âge respectable, on murmurera toujours, lèvres pincées, en parlant d'elle dans son dos :

— Vous savez, c'est une ancienne orpheline ...

Denise tente de raser les murs, se faire plus petite car pour sept ans, elle est déjà grandelette. Elle a peur. Cette peur vrillée dans son cerveau et qui, sa vie durant, ne s'émoussera jamais. Peur de croiser encore son oncle qui lui fait tant horreur. Il ose parfois attendre la venue des jeunes filles lorsqu'elles se dirigent vers la maison de Dieu. Il salue la religieuse en soulevant sa casquette puis tente d'embrasser sa nièce qui se dérobe, ou de lui glisser un sou dans la main, qu'elle refuse obstinément. Imagine-t-il acheter par ce don dérisoire et pathétique le silence de la petite fille, dans lequel elle s'est murée toute vive pour ne jamais dire l'indicible, claustrée dans ses meurtrissures d'enfance et la honte qui lui colle à la peau telle une sangsue ? La bonne sœur empoche le sou, qu'elle déposera tout à l'heure dans la corbeille à quête pendant l'office. Peut-être ne sait-elle pas que Landron « oublie » souvent de reverser à l'orphelinat, comme il le devrait, la maigre pension de Denise.

La vie dans la grande maison des orphelines est rythmée par le travail, les temps de prières obligatoires, les repas. Tout est toujours exécuté en commun. *Je vous salue Marie, pleine de grâce.* Au lavoir, qu'elles appellent « le baquet », quatre filles se relaient au fil des semaines pour entretenir le linge des trois-cents pensionnaires et religieuses. Les mains sont rouges en permanence, portent des cloques ou des engelures l'hiver, les dos sont vite cassés, séquelles qui se feront endurer toute leur vie pour certaines, moins robustes que les autres. Obéir, plier, prier, lire et écrire convenablement, apprendre la quotidienne leçon de morale, prier encore sont les principales activités auxquelles toutes doivent se soumettre. Il arrive que certaines jeunes filles, parfois encore mineures, tentent de s'échapper, de fuir sur la route, droit devant elles, sans trop savoir où aller pour se soustraire à cette vie qu'elles ne supportent plus. Elles sont ramenées *manu militari*, menottées, entre deux gendarmes. Elles sont alors attachées sur leur lit, devant tout le dortoir, pour être corrigées, battues à la badine ou au terrible chat à neuf queues. Ensuite, elles sont envoyées en maison de correction. Toute velléité de liberté est ainsi sévèrement réprimée, anéantie par l'exemple : à bon entendeur…

Le matin, la vie reprend, comme si rien ne s'était produit. Lever à 6 heures, toilette sommaire dans une bassine, avec interdiction d'aller au-dessus du genou afin de n'être pas « une vicieuse ». Denise ignore la signification de ce mot, qui revient souvent dans les remontrances des religieuses. On prend un bain une fois l'an, ce qui doit suffire. Après un bol de lait, on file au lavoir, ou à l'atelier de broderie. Les plus jeunes apprennent les rudiments de l'orthographe, de la grammaire et du calcul sous l'austère autorité d'une religieuse qui fait office d'institutrice. Ensuite, c'est Monsieur le curé qui leur enseigne le catéchisme, la vie des saints, l'adoration de Dieu, de l'enfant Jésus et de sa très sainte mère. Elles aident au ménage, à la préparation des repas. Dès qu'elles ont treize ans, celles qui le souhaitent rejoignent l'atelier des brodeuses.

C'est la Maison Rousseau qui a proposé ce partenariat aux religieuses, dans lequel toutes les parties trouvent leur profit. Après un temps de formation pendant lequel les jeunes filles apprennent à broder les casquettes, elles se constituent un petit pécule. Un pourcentage est accordé à l'orphelinat sur le bénéfice du coût du travail. Ces brodeuses effectuent également un autre ouvrage très apprécié : elles ornent de jours de Venise, de chiffres et autres initiales les draps, nappes, mouchoirs, linge de maison qui constituent les trousseaux, orgueil des bonnes maisons. Au fil du temps, elles peuvent, à leurs « moments perdus », broder leur propre trousseau, souvent bien léger en regard de ceux qui passent entre leurs doigts agiles.

Madeleine, elle, à l'instar des fuyardes de Bernay, n'a pas attendu sa majorité pour se lancer à l'aventure et échapper à sa condition de fille de ferme. En ce mois de juillet 1928, alors qu'elle vient d'avoir avoir dix-neuf ans, elle décide de prendre en mains sa propre destinée et d'aller chercher du travail à Paris, loin du fumier et du cul des vaches, trop heureuse d'avoir réussi à éviter de se faire culbuter par le fermier qui la reluque en douce.

Paris ! Sans doute pourra-t-elle y retrouver Marie-Louise, qui l'aidera à trouver du travail. Elle veut porter de jolies toilettes comme sa sœur danseuse, gagner de l'argent, rencontrer l'amour. La ville l'attire comme la lumière le bombyx. Elle est certaine qu'elle y réussira. Elle rêve de théâtres, de bals, de réjouissances, qu'à ses yeux seul Paris peut offrir. Elle s'enfuit donc par un beau jour d'été, avec pour seul viatique un minuscule balluchon, un quignon de pain, quelques pommes et juste de quoi payer un billet de train et une ou deux nuits d'hôtel.

Arrivée à destination, elle est happée par le tohu-bohu de la ville, elle ne sait où donner de la tête, laquelle lui tourne un peu. En cette veille de fête nationale, Paris est déjà en fête. De nombreux bals des pompiers fleurissent un peu partout dans la capitale, au son de fanfares ou de simples accordéons à la touche « swing ». Madeleine se sent des fourmis dans les jambes, elle a tant envie de danser, de s'amuser ! Sa Normandie natale lui semble déjà bien loin. Des soldats dans leur bel uniforme, des marins en tenue blanche et béret à pompon rouge baguenaudent dans les rues, en quête d'une cavalière ou de la bonne aubaine d'un soir, avant le défilé du lendemain qui leur fera parcourir triomphalement les Champs-Élysées d'ouest en est, de la place de l'Étoile à la place de la République.

Un peu perdue, la jeune fille s'attarde devant la vitrine d'un marchand de bimbeloteries. Jamais encore elle n'a possédé de bijoux. Elle contemple avec envie les pacotilles qui brillent au soleil et qui lui semblent des merveilles.

— Jolie demoiselle, qu'est-ce qui vous plairait ? Je suis prêt à vous l'offrir si vous dansez toute la nuit avec moi !

Madeleine a sursauté. Elle se retourne vers la voix grave qui vient de l'apostropher. Elle doit lever les yeux pour découvrir à qui elle appartient : un marin, qui la dépasse de deux têtes et lui sourit de toutes ses dents. Il faut dire qu'elle n'est pas bien grande : sa croissance s'est sans doute arrêtée alors qu'elle atteignait le mètre quarante-huit. Le garçon, sans doute attiré par l'adage qui veut que « tout ce qui est petit est gentil », contemple ce petit bout de femme en robe légère, à la chevelure blonde, au regard bleu délavé et au drôle de nez busqué. Elle lui plaît. Comme elle a appris à ne pas manquer d'air pour se défendre à la ferme, elle sourit en retour à ce beau garçon athlétique dont les yeux sombres la déshabillent déjà. Qui ne tente rien n'a rien, les faux diamants lui font de l'œil, et ses mollets la démangent.

— Chiche ! Ça tombe bien, j'ai envie d'apprendre à danser ! Je veux bien être votre cavalière d'un soir, à condition que vous teniez parole...

Pour toute réponse, l'homme lui prend le bras et la fait entrer dans le magasin. Madeleine ne sait où donner de la tête, tout lui fait envie. Patelin, le commerçant montre bracelets et boucles d'oreille, bagues scintillantes qu'il lui fait essayer. Le marin s'amuse de l'air extasié de sa compagne, et, toujours souriant, lui suggère de se décider pour un petit anneau orné d'un faux rubis, dans ses prix de surcroît.

— Comme ça, on croira que vous êtes ma fiancée, et je suis sûr de vous avoir toute à moi au bal !

Madeleine espère qu'il est bon danseur et saura la guider. Elle accepte le cadeau qu'elle met immédiatement à son doigt. Après tout, même si elle lui écrase les pieds, elle aura au moins gagné son premier bijou. Et qui sait ? Peut-être continuera-t-il à se montrer généreux ? L'appât d'un gain, somme toute assez facile, lui met le rose aux joues.

— Au fait, à qui je dois dire merci ? demande-t-elle dans la rue.

Le jeune homme prend sa main baguée, fait mine de la baiser.

— Maurice, pour servir ma fiancée du jour !

— Madeleine, enchantée… répond-elle en riant.

Sans plus de cérémonie, il lui enlace la taille et l'entraîne. Le soir s'installe doucement, il fait doux, des parfums indéfinissables flottent dans l'air d'été. La musique porte le couple, il est de toutes les danses. Des vendeurs ambulants proposent des boissons fraîches. Maurice, pas chien, offre aussi à boire à la jeune femme, ravie de l'aubaine. Ils valsent, enchaînent polkas, mazurkas, shimmy et charleston endiablés. Un sacré danseur ce Maurice ! Lorsque la nuit est tombée sans qu'ils s'en soient aperçus, ils sont tous deux en sueur et commencent à ressentir le besoin de faire une pause. Le marin propose de s'asseoir à la terrasse d'un bistrot tout proche, commande deux Cherry Brandy. Madeleine, qui n'a connu que le cidre, découvre avec délice le sirupeux breuvage au goût de cerise si nouveau pour elle. Les vingt-cinq degrés qu'il titre ont tôt fait de la griser. Mais les verres sont petits, Maurice en demande un deuxième. Au troisième, la jeune fille rit très fort, a la sensation amusante de voir un peu flou. Son « fiancé » lui propose alors d'aller se reposer : un petit hôtel qu'il connaît n'est pas bien loin, il l'aidera à marcher droit jusque-là.

Madeleine s'arrête pour le regarder. Il est si beau… Comment lui refuser ce qu'elle a jusqu'alors préservé ? Son cœur bat, elle est certaine d'être tombée amoureuse. Et un marin, ça porte chance quand on touche le pompon de son bachi. Un jour, il l'emmènera sans doute avec lui, dans un de ces pays lointains dont les noms la font rêver, ou alors il quittera la Marine, pour elle. Ils danseront encore longtemps ensemble.

Elle ne sait plus comment ils sont arrivés dans cette chambre minuscule, sous les toits d'un vieil immeuble montmartrois. En s'éveillant au matin, elle est seule. Le sang cogne un peu à ses tempes, mais elle se souvient avec bonheur des mains de

Maurice sur son corps, des étreintes qui lui ont fait découvrir un incroyable plaisir, passée la légère douleur de sa défloration. Il ne doit pas être très loin, il ne l'aura pas laissée seule, dans cette ville qu'elle ne connaît pas. Lorsque le défilé sera terminé, il viendra sans doute la retrouver ici. C'est pour ça qu'il a dû la quitter de bon matin. Quelle délicatesse de ne pas l'avoir réveillée ! À son doigt, le rubis en toc lance quelques éclats dans le rayon de lumière qui envahit la chambrette par le vasistas entrouvert. Elle sourit à la bague qu'elle porte à ses lèvres pour y déposer un baiser, elle se sent si bien ! Elle ne peut pas encore savoir que ce n'est pas le seul présent que lui a laissé son bel amant d'une nuit.

Comment aurait-elle pu penser, alors qu'elle était un peu ivre et dans les premiers émois de la chair, à sa mère et à la mère de sa mère ? Juliette, Aimée... Leur histoire, comme leur fécondité commençaient-elles déjà à se transmettre, à se répéter avec et par elle ? Se seraient-elles imprimées sur son inconscient tel le négatif d'une photo, image latente formée dans l'émulsion de la pellicule en attente du révélateur qui la dévoilera ? Comme ces femmes avant elle, en l'espace d'une nuit, elle a voulu croire en l'amour et en cette rencontre magique. Comment aurait-elle pu imaginer que se rejouerait ainsi l'abandon de l'homme qu'elle croit aimer ? N'est-elle pas bel et bien prisonnière à son insu de ce scenario familial féminin qui ne va cesser de se reproduire, comme on est porteur d'un gène étrange, impur et pervers ?

C'est le tenancier de l'hôtel qui vient frapper à la porte du nid d'amour. Pour la prier de s'en aller. Il précise que le monsieur qui a réglé la chambre lui fait dire qu'il la remercie et lui souhaite bonne chance. Péniblement, Madeleine tente d'aller chercher de l'aide auprès de sa grande sœur. Lorsqu'elle parvient enfin à trouver l'adresse que Marie-Louise lui avait donnée, après des kilomètres d'errements à pied dans la capitale, une petite bonne lui apprend que Madame et Monsieur sont partis en villégiature dans leur villa du Cap-Ferret. Pourquoi ? Parce que le théâtre est fermé pour quelques mois de travaux. Non, elle ne sait pas quand Madame et Monsieur reviendront. Veut-elle les attendre en occupant la chambre d'amis puisqu'elle est de la famille de Madame ?

Les catilinaires de Cicéron seraient passées pour des bluettes en regard de la colérique harangue assenée par Madame Fosse à son fils Pierre. Elle arpente à grands pas rageurs le salon de la villa du bord de mer, le talon furieux, dans des envolées de mousseline et des fragrances puissantes de Guerlain. Elle fulmine, éructe, vocifère, le visage aussi pourpre qu'une crête de coq. Elle agite nerveusement un éventail, l'ouvrant et le refermant au rythme de sa déambulation, les claquements secs des brins ponctuant son admonestation.

—Jamais, tu m'entends ? Jamais un Fosse n'épousera une danseuse ! Moi vivante, une telle mésalliance ne se fera jamais ! Et ce n'est pas ton père qui me contredira ! Tu veux donc ruiner notre réputation ? Que diront nos amis ? Veux-tu me faire mourir de chagrin et de honte ? Ça ne te suffit donc pas de l'entretenir comme une cocotte, de dilapider la fortune que tu ne dois qu'à nous ?

Pierre s'est levé pour fermer la baie vitrée afin que la diatribe tonitruante de Madame Mère ne s'entende pas du jardin où Maryse est allée prendre le soleil sur un transat. Puis, calmement, il se rassoit, allume une cigarette après s'être servi un verre. Il attend que la tempête se calme, tout en sachant pertinemment qu'elle pourrait bien rugir de nouveau quand il annoncera que non seulement il veut épouser sa danseuse, mais encore qu'il va être père…

Quand le directeur des Ambassadeurs a annoncé à la troupe réunie au grand complet que le théâtre allait fermer pour travaux, la nouvelle fut diversement accueillie. Pour certains, il allait falloir trouver à s'employer dans un autre music-hall, d'autres savaient déjà qu'ils allaient devoir se serrer la ceinture méchamment en attendant la réouverture de la salle. La vie d'artiste n'est pas toujours rose, de plus il fallait aussi compter avec de grosses vedettes qui attiraient un public toujours en quête de sensations nouvelles. Déjà, en 1925, la Revue *Nègre* enlevée par la pétulante Joséphine Baker a attiré une foule plus qu'enthousiaste au théâtre des Champs-Élysées. Le scandale suscité par l'affiche du spectacle, réalisée par Paul Colin qui a osé faire poser l'étoile montante nue, a fait une énorme réclame. La danseuse reviendra avec une ceinture de bananes aux Folies Bergères pour mener la revue en 1926. La concurrence était rude !

Pour Maryse, ces mois de pause à venir dans sa carrière ne pouvaient mieux tomber. Le médecin qu'elle avait consulté lui avait confirmé ce qui la met en joie : elle est enceinte de quatre mois ! Avec la fermeture momentanée, elle n'aurait pas à dire qu'elle attendait un bébé, si ce n'est au futur papa.

À ce moment, elle est un peu anxieuse, car elle ne sait comment il va accueillir ce bouleversement. Quoi qu'il en soit, et comme sa mère avant elle, elle veut ce bébé parce qu'il est le fruit de l'amour qu'elle vit avec Pierre. Même si, parfois, quelques nuages viennent obscurcir la belle histoire. Pierre la délaisse souvent pour les tables de jeux. Elle sait qu'il perd de très grosses sommes, mais quand elle essaie d'en parler avec lui, il se met en colère, lui disant que cela ne la regarde pas. Il boit aussi beaucoup, ayant une préférence marquée pour le gin, avec lequel on confectionne des cocktails au Harry's Bar qu'il fréquente assidûment et éprouve un intérêt marqué pour sa clientèle américaine, ce qui est du dernier chic.

Maryse attend donc le moment propice pour apprendre à son amant qu'ils vont avoir un enfant. Un matin, alors qu'ils prennent un petit déjeuner tardif ensemble après une nuit que Pierre a passée à une table de poker où la chance l'a accompagné, elle se lance. Il est d'humeur enjouée, il s'est refait et a des élans de tendresse pour la jeune femme à laquelle il trouve un air particulièrement rayonnant.

— C'est parce que je suis heureuse... Pierre, je suis enceinte, ajoute-t-elle dans un murmure.

Pierre lâche sa tasse qui se casse en tombant sur la soucoupe, répandant le café qu'elle contenait sur la nappe blanche. Marie, la petite bonne, alertée par le bruit, accourt pour ramasser la porcelaine brisée. Monsieur la renvoie d'un geste de la main. Il se précipite, se met à genoux devant Maryse, l'enlace, les larmes aux yeux, enfouit son visage contre son ventre. Puis, il relève la tête et lui demande :

— Maryse Doré, veux-tu être ma femme puisque tu vas être la mère de mon enfant ?

Sans attendre de réponse, il se met à danser autour d'elle, il semble très heureux.

— Si c'est un garçon, nous l'appellerons Jacques, comme mon père, ça lui fera plaisir, et tu verras, ma mère, qui rêve d'être grand-mère, sera aux anges ! Marie ! Revenez, il faut faire nos valises, nous partons pour le Cap-Ferret ! Il te faut du repos ma chérie, et tu pourras accoucher à Bordeaux. C'est épatant !

Maryse est rassérénée, Pierre veut l'épouser, elle n'avait osé imaginer qu'un jour il lui ferait cette demande. Il est aussi visiblement ému de la naissance à venir. Elle va enfin pouvoir faire la connaissance de ses futurs beaux-parents, elle a hâte. Elle va écrire à sa Jo, pour lui dire son nouveau bonheur, qu'elle va fonder une famille à son tour, entrer dans celle de son futur époux. D'ailleurs, il va falloir envisager une date pour leur mariage, qui se fera certainement en Gironde. Un sourire radieux illumine son visage, la vie est si belle.

5

Jacques Fosse, alerté par les cris d'orfraie de son épouse, arrive en courant aussi vite que lui permettent ses courtes jambes et son ventre rebondi.

— Que se passe-t-il dans cette maison ? demande-t-il, inquiet pour le cœur fragile de sa Marguerite.

— Ah ! Tu tombes bien, lui dit celle-ci en se laissant choir sur un sofa Louis XVI dont les ressorts gémissent sous la poussée brutale infligée par le postérieur callipyge de Dame Fosse. Elle a pâli et agite devant son visage à coups de poignets saccadés et nerveux son éventail qui semble, comme elle, au bord du collapsus. Figure-toi que ton cher fils s'est mis en tête d'épouser sa danseuse, cette Maryse qui se prélasse dans le jardin !

Le « cher fils » attend un soutien de son père, une solidarité masculine. Avant de se retirer définitivement à Bordeaux, lorsqu'il se rendait à Paris « pour affaires », Monsieur Fosse père s'offrait quelques coquines incartades au Chabanais. Il s'était un jour trouvé nez à nez avec Pierre, qui fréquentait alors ce lieu avec la même assiduité que le Jockey Club dont la célèbre maison close était pratiquement devenue l'annexe. Tout le gratin de la finance, de la politique, de l'industrie et de la bourgeoisie en passe de s'enrichir s'y retrouvait, dans un « entre-soi » qui trouvait là le parfait écrin de ses turpitudes.

Le jeune homme avait perdu son pucelage dans ce lupanar de luxe avant d'aller parier sur les chevaux qui couraient à Chantilly. Le père et le fils s'étaient tombés dans les bras, le plus âgé heureux et fier que son garçon passe du bon temps en ces lieux, le plus jeune amusé de découvrir son géniteur en très galante compagnie. Cela avait forgé entre eux la complicité tacite de ceux qui partagent un secret.

Cependant, à la maison, c'est Marguerite qui porte la culotte et Jacques n'entend pas la contrarier davantage. Face à sa harpie domestique, il se réfugie dans une diplomatie caponne. Aussi le pleutre préfère-t-il tenter d'adoucir le climat en allant dans le sens de sa femme tout en gardant un ton cauteleux et très « camarade » pour son fils :

— Enfin, dis donc, mon vieux, une danseuse… Quand même ! On l'entretient, on l'emmène au bois et aux courses mais on ne l'épouse pas, voyons ! Tu es un fils de bonne famille, ne l'oublie pas. Ne mets pas ta mère dans un tel état.

— Mon cher Père, Mère… Maryse est enceinte. Nous allons avoir un enfant, lâche Pierre, conscient que cette annonce explosive va faire l'effet d'une bombe.

— C'est le pompon ! s'écrie Marguerite, faisant mine de s'évanouir en cachant son visage dans ses mains. Vite revenue à elle, elle reprend, dubitative et vacharde :

— Tu blagues ? Tu es sûr qu'il est de toi, au moins ? Avec ce genre de fille…

— Marguerite… Nous allons être grands-parents ! C'est épatant, non ? J'espère qu'au moins, elle va nous faire un petit-fils, manquerait plus que ce soit une fille…

— Donc, j'épouse Maryse, reprend Pierre obstinément.

— Il n'en est pas question, comment faut-il te le dire ? rugit à nouveau Madame Fosse en articulant de façon outrancière pour bien enfoncer le clou dans la caboche de son bien-aimé rejeton.

— Écoute Pierre, renchérit Jacques, se voulant conciliant. Ta mère et moi sommes prêts à accueillir cette jeune femme et notre petit-fils. Mais si, Marguerite… Tu reconnaîtras cet enfant si tu veux, mais tout ceci devra se faire dans la bienséance. Nous ne pouvons pas nous permettre de devenir la risée de nos amis, ni d'en être écartés à cause d'une mésalliance. Maryse, dis-tu ? Elle pourra accoucher en toute discrétion à Bordeaux, notre jeune ami le docteur Lacoste la guidera pour tout cela… Si tu nous la présentais à présent ?

Tandis que Maryse va user de tout son charme juvénile pour tenter de séduire ses « beaux-parents » qui ne le seront jamais, Madeleine, alors enceinte de cinq mois, a rencontré Jean. Un brave garçon, débonnaire, grand et un peu gras, assez mou de toute sa personne comme son chapeau feutre, un fedora gris perle qu'il ne quitte jamais. Il trouve que ça fait chic, et que ça cache la misère. Ses yeux tombants bleu délavé et son nez un peu long lui donnent un air de chien battu. Ils se sont rencontrés au bureau de placement où la jeune femme est venue chercher un emploi. Lui s'est fait embaucher comme poinçonneur dans le métro. On a proposé à Madeleine de devenir ouvreuse au célèbre cinéma le Louxor. En guise de salaire, uniquement des pourboires. À ses yeux, ce lieu en vogue est une merveille ! Un style art déco, très exotique, inspiré de l'Égypte ancienne. Aussi, à l'idée de faire partie du personnel et de profiter de tous les films, la petite Normande a accepté avec joie.

Jean a offert un café pour fêter cela, et de fil en aiguille, Madeleine s'est très vite retrouvée dans son lit. Le jeune homme vivait alors fort chichement dans un hôtel situé passage du Génie, non loin de la Bastille, dans le XIIe arrondissement. Elle ne repartit plus de cette petite chambre, ne cacha pas à son nouvel amoureux qu'elle attendait l'enfant d'un autre. Qu'à cela ne tienne : n'ayant jamais vraiment eu de succès auprès des femmes, Jean fut trop heureux d'en avoir trouvé une qui veuille bien de lui. Il prendrait donc la mère et le gamin.

Madeleine est contente, elle a un travail, un toit, un homme. Toutefois, elle ne gagne pas grand-chose et Jean non plus. Les spectateurs du cinéma ne sont pas toujours très généreux avec les ouvreuses, et poinçonner des tickets n'est pas cher payé. Quand il n'y a pas de foin au râtelier, les chevaux se battent. L'amour et l'eau fraîche, c'est bien gentil mais ça ne nourrit pas et danser devant le buffet engendre déjà quelques disputes. Lorsqu'elle met au monde un petit garçon, Madeleine songe qu'il va falloir à tout prix trouver de l'argent. Elle ne saurait se contenter de cette vie misérable. Ses envies de toilettes, de fourrures – ah ! ces renards ! –, de jolis chapeaux, de restaurants sur les grands boulevards devant lesquels elle ne fait que passer la taraudent. Surtout que la voilà maintenant affublée de Maurice, qu'elle a ainsi prénommé en souvenir de celui qui le lui a fait. C'est alors qu'elle songe à sa petite sœur…

Dimanche 18 mai, jour de la sainte Juliette en ce mois de Marie, l'orphelinat de Bernay est en fête. Des petites filles se pressent vers la cour pour se rassembler, dans des bruissements de voiles blancs telle une envolée de colombes. Elles vont faire leur première communion ! Denise, qui n'aura douze ans que dans six mois, fait partie de celles qui vont recevoir pour la première fois le corps du Christ. Ce matin, elle est heureuse. Pas tant pour cette cérémonie à venir et l'aube un peu trop courte pour elle dont on l'a accoutrée, que pour le vrai festin que les religieuses offrent à leurs pensionnaires à cette occasion. C'est la seule fois de l'année où toutes se régaleront d'un bifteck et de frites !

En recevant l'hostie qui lui colle immédiatement au palais, la fillette songe aux pommes de terre croustillantes, à la viande, trop cuite et tiède mais si délectable qui leur seront servies en ce jour de liesse catholique. Il y aura même une orange au dessert ! De retour de la cérémonie, toutes les orphelines s'apprêtent impatiemment à se rendre au réfectoire déjà envahi d'empyreumes de graisse de bœuf surchauffée qu'elles perçoivent comme un fumet alléchant et prometteur de plaisirs gustatifs. Soudain, la voix de sœur Laurence couvre le brouhaha ambiant :

— Un peu de silence Mesdemoiselles, et en rang ! Denise Doré, au bureau de notre mère supérieure, tout de suite.

Interloquée, Denise se met à trembler. Qu'a-t-elle donc fait pour devoir affronter le regard sombre et le ton sans réplique de la directrice ? Pourquoi est-elle convoquée *maintenant,* au moment de passer à table ?

— Eh bien ? Ne reste pas plantée là comme un poireau, file ! lui ordonne la religieuse.

Arrivée devant la porte, la fillette toque timidement, le cœur battant. Son estomac qui un instant auparavant criait famine lui fait mal à force de se tordre de crainte. Invitée d'une voix forte à entrer, quelle n'est pas sa surprise de découvrir, assise face à l'abbesse, sa sœur Madeleine avec un bébé sur les genoux !

— Denise, ta sœur aînée est venue te chercher. Tu vas aller rassembler tes affaires pendant que je règle les détails administratifs avec elle, puis tu diras au revoir à sœur Laurence qui a veillé sur toi. Va !

Sans vraiment comprendre, Denise ne peut que s'exécuter. Abasourdie par la nouvelle, elle ne sait si elle doit s'en réjouir. Pourquoi Madeleine a-t-elle choisi ce jour spécial pour la faire sortir de l'orphelinat ? Où va-t-elle l'emmener ? Va-t-elle quitter Bernay définitivement ? Après avoir emballé tant bien que mal ses quelques effets, elle se rend au réfectoire pour dire adieu à la sœur qui a été son « éducatrice » depuis son arrivée. Ses compagnes ont été servies, se régalent du festin qui leur est offert. Elle ne sait trop comment elle doit saluer pour la dernière fois celle qui a été si dure avec elle. La religieuse lui souhaite simplement bonne chance, l'invitant à vivre en bonne chrétienne. Elle la renvoie après lui avoir dessiné du pouce un signe de croix sur le front. Alors qu'elle repart, les yeux embués de larmes, Paula, sa voisine de dortoir lui glisse discrètement trois frites dans la main.

Pendant ce temps, Madeleine règle les « détails ». Elle s'engage à tout mettre en œuvre pour que la pension allouée par l'état à sa petite sœur, et que Landron ne redonne plus aux religieuses depuis des mois, lui soit directement versée. Le chantage que ces dernières avaient tenté en insinuant qu'elles placeraient sa nièce à l'assistance publique s'il ne payait pas était resté sans effet sur le bonhomme.

Avant de venir récupérer la fillette, Madeleine est passée voir leur oncle, le menaçant de faire intervenir les gendarmes s'il ne faisait pas le nécessaire pour que ce qui est dû à Denise lui soit envoyé à elle, Madeleine, puisqu'elle va désormais s'en occuper. Comme de sa propre fille, a-t-elle cru bon d'ajouter pour donner davantage de crédit à sa demande. Elle parvint à lui extorquer les papiers nécessaires en lui réclamant aussi les arriérés. Comme il les avait bus, il ne put que lui donner à contrecœur les deux beaux billets bleus de 10 francs qu'il conservait précieusement par sécurité dans la vieille boîte à biscuits que sa femme Georgina destinait au même usage. Une petite fortune[1] bienvenue qu'elle a fait immédiatement disparaître dans son giron. Madeleine a su être très persuasive, elle en ferait vite un bon usage.

Le petit Maurice a été mis en nourrice. Pendant que sa mère court après un emploi, il faut bien que quelqu'un s'en occupe. Et ce n'est pas Jean qui pourrait tenir ce rôle. D'ailleurs, lui n'a plus de travail : ça ne lui plaisait pas de faire des trous des tickets de métro à longueur de journée en vivant sous terre comme les rats. Il a donc démissionné et, en attendant de retrouver de quoi vivre, il se repose à l'hôtel qui sert toujours de logis. Madeleine doit donc subvenir à

1. Soit environ l'équivalent d'une trentaine d'euros.

leurs besoins et caser Denise dont la petite pension tombe à présent dans sa propre escarcelle. Il va falloir faire vite : l'étroitesse de la chambre limite l'intense l'activité amoureuse du couple qui se réconcilie sur l'oreiller après chaque querelle, puisque la fillette dort sur un matelas posé au sol au pied de leur lit, ce qui contrarie Jean au plus haut point. De plus, il n'aime pas les enfants et Madeleine non plus. Ils ont hâte de se débarrasser de cet encombrant fardeau, et par la même occasion, d'en tirer profit. Si elle rêve de pouvoir s'offrir mille et une jolies choses, elle aime aussi l'argent pour l'argent et entend bien s'en procurer par tous les moyens, sa cupidité n'ayant d'égale que sa perversité.

Les épreuves que la vie avait semées sur son chemin jusqu'alors lui avaient enseigné la rouerie et forgé en elle cette inextinguible soif de possession. N'ayant jamais reçu d'amour, elle était déjà dans une forme d'insensibilité proche de la méchanceté qui l'empêchait d'en éprouver, pas même pour cette petite sœur en qui elle ne vit plus qu'une potentielle source de revenus.

C'est peu après qu'elle la fait embaucher dans une crémerie, rue Rambuteau, près des Halles. Apprenant que de lointains parents de ses patrons, crémiers eux aussi, cherchaient une jeune fille pour effectuer les livraisons, elle emmène donc Denise pour la présenter. L'affaire est vite conclue. Le salaire de la gamine mettra un peu de beurre dans les épinards, et de plus, on la logera sur place, dans une chambrette de bonne sous les combles. Ce sera tout bénéfice.

Ainsi, la fillette doit-elle se lever très tôt, partir de la rue Saint-Jacques pour prendre les bouteilles de lait, les fromages et les pots de crème qu'il faut porter jusqu'à la rue des Écoles chez Dupont, la célèbre enseigne de cafés-brasseries. Un long chemin, qu'elle parcourt en passant par la rue de la Montagne Sainte-Geneviève, ses lourdes charges au bout des bras.

Dans ce café, sur la façade duquel on peut lire en grandes lettres « Chez Dupont, tout est bon », elle entre pour déposer ses marchandises comme d'habitude au sous-sol. Elle traverse la salle qui lui semble immense dans sa vision d'enfant. Elle descend l'escalier au bas duquel se trouvent les cuisines et, à côté, les toilettes pour la clientèle, *Ladies* et *Gentlemen.* Tandis qu'elle remonte pour repartir, Denise n'a pas entendu l'homme qui lui a emboîté le pas au sortir des commodités. Tout à coup, elle se raidit : une main s'est glissée sous sa jupe pour remonter sur ses fesses. Saisie d'une peur panique, l'image de son oncle Landron en surimpression dans son cerveau, elle se sauve à toutes jambes, courant éperdument droit devant elle.

À bout de souffle, elle s'arrête devant l'École polytechnique où une marchande des quatre saisons a posé sa voiture à bras débordante de légumes. La vieille dame est assise sur un tabouret, son petit chien à ses pieds. Depuis toujours la gamine voue un amour inconditionnel aux animaux, aux chiens en particulier. Elle s'approche pour caresser le petit terrier écossais blanc à la drôle de frimousse moustachue. Elle tend la main vers lui, qui peut-être a vu une agression dans son geste : il la mord aussitôt. Son index droit se met à saigner abondamment. La pauvre petite dame, catastrophée, emmène à sa suite Denise qui pleure à chaudes larmes dans le café le plus proche. Gentiment, le barman lui fait tremper le doigt dans de l'alcool qui lui semble brûlant. La marchande lui offre une grenadine à l'eau et demande pour elle-même un petit blanc, histoire de se remettre, tout en faisant parler cette gosse qui erre seule dans les rues.

— Et tu y es bien dans ta crémerie ? lui demande-t-elle après avoir écouté le récit de Denise.

— Non, Madame. Et puis, je veux plus aller rue des Écoles, je veux plus y aller !

— Alors, viens, arrête de pleurer. Je vais te présenter à un couple, rue de la Montagne Sainte-Geneviève, où là, tu seras mieux. Je les connais, ce sont des braves gens, et de l'aide sera bienvenue dans leur boutique, ils sont plus tout jeunes. C'est une crémerie aussi, une jolie boutique, tu verras.

En effet, Denise est chaleureusement accueillie par les Martin, charmant vieux couple de Normands qui pressentent que cette fillette, une payse, pourrait non seulement les aider mais encore apporterait un peu de soleil dans leur quotidien. Il est entendu qu'elle n'effectuerait que peu de livraisons, apprendrait à peser et vendre les fromages et entretiendrait la boutique et leur logement où ils lui réservent un grand débarras qui fera office de chambre. Denise voit en eux les gentils grands-parents qu'elle n'a pas eus.

Peu de temps plus tard, le jour de ses douze ans, elle va trouver son employeur, toute contente et fière :

— C'est mon anniversaire aujourd'hui, j'ai douze ans !

— Qu'est-ce que tu dis ?

— J'ai douze ans aujourd'hui, Monsieur !

Affolé, tout pâle, le crémier va trouver sa femme pour lui apprendre cette nouvelle. La petite n'a pas l'âge d'être employée, il faut avoir treize ans pour commencer à travailler ! Ils sont donc hors-la-loi, risquent gros en cas de contrôle. Madame Martin, désolée de devoir se séparer d'une aide si précieuse, prend l'initiative d'appeler elle-même au téléphone ses collègues qui emploient Madeleine et demande à lui parler. Elle explique la situation, la priant de venir rechercher sa sœur. Ce que fait Madeleine illico, pour ramener Denise chez son premier employeur. Après une énième livraison, pétrie de peur, la fillette se sauve. Elle ne dit rien, fait son petit balluchon et attend que la voie soit libre pour fuir et aller se réfugier chez les Martin. Émus, ils l'accueillent, lui promettent de chercher une solution pour qu'elle puisse ne pas retourner rue Saint-Jacques. Ils ignorent que les patrons de l'enfant ont signalé sa disparition à la police. Elle devra repartir entre deux agents qui l'emmèneront au commissariat. Ils n'ont pas eu de mal à la retrouver, et c'est face au commissaire qu'elle doit s'expliquer en attendant sa sœur.

— Tu n'étais pas bien là-bas ? lui demande-t-il avec douceur.

— Oh non, Monsieur, je veux plus y retourner, s'il vous plaît...

Madeleine est furieuse, et une fois rentrée avec Denise, elle lui flanque une tannée mémorable. Il va encore falloir chercher où la fourrer ! Sans compter qu'elle doit chaque mois emmener le petit Maurice au dispensaire, chez les religieuses qui dirigent l'établissement rue de Reuilly, afin de surveiller la croissance de l'enfant et le faire peser. Ce jour-là, la sœur qui examine son fils lui demande :

— Connaîtriez-vous une petite jeune fille qui aurait terminé ses études ? Nous en cherchons une pour des travaux de blanchissage et de repassage. Nous payons 3 francs par jour et nous offrons le gîte et le couvert.

Quelle aubaine ! Bien sûr qu'elle connaît celle qu'il leur faut ! Elle n'a pas tout à fait treize ans, mais a déjà travaillé à Bernay chez les religieuses appartenant à la même congrégation de Saint-Vincent-de-Paul ! Dès le lendemain matin, elle revient avec Denise pour la présenter. La religieuse en charge de l'embauche fronce un peu le nez quand elle apprend l'âge de la jeune fille, mais elle est déjà grande pour son âge, cela passera. Comme elle semble aussi costaude, elle ira au baquet les trois premiers jours de la semaine, puis au repassage les deux derniers. Marché conclu !

Si le travail à la buanderie est très pénible, Denise se sent toutefois mieux qu'à Bernay, et elle s'entend bien avec la sœur qui dirige cet atelier et qui se montre d'une grande gentillesse avec elle. Madeleine vient uniquement la voir pour récupérer sa petite pension, ce qu'elle explique à sœur buandière. Surprise, cette dernière s'étonne :

— Ah bon ? Elle a donc une pension ?

— Oui ma sœur, que je reçois tous les trois mois parce qu'elle est orpheline.

La religieuse ne répond rien, laisse aller Denise. Mais quand les deux sœurs reviennent le lendemain, Madeleine va avoir une très mauvaise surprise, annoncée par la même religieuse :

— Madame, je me suis entretenue avec notre mère supérieure. Compte tenu du fait que vous n'avez plus Denise à votre charge, sa pension lui appartient et lui revient en propre. Dorénavant, nous la toucherons pour elle et nous la lui placerons de façon qu'elle ait un petit pécule le jour où elle nous quittera.

Dépitée, Madeleine s'en va sans prononcer une parole, ni même dire au revoir à Denise qui se retrouve de nouveau chez les Filles de la Charité, où elle va passer de longues années…

6

7 avril 1932. Les bolides ont entrepris leur centième et dernier tour de circuit du Grand Prix de Monaco. Sur ce tracé urbain, où par endroits la largeur de la voie peut tout juste accueillir les voitures, la lutte est âpre entre les pilotes. Jusqu'à l'ultime instant, les spectateurs retiennent leur souffle. Le numéro 28, l'Italien Tazio Nuvolari, passe en tête une fois encore en empruntant le redoutable virage du portier dans son Alfa Romeo rouge. Il est talonné par son compatriote Luigi Fagioli de l'écurie Maserati et par la Bugatti de l'Anglais Howe. Le drapeau à damier est agité, c'est bien « *Il Mantovano Volante* »[1] qui franchit le premier la ligne d'arrivée, sous les vivats de la foule.

Pierre Fosse jubile : il a misé gros sur l'Italien. Des paris clandestins ont été organisés, et, toujours prêt à risquer sa chemise, il a joué. La chance lui a souri : il a gagné ! Pour un peu, il irait embrasser l'homme casqué de cuir blanc qui sort de son Alfa, ôte ses lunettes de protection et fait le V de la victoire de ses deux bras levés après les 3 h 32 qu'a duré sa course triomphale. Pierre enlace Maryse, et dans sa joie, dépose un baiser fougueux sur ses lèvres. Leur petite fille, assourdie et fatiguée d'avoir dû rester assise tout ce temps, tire sur sa veste :

1. Surnommé Le Mantouan volant, Nuvolari était originaire de Mantoue.

— Papa, on s'en va ? J'en ai assez, et puis j'ai faim…

— Mais oui Jacqueline, on va aller se promener, et je t'achèterai une glace, promet Maryse en souriant à la fillette.

Cette enfant, prunelle de ses yeux, est son portrait craché. Même minois, mêmes yeux que sa mère, elle est grande pour ses quatre ans et jolie à croquer. Elle fait aussi montre d'une intelligence déjà vive et babille sans arrêt. Son prénom lui a été donné en l'honneur de son grand-père Jacques Fosse qui, s'il a été très déçu de la naissance d'une fille, s'en est vite remis, tombant comme son épouse sous le charme de ce petit ange, chair de la chair de leur fils.

Tout irait pour le mieux dans le meilleur des mondes bordelais possibles si ce n'était cette fille, cette Maryse qui l'a mise au monde. Marguerite Fosse a développé une haine farouche envers la compagne de son fils. Elle ne manque jamais une occasion pour la rabaisser, lui rappelant sans cesse d'où elle vient et prenant de plus en plus la main sur l'éducation de sa petite-fille qu'elle adore littéralement. Elle joue à la poupée avec elle, l'habille chez les meilleurs faiseurs de la ville. Elle a engagé un chauffeur pour la conduire et la ramener de l'école privée catholique où elle l'a elle-même inscrite, sans demander son avis à sa maman. Elle a d'ailleurs interdit formellement à Maryse, qu'elle entend gouverner, de remonter sur scène. Il ne manquerait plus qu'elle se donne en spectacle ! Comme si l'humiliation que Pierre leur inflige en leur imposant cette greluche ne suffisait pas.

La jeune femme de vingt-sept ans subit, pour l'amour de Pierre, sans trop broncher, mais elle n'est pas heureuse. Aussi, en cachette, a-t-elle rejoint malgré l'interdiction de Marguerite Fosse la troupe des « Tournées Tichadel », en répétition d'un nouveau spectacle local qui sera monté au Casino des Quinconces. Pour s'échapper du Cap-Ferret, elle a prétexté des rendez-vous réguliers dans un salon de beauté « en ville ». S'inspirant des luxueuses revues parisiennes à grand spectacle montées aux Folies Bergères ou au Casino de Paris, Pierre Tichadel met en scène ses girls ruisselantes de paillettes, de strass et de plumes.

Après deux années sans danser, reprendre la discipline exigeante de ce corps de ballet s'avère plus difficile que ne l'avait imaginé Maryse, dont tout le corps devient douloureux. Elle se trouve en concurrence avec des filles bien plus jeunes et entraînées, si ravissante soit-elle encore, malgré les quelques kilos qui se sont invités sur ses hanches et ses cuisses. Il n'est donc pas certain qu'elle intègre la troupe pour la série de shows programmés. La vie au Cap-Ferret s'écoule tristement, avec parfois de terribles disputes avec Pierre quand il a perdu au casino et qu'il a trop bu. Elle doit aussi subir l'envahissante présence de sa malveillante et venimeuse « belle-mère » qui l'a prise en grippe, qu'elle doit appeler Madame et vouvoyer, comme le fait la petite bonne. Maryse se demande parfois, en croisant ses regards assassins, jusqu'où cette femme pourrait aller pour lui nuire, sinon la faire disparaître six pieds sous terre. Surtout, Marguerite accapare chaque jour davantage sa petite-fille, sans que Pierre ne réagisse ni n'intervienne, trop occupé par les tables de jeu et ne souhaitant pas faire le tampon entre sa mère et sa compagne.

Lorsqu'il a proposé d'aller passer un mois à Monaco, prétextant le Grand Prix, la jeune femme a accepté avec joie. Elle emmènera Jacqueline, qu'elle aura enfin pendant ce temps pour elle seule, et elle vivra avec Pierre comme s'ils formaient un « vrai » couple marié aux yeux des autres, sans subir les critiques et les blâmes permanents de Madame Mère. Sans hésiter un instant face à cette promesse d'un bonheur recouvré, elle quitte d'elle-même la troupe de danseuses, remettant à plus tard l'éventuelle reprise d'une carrière déjà en perte de vitesse.

Maryse et ses parents ignorent encore que Pierre, acculé par de trop importantes dettes de jeu, a hypothéqué la maison du bord de mer et son appartement parisien. Sa banque lui a alors octroyé le prêt important qui lui a non seulement permis de rembourser, mais encore de se reconstituer un pécule pour aller voir de plus près le casino de Monte-Carlo dont on lui a vanté les tables de jeu. Il a réservé à grands frais une suite à l'Hôtel de Paris et, dans la foulée, il a acheté la toute nouvelle Citroën CGF, une C6F à la luxueuse finition. Il aurait préféré une Hispano-Suiza ou une Bugatti, comme en possèdent certains grands banquiers ou capitaines d'industrie, plutôt que ce véhicule de petit châtelain de province. Toutefois, ce modèle lui permettra malgré tout de ne pas rougir lorsqu'il promènera Maryse et Jacqueline dans les rues du célèbre rocher.

À peine le couple et leur fillette sont-ils partis que Marguerite Fosse se précipite pour lancer les invitations au dîner qu'elle compte offrir à ses amis de la bonne société bordelaise. Il y aura quelques propriétaires de châteaux producteurs de grands crus, un couple de biscuitiers comme les Fosse, un ou deux industriels et leurs épouses, le notaire de la famille, vieux célibataire bougon, le procureur de Bordeaux et Madame. Elle convie aussi ce « pauvre Docteur Lacoste ». À trente-quatre ans, il n'est toujours pas marié, et ce ne sont pas les brûlures qui lui ont défiguré la moitié du visage à la fin de la guerre qui l'aideront à trouver chaussure à son pied.

Marguerite compte mettre les petits plats dans les grands, mais aussi plein la vue par la même occasion à ses invités, dont le magistrat du parquet qu'elle espère séduire avec sa table. Si elle le prie à sa soirée, ce n'est pas de façon désintéressée : elle veut l'entretenir d'un sujet qui la tracasse et elle souhaite le mettre dans sa poche pour mener à bien le projet qu'elle a échafaudé. Elle a commencé à se renseigner, et entend bien que le tribunal se prononcera en faveur de sa requête.

Pierre ne sait plus où donner de la tête en entrant dans la salle Schmitt du somptueux casino monégasque. Après avoir gravi les quelques marches du bâtiment conçu par Garnier, le visiteur est happé par les dorures, les grands lustres aux pampilles de cristal qui éclairent les tables à profusion autour desquelles se pressent des spectateurs ou des joueurs à l'allure distinguée, dans l'attente qu'une place se libère. Il flotte dans l'air des odeurs fleuries qui émanent des nombreux bouquets savamment disséminés et des parfums des belles joueuses, mâtinés de senteurs d'adrénaline. Dès qu'il le peut, cœur battant et mains moites, Pierre s'assoit à une table de roulette, au comble de cette euphorie particulière qui le saisit à chaque fois qu'il va jouer. Un croupier impassible annonce d'une voix grave qui se veut enjouée :

— Faites vos jeux !

Pierre aligne une douzaine de jetons, mise sur le 21 rouge, en case pleine. La roue est lancée.

— Rien ne va plus, énonce encore le bouleur tout en lançant la bille d'ivoire, qui se met à tourner à toute allure pendant un temps suspendu et infini pour tous les joueurs qui retiennent leur souffle. La course folle de la petite boule s'achève. Enfin emprisonnée, elle s'insère dans une case tandis que la roulette ralentit pour finalement s'arrêter en douceur. En plein ! La chance accompagne Pierre cette fois : il gagne trente-cinq fois sa mise ! Le râteau du croupier glisse sur la table, avale les jetons des perdants et dirige son gain vers le gagnant. Une petite voix susurre à l'oreille de Pierre qu'il ne devrait pas continuer et aller plutôt rejoindre Maryse et Jacqueline au jardin des Boulingrins où elles sont parties se promener. Mais une autre, plus sournoise, tentatrice, vient couvrir celle de la raison et lui suggère, puisqu'il est en veine, de poursuivre. Tremblant d'excitation, il avance la totalité de ses petites pièces plates.

Invités à miser, tous les joueurs poussent à leur tour leurs jetons, la roue est relancée, ronde infernale qui fait sautiller la bille blanche jusqu'à ce qu'elle s'immobilise dans une case, suscitant sourires ou grimaces autour de la table. Pierre devient très pâle : il vient de tout perdre. Il se lève, quitte la table pour aller au bar. Ce n'est que bien plus tard qu'il rentre à l'hôtel où Maryse ne l'a pas attendu pour commencer à dîner dans la salle à manger de l'hôtel avec sa fille. Il titube légèrement en venant vers elle, il a l'élocution savonneuse des hommes en état d'ébriété avancée. Rouge de honte, la jeune femme se lève, ordonne à Jacqueline de ne pas bouger pendant qu'elle accompagne son papa jusqu'à leur chambre. Elle est obligée de le soutenir pour ce faire, tandis qu'il bredouille d'incompréhensibles propos et pleurniche comme un enfant. Le lendemain matin, dégrisé et la tête dans un étau, il annonce à Maryse qu'ils vont devoir écourter leur séjour parce qu'il ne pourra plus payer la note qui ne cesse de s'alourdir. Elle s'effondre en larmes lorsqu'il lui apprend que la banque vient de saisir la maison du Cap et l'appartement parisien, s'en rendant ainsi propriétaire, et que la seule solution est d'aller vivre chez ses parents, à Bordeaux. Au comble du désespoir et de la mortification, elle l'entend appeler son père au téléphone. Pierre le supplie de lui faire parvenir rapidement les liquidités suffisantes pour régler ses frais d'hôtel.

Le dîner de Marguerite Fosse est, comme toujours, un succès. Ses invités sont ravis, la cuisine et les vins sont excellents. Les conversations vont bon train, tous sont enchantés de cette parenthèse joyeuse et gastronomique que leur offre leur hôtesse. Une cuisinière a été embauchée pour l'occasion, un maître d'hôtel pour le service à table, et la bonne se tient au garde-à-vous pour le seconder dans cette tâche. On est en compagnie du même petit monde qui a l'habitude de se recevoir à tour de rôle, et si l'on évite devant les dames les sujets politiques, tous étant du même bord, plutôt à droite et conservateur, on s'en donne à cœur joie sans retenue et l'on rit beaucoup. Lorsque l'on passe au salon pour y prendre le café tandis que les messieurs allument leur cigare, Marguerite, en parfaite maîtresse de maison, volette de convive en convive afin d'échanger avec chacun quelques potins mondains. Lorsqu'elle s'aperçoit que le procureur est resté debout, légèrement en retrait à déguster tranquillement son Havane, elle saisit l'occasion pour s'en approcher et lui parler de « son affaire ».

— Cher ami, c'est un vrai plaisir de vous avoir ce soir parmi nous, entame-t-elle, son sourire le plus enjôleur aux lèvres, l'éventail tenu négligemment d'une main et prêt à entrer en action.

— Tout le plaisir est pour moi chère Marguerite, vous savez combien mon épouse vous tient en estime et en amitié. Je déplore de ne pouvoir être des vôtres plus souvent, mais le judiciaire m'accapare beaucoup...

— À ce propos, j'aimerais vous entretenir d'une question qui me préoccupe et sur laquelle vous pourriez m'éclairer, voire m'aider peut-être... Si ce n'est abuser de votre amitié, bien entendu, finaude-t-elle, faisant mine de rougir derrière son éventail qu'elle a déployé.

— Je vous écoute chère Marguerite, répond le procureur, un léger sourire aux lèvres.

Madeleine est allée chercher sa petite sœur Denise et a demandé pour elle une autorisation d'absence pour quelques jours. La jeune fille devra garder son fils Maurice pendant qu'elle ira à Caen pour épouser Jean. Il lui avait semblé normal de convoler en justes noces dans la ville où elle a vu le jour, son futur mari ayant obtempéré. Dorénavant, et comme par un accord tacite, c'est elle qui décide de tout pour eux deux. Ce qui ne contrarie pas le garçon, trop heureux de n'avoir plus rien à faire, si ce n'est se laisser porter par cette petite bonne femme si volontaire. De plus, ce dépaysement normand fera office de voyage de noces. Tous deux sont de nouveau au chômage, peinent à trouver du travail. Madeleine, déjà enceinte, a estimé plus convenable de se marier et elle a élaboré un projet qui devrait radicalement changer leur vie et les enrichir enfin.

Denise s'est attachée au petit garçon, si beau avec ses boucles brunes et ses prunelles sombres. Il est craintif car bien souvent, sa mère et son beau-père ont la main plus que leste lorsqu'il fait une bêtise. Lui aussi aime sa tante Nanine parce qu'elle est tendre avec lui. Il l'appelle ainsi car lorsqu'il a commencé à parler, il ne pouvait pas prononcer correctement son prénom. Pour l'amuser, Denise lui dit :

— Je vais te parfumer à l'eau de Cologne, va chercher le vaporisateur mon chéri.

Ravi, l'enfant obtempère, mais en rapportant le flacon, il trébuche et tombe. Dans sa chute, il a lâché la fragile fiole qui s'est brisée. Il regarde Denise, terrorisé, se met à sangloter en imaginant déjà les coups qui risquent de pleuvoir.

— Ah zut... Qu'est-ce qu'on va prendre ! Ne crains rien, je vais arranger ça, ta mère n'y verra que du feu. Je sais comment le remplacer. Reste là tranquille, je reviens, et ne pleure plus.

Denise se précipite chez la marchande de couleurs dont la boutique est au coin de la rue. Elle a vu les mêmes vaporisateurs dans la vitrine. Mais elle n'a pas d'argent sur elle. Elle demande à la marchande :

— Bonjour Madame, vous ne voudriez pas m'avancer un vaporisateur ? Je reviendrai vous payer dès la semaine prochaine, je travaille, vous savez...

— Tu serais pas la sœur de la Madeleine, toi ? demande la commerçante, les mains sur les hanches.

— Si, Madame, et je vous promets que je rapporterai les sous.

La bonne femme sourit et Denise repart avec le précieux objet. Lorsque Madeleine et Jean passent devant la marchande de couleurs qui se tient sur le pas de sa porte, cette dernière les hèle. Croyant bien faire et amusée de la petite histoire du vaporisateur, elle la raconte. Le lendemain, elle verra marcher

Maurice la tête basse derrière sa mère, avec de vilaines marques bleuâtres sur ses petits mollets et ses cuisses dévoilés par un short. Son beau-père a encore usé de sa ceinture.

Quant à Denise, elle a regagné tristement son refuge et son baquet chez les religieuses de la rue de Reuilly, des traces de sang séché au-dessus des lèvres. Madeleine lui a assené une paire de gifles d'une telle force que son nez a saigné longuement.

Que va devenir Maurice lorsque sa jeune tante ne pourra plus lui donner un peu de tendresse ? Madeleine a laissé à sa sœur une adresse en Algérie où elle a décidé Jean à partir pour prendre la gérance d'une épicerie vendue en adjudication à Mostaganem. L'acquéreur avait passé une annonce dans *La Gazette de Mostaganem* : « Recherche un couple de Français pour tenir une épicerie ». La marchande de couleurs reçoit ce petit journal par son frère qui tient, lui, aussi un commerce en Algérie et lui fait suivre ainsi les dernières nouvelles. Elle sait que Madeleine et son mari cherchent du travail, elle lui a montré l'annonce. Madeleine a tout de suite écrit, s'est occupée de toutes les dispositions à prendre et autres formalités. Elle a hâte d'ouvrir sa propre boutique, sous le soleil méditerranéen prometteur de jours meilleurs et d'enrichissement. Les fruits et légumes, c'est bien, mais elle a déjà prévu de proposer des « articles de Paris » susceptibles de séduire une clientèle locale, comme les expatriés. Elle s'imagine déjà se réserver la vente de colifichets et tenir la caisse, laissant à Jean le soin de s'occuper des primeurs et autres conserves. Le couple et leur enfant doivent partir dans une semaine, sans savoir pour combien de temps.

Marguerite Fosse a pris doucement le bras du procureur pour l'entraîner vers son bureau. Après avoir soigneusement refermé la porte afin que personne n'entende leur conversation, elle se livre :

— Vous n'ignorez pas, cher ami, que notre Pierre s'est entiché d'une cocotte, cette danseuse qu'il nous a ramenée et qui lui a fait un enfant. Dans le dos, certainement, avec l'espoir de se faire épouser. Mais Jacques et moi avons tenu bon, et, Dieu merci, il n'y a pas eu de mariage…

Elle marque une pause, ouvrant et repliant son éventail à petits coups secs, signe de nervosité.

— C'est parfait, mais en quoi puis-je vous être utile ? demande le procureur, qui ne voit vraiment pas où Marguerite veut en venir.

— Eh bien… Voilà : mon mari et moi sommes très attachés à notre petite-fille Jacqueline. Nous avons pris en main son éducation, ce que sa mère nous semble inapte à lui donner. On ne sait trop d'où elle est venue, et plus tôt elle partira, mieux ce sera. Qu'elle retourne donc lever la jambe !

— C'est tout à votre honneur, mais ?

— Pardon, je m'égare, je m'échauffe quand je parle de cette garce. Nous avons donc décidé d'adopter Jacqueline, afin de la soustraire à la mauvaise influence d'une mère incapable de l'élever convenablement. C'est là que vous pourriez intervenir. Nous nous sommes déjà renseignés et nous souhaitons saisir le tribunal pour cette adoption. Pour ce faire, c'est auprès du procureur que nous devons déposer notre demande, si je ne me trompe. Nous n'aurons pas besoin d'avocat puisque nous avons déjà accueilli la fillette et qu'elle est âgée de moins de quinze ans. Voulez-vous bien appuyer notre démarche ? Dans la plus totale discrétion, cela va sans dire. La mère de Jacqueline n'a pas à être informée. Et si dans votre cercle se trouvait quelqu'un susceptible de trouver un emploi à la danseuse loin d'ici… C'est pour le bien de la petite, vous comprenez, n'est-ce pas ?

— Je comprends… sourit encore le procureur, en caressant le petit bouc qui orne son menton. Votre demande est tout à fait justifiée. Je connais bien le juge en charge de ce genre d'affaires. Je lui glisserai un mot afin que votre requête aboutisse comme vous le souhaitez. Il est évident qu'il considérera

« l'intérêt supérieur de l'enfant », selon la formule consacrée. Cela ne devrait poser aucun problème. Venez avec Jacques me voir au Palais, nous mettrons cela en route rapidement. Quant à éloigner la mère...

Marguerite tente de réprimer un grand sourire de satisfaction, dissimulant sa bouche derrière son éventail, dans l'attente d'une suite. Son interlocuteur semble réfléchir, puis avoir soudain une brillante idée :

— Je me suis laissé dire que l'on recrutait des « girls » pour une tournée dans nos colonies d'Afrique du Nord... Nous pourrions nous arranger pour qu'une proposition soit faite à votre... comment s'appelle-t-elle déjà ?

— Maryse Doré, du moins, ainsi a-t-elle changé son véritable prénom : Marie-Louise. Ce serait parfait. Cher ami, que serions-nous sans vous ? Jacques va être tellement content...

Pour faire bonne mesure, Marguerite essuie ostensiblement sur sa joue une larme de crocodile, qui se veut de reconnaissance.

Pendant ce temps, Jacques n'a pas non plus perdu le nord. Il a pris à part leur ami le notaire, à qui il a confié avoir besoin d'un rendez-vous urgent, afin, a-t-il précisé, de mettre de l'ordre dans ses affaires. Il n'a pas décoléré depuis que son fils lui a encore demandé de l'argent. Sa décision est prise : il veut rédiger un testament qui instituera sa petite-fille Jacqueline sa légataire universelle. Pierre n'aura rien, sa « poule » non plus si malgré tout il l'épousait en secret. On n'est jamais trop prudent. Son épouse, revenue au salon tout sourire, se prend à rêver que « la poule » pourrait aussi bien disparaître à tout jamais, si on l'y aidait un peu...

7

Ce 16 avril 1934 restera dans les annales météorologiques bordelaises comme une des journées les plus chaudes que la ville ait connues au printemps. Le thermomètre affiche vingt-huit degrés à l'ombre. En plein soleil, sur le quai des Chartrons où la foule des voyageurs se presse, la chaleur devient accablante. La passerelle du paquebot de la Compagnie Générale Transatlantique, le Casablanca, est déjà encombrée des passagers qui vont embarquer et ont hâte de se réfugier dans les salons du navire, en quête d'un peu de fraîcheur. On se bouscule, on rouspète quand un resquilleur essaie de se faufiler plus avant dans la file d'attente qui s'est formée au pied de l'embarcadère. Des porteurs, dégoulinant de sueur sous leur casquette, suivent tant bien que mal quelques *fashionable* dont les bagages et autres malles pèsent un âne mort. Des odeurs de parfums féminins se mêlent à celles de vernis, résine, bois, métal chauffé à blanc qui émanent du transatlantique, exacerbées par le soleil tapant sur sa coque. Le départ est imminent, on s'échauffe plus encore pour accéder aux différents ponts. Les occupants des classes inférieures, en assez grand nombre, sont pressés d'exporter leur misère vers cette Afrique du Nord devenue eldorado. La passerelle est hissée, l'ancre levée tandis que les moteurs se mettent à vrombir, la cheminée à cracher son premier panache de fumée. Enfin, le paquebot salue la ville de départ par trois coups de sirène assourdissants. En route pour Casablanca ! À terre comme à bord, on agite des chapeaux, des mouchoirs blancs ou des carrés de soie colorés en guise d'au revoir...

Parmi ceux qui restent longtemps sur le quai à regarder s'éloigner le navire, Pierre Fosse est incapable de bouger en dépit du soleil qui le fait abondamment transpirer et lui perce les yeux de sa trop vive lumière. Il ne se rend pas vraiment compte de la touffeur ambiante, mais sa conscience vient de s'éveiller : il réalise que ce bateau emporte la seule femme qu'il ait jamais aimée. Il est brutalement saisi d'un immense sentiment de culpabilité. À présent qu'elle est partie, pour une année complète de tournée avec la troupe des *girls* vers les pays du Maghreb, il éprouve le vide sidéral que son absence provoque déjà en lui. Il sait qu'il n'a pas été toujours très tendre avec elle, il n'a jamais osé prendre sa défense face aux exigences de sa mère, et au mépris dans lequel elle a tenu Maryse pendant le temps de leur vie commune. Il est même certain qu'elle est l'instigatrice de ce départ qu'il n'a pas su empêcher non plus. Comment Marguerite Fosse s'y est-elle prise pour exiler de la sorte cette « belle-fille » abhorrée ? Il lui connaît de nombreuses relations, susceptibles d'avoir fait miroiter aux yeux de la jeune femme une fabuleuse carrière, ou Dieu seul sait quoi. Marguerite a certainement distribué quelques liasses de billets ici ou là pour s'assurer de la bonne mise en œuvre de son projet d'ostracisation et du silence qui doit l'entourer. Son père non plus n'a jamais levé le petit doigt, se rangeant aux caprices de sa femme, acceptant de la suivre dans ses lubies et ses coups de tête. Il a ainsi approuvé qu'elle choisisse pour Jacqueline un pensionnat de jeunes filles très chic à Gauriac, à une cinquantaine de kilomètres de Bordeaux. Elle y a cloîtré la fillette pour que sa mère ne puisse plus s'en occuper, prétextant que la petite fille était en âge de suivre la meilleure scolarité qui soit.

Pierre n'ignore pas non plus que son enfant est désormais très légalement adoptée par ses parents, et là encore, il s'est tu, ne s'est opposé à rien, trop occupé par les cercles de jeux qu'il a continué à fréquenter, creusant dette sur dette. Soudain, il se voûte sous le poids de sa propre lâcheté, du désastre qu'est désormais sa vie. Avant de rentrer chez ses parents, où il vit et a fait vivre Maryse et leur fille depuis sa débâcle financière, il fait une halte dans un café. Il n'en sortira qu'à la nuit tombante, ivre mort. On le retrouvera le lendemain matin couché par terre devant l'entrée de l'immeuble des Fosse.

Maryse a accepté de rejoindre cette troupe, engagée pour une tournée qui allait débuter au Maroc, pour ensuite se produire en Tunisie, puis en Algérie. Le régisseur a su être très convaincant, lui faisant clairement entendre qu'elle n'avait pas vraiment le choix si elle voulait reprendre son métier. Mais ce ne sont pas tant les arguments pécuniaires avancés, elle serait grassement payée, que la vie, devenue insupportable avec la mère de Pierre, qui l'a décidée. Elle a bien compris que jamais son compagnon, qu'elle aime toujours tendrement malgré ce qu'il lui a imposé, ne l'épouserait. Partager le quotidien avec les parents Fosse, subir à longueur de temps la morgue clairement affichée de Marguerite à son endroit, sa fille expédiée en pension « pour son bien », l'ont tant mise à mal qu'elle s'est résolue à partir.

Une année… Cela peut être court, mais aussi infiniment long. Une année sans voir sa fille chérie, qu'elle n'a même pas pu serrer dans ses bras avant son départ. Jacqueline ne sort de son pensionnat qu'une fois par mois. Qu'a-t-on dit à l'enfant, qui va être privée de sa maman pendant tout ce temps ? Et Pierre ? Que va-t-il devenir, pris dans les rets de sa mère ? Maryse regarde diminuer le paysage côtier depuis le bastingage du navire qui l'écarte irrémédiablement des deux seuls êtres qui lui sont chers. Le cœur en vrac, écrasée de chagrin, elle se sent cruellement seule, une boule dans la gorge et des sanglots prêts à surgir. Elle songe aussi à sa Jo, qui a remplacé sa mère trop tôt disparue et dont elle a appris le décès peu de temps avant son départ. C'est d'ailleurs grâce au petit pécule que Joséphine lui a légué et que le notaire lui a fait remettre par un confrère bordelais qu'elle a pu partir avec quelques sous. Ni Pierre, toujours aux abois, ni les parents Fosse ne lui ont donné le moindre centime. Des larmes qu'elle ne peut contenir roulent doucement sur ses joues, scintillant un instant sous le soleil printanier.

Elle se promet de n'en rien laisser paraître, de donner le change, de sourire en dansant, et d'envoyer quelques photos à ses sœurs. Elle ne les connaît pas très bien, elle l'aînée de treize ans de Denise et de quatre ans de Madeleine, et dont elle a été séparée à la mort de leur mère. Cependant, elles existent quelque part, elles sont sa seule famille, il faudra qu'elle garde ce lien devenu ténu. Plongée dans ses réflexions, elle ne s'est pas aperçue qu'un couple à ses côtés l'observe d'un œil compatissant.

— Ça n'a pas l'air d'aller bien fort… Vous faites partie, comme moi, de la troupe des girls, n'est-ce pas ? Je vous ai croisée aux répétitions. Je m'appelle Marie-Rose, et lui, c'est Paul, qui veille sur nos costumes. Notre cousette en quelque sorte, ajoute la jolie fille brune en souriant et en tendant la main vers Maryse.

Elle croit bon d'ajouter en serrant dans les siens les doigts de la jeune femme :

— On peut se tutoyer, si tu veux… Tu n'as rien à craindre de ce jeune homme, il est... uraniste, mais chut !

— Merci, moi, c'est Maryse. C'est gentil. Oui, un coup de bourdon passager, ça passera. Bonjour, Paul ?

Devant son air dubitatif, Marie-Rose éclate de rire.

— Il n'aime que les garçons si tu préfères, mais si toute la troupe est au courant, c'est un sujet qu'il vaut mieux ne pas aborder. Allez, viens, allons au bar, je crois que tu as besoin d'un petit remontant !

Si les parents Fosse ont rejeté « la danseuse de Pierre », Madeleine en est très fière. Elle porte aux nues cette gracieuse jeune femme enveloppée dans des voiles légers et transparents qui pose sur la photo qu'elle vient de recevoir. Il y en a une autre, dans un autre costume, destinée à Denise et dédicacée : *Á ma petite sœur Denise, très affectueusement, 15 mai 1934.* Elle la lui fera parvenir en faisant suivre le courrier. Son épicerie au centre de Mostaganem est prospère. Elle s'est fait une clientèle majoritairement composée de colons français, et son petit magasin est devenu un lieu de rencontre où l'on échange tous les derniers potins. Sans nager dans la richesse, le couple vit à présent dans une aisance qui convient à Madeleine. Elle a mis au monde son deuxième garçon, prénommé Jean, comme son père. Ensuite, elle a dû avorter à deux reprises. Les femmes arabes sont de précieuses alliées en la matière. Pas question d'ajouter une bouche supplémentaire à nourrir. Elle est incroyablement féconde : une vraie poule pondeuse ! Á croire qu'à chaque fois que son mari l'approche, elle tombe enceinte. Ce qui est assez fâcheux, car elle a aussi un amant qu'elle parvient à voir en secret, dans un petit hôtel situé non loin d'Oran. Un joli Français, célibataire, un peu gigolo, mais qui a de beaux yeux et sait si bien parler et la faire rire. Pas comme son mari, qui ne fait que bougonner et lui sauter dessus à tout bout de champ.

Son Robert l'emmène en voiture, elle prétexte « des courses à faire » et laisse Jean toute la journée pour aller filer de parfaites amours adultères. De qui est donc le bébé qui naît neuf mois plus tard ? Elle-même n'en sait trop rien. Elle n'a pas réussi à « le faire passer », sans doute était-il trop bien accroché. C'est elle qui a choisi le prénom de cette première fille, parce qu'il est en vogue dans la communauté des expatriés et « fait chic » : Liliane. Toutefois, elle n'avait pas désiré cette gamine, c'est encombrant un bébé de plus.

Qu'à cela ne tienne : les nourrices mauresques ne manquent pas et Liliane est immédiatement confiée à l'une d'elles.

Très vite, Madeleine retrouve Robert pour leurs escapades amoureuses. Elle ne sait pas de quoi il vit. Quand elle pose la question, il l'élude en quelques pirouettes oratoires et autres galipettes plus rapprochées. Cependant, Madeleine n'est pas dupe. À plusieurs reprises il s'est défilé au moment de régler la chambre d'hôtel, ou bien, il avait oublié son portefeuille quand il fallait mettre de l'essence dans sa voiture ou lorsqu'un serveur venait présenter l'addition du restaurant où il l'avait emmenée. Même si ce jeune garçon de cinq ans son cadet, dans la splendeur et la fougue de ses vingt ans, la fait grimper aux rideaux, elle met cependant un terme à l'aventure : sa cupidité naturelle l'emporte sur ses appétits charnels. Elle se promet de mieux choisir une autre fois, et de veiller à ce que l'amant ait un compte en banque bien garni.

Une fois de plus, elle doit avoir recours aux services d'une discrète faiseuse d'anges, la rage au cœur de s'être encore fait prendre et de devoir payer elle-même la brave femme qui la libère de son fâcheux fardeau. Elle est lasse. Aussi, afin de refréner quelque peu les ardeurs de son époux, décide-t-elle de partir avec lui pour quelques jours de voyage en faisant route vers Tlemcen dont on lui a vanté la beauté des tapis faits à la main. Elle entend bien le faire marcher dans les souks à l'en épuiser, et surtout, se faire plaisir en achetant, après avoir férocement marchandé, quelques-uns de ces fameux tapis, des bijoux et autres babioles que Jean n'aurait jamais songé à lui offrir. S'il est bête à manger du foin, au moins, elle le manipule à son aise du haut de son mètre quarante-huit. Elle règne dans le couple qu'elle forme avec cet homme sans caractère et qui se laisse dominer.

La traversée à bord du paquebot s'est déroulée agréablement. Maryse a trouvé en Marie-Rose et Paul deux charmants camarades qui se sont employés à la distraire de sa peine. Elle s'est un peu confiée, et elle espère que les spectacles à venir se passeront bien.

En débarquant à Casablanca, elle est surprise par la taille impressionnante de ce port très moderne. Plusieurs calèches attelées attendent sur le quai afin de transporter la troupe des douze danseuses et le personnel qui les accompagne vers leur lieu de résidence. Tous seront logés à l'Excelsior, un des plus beaux hôtels de la ville. Le bâtiment carré est très grand, et certaines de ses chambres offrent une vue imprenable sur la célèbre tour de l'Horloge qui, du haut de ses vingt mètres, donne l'heure aux passants. Située entre les deux portes de la muraille de la place de France[1], elle sert aussi de « filtrage » des habitants de l'ancienne Médina dite Ville arabe pour les autorités françaises. Dans le respect des « traditions architecturales marocaines » comme l'ont souhaité ses constructeurs, elle ressemble aux minarets des mosquées dans tous ses détails : zellige, arcades, petite koubba surmontée d'un croissant et d'une étoile.

Cependant, Maryse est frappée par cette ville qui finalement, lui rappelle Bordeaux. Dans ce protectorat, tout y est… français. Les habitants sont les mêmes que les bourgeois qui se promènent dans les rues girondines, ou paressent aux terrasses des cafés. Marie-Rose et Paul, à peine installés viennent toquer à sa porte, et l'entraînent joyeusement vers le Café Glacier, qu'ils ont déjà repéré. Là aussi, si ce n'est des serveurs locaux, elle se croirait déjà revenue en France. Tout en sirotant un gin-fizz, ils évoquent les représentations à venir. Maryse ne sait pas encore où se donneront les spectacles. Paul, qui est au courant de tout, explique :

— Vous allez danser sur la scène du Rialto, les filles ! Et comme on fait partie de la troupe, on pourra y aller en spectateurs pour voir gratis les derniers films venus de Hollywood, c'est bath, non ?

— On va se produire dans un cinéma ? demande la jeune femme, étonnée.

1. Aujourd'hui, place des Nations-Unies.

—Mais oui ! En fait, c'est ce qu'on appelle un cinéma-théâtre. Il y a une fosse d'orchestre, une vraie grande scène, des coulisses, tout ce qu'il faut pour des spectacles de music-hall comme le nôtre. Et tu verras, on va avoir un succès fou ! Ici, les gens sont très friands de ce qu'ils imaginent tout droit venu des scènes parisiennes. À nous les belles recettes !

Maryse soupire, légèrement grisée par l'alcool, la chaleur, les babillages de Marie-Rose et Paul. Elle ne peut s'empêcher de songer à la solitude qui sera désormais la sienne quand elle refermera la porte de sa chambre. Elle décide d'y rentrer pour se reposer. Demain matin, il lui faudra être de bonne heure à la répétition sur scène et elle devra assurer parfaitement sa prestation. En sera-t-elle capable, après tout ce temps sans danser ? À vingt-neuf ans, elle est la plus âgée des girls et devra plier son corps à une discipline de fer pour rester dans le rang, en souriant au public.

L'été est arrivé, suffocant. Des nuées de mouches envahissent l'épicerie, que Jean tente d'endiguer en collant au plafond des rubans de papier tue-mouche vite saturés de cadavres englués. Il faut surveiller les denrées périssables, qui ont tendance à vite rancir par ce temps. Le ventilateur disperse l'air chaud, charrie les odeurs de légumes et de laitages prêts à tourner de l'œil. Il n'en peut plus. Lui, le parigot, en a plus qu'assez de ce pays trop chaud, de ces gens qu'il ne supporte pas et viennent caqueter dans la boutique. Il a envie de retrouver le bitume des rues de son Paname, ses compères de café où l'on refait le monde au comptoir devant un petit blanc-cassis bien frais. Où est encore passée cette drôlesse de Madeleine ? Décidément, elle en fait, des courses ! Alors, pourquoi en revient-elle les yeux cernés, le sac vide ? Ça suffit. Cette fois, elle va voir qui est le patron. Il commence à avoir des doutes, surtout depuis que ce négociant en vins vient régulièrement la chercher dans sa belle auto, juste devant le magasin. Pas plus tard que ce matin, il s'est encore présenté, pour soi-disant l'emmener visiter l'entrepôt d'un grossiste qui pratique des prix intéressants.

Jean baisse le rideau de fer, y appose l'affichette « Fermé » et se rend en ville au bureau de la Compagnie générale transatlantique. Le prochain bateau pour la France part dans dix jours, c'est parfait. Il n'en faudra pas davantage pour liquider la fichue épicerie et retrouver enfin la capitale et ses bistrots. Il réserve dans la foulée une chambre dans un petit hôtel de son ancien quartier pour parer au plus pressé. Dans le XXe arrondissement, de nouveaux immeubles sont sortis de terre pour y loger des familles ouvrières à qui l'on propose des logements à bon marché et des loyers modérés. Avec leurs trois enfants, il ne doute pas qu'on leur en attribuera un rapidement. Il sera toujours temps de chercher à nouveau du travail.

Les quatre premiers mois du spectacle « Petites femmes de Paris » à Casablanca sont un grand succès, la salle est comble tous les soirs. Maryse est épuisée. Elle peine à récupérer entre chaque représentation. Elle doit aux bons soins de Marcel, l'homme à tout faire de la troupe, ces gouttes de laudanum qui calment ses douleurs musculaires. Comment se procure-t-il les petites fioles de verre brun ? Peu importe, l'effet antalgique est miraculeux et elle peut ainsi tenir spectacle après spectacle. Il lui a fait également découvrir le kif, ce mélange local de tabac et de chanvre indien qui dissipe ses chagrins et sa solitude la nuit venue.

Comment Maryse pourrait-elle se douter que ce garçon si attentionné pour toutes les danseuses et qui sait tout faire, y compris adoucir les peines de cœur, rend compte très régulièrement de tous ses faits et gestes à Marguerite Fosse ? Chaque semaine, il rédige un compte rendu circonstancié qu'il envoie par la poste. En retour, il reçoit quelques « recommandations » de cette dernière, accompagnées de discrets chèques au porteur qui dédommagent très grassement ce menu service.

Septembre 1934. Il pleut sur Paris. Les micas des marches de métro que Jean dévale scintillent sous les averses. Il est heureux : il a retrouvé ses habitudes, ses copains, son chapeau. La Madeleine, pour une fois, n'a rien dit et s'est pliée à son désir de retour en France. Elle a évidemment tu que sa liaison avec le négociant non seulement battait de l'aile, mais encore était devenue la risée de la petite communauté des colons qui fréquentaient l'épicerie et en faisaient des gorges chaudes. Le couple s'est vu attribuer un logement qui leur semble immense avec ses trois chambres desservies par un long couloir coudé. Un deuxième étage sans ascenseur dans un de ces immeubles flambant neuf où ils sont locataires. S'ils le souhaitent, plus tard, ils pourront en devenir propriétaires. Les gosses ont été mis en garde chez une nourrice pour que leurs parents aillent travailler. Jean dans une entreprise de bâtiment où il est manœuvre, Madeleine dans l'épicerie coopérative de leur nouveau domicile rue Charles et Robert. Elle rend parfois visite à sa petite sœur Denise rue de Reuilly ou bien, le dimanche, fait venir la jeune fille pour garder ses enfants pendant qu'elle va passer la journée à se promener. S'il fait beau, Jean et Madeleine vont au bois de Vincennes et quand il pleut, ils vont au Louxor, ce cinéma de Pigalle où Madeleine a travaillé un temps.

À Casablanca, il fait encore chaud. Ce soir, Maryse ne se sent pas très bien avant d'entrer en scène. Vaguement nauséeuse, la vue un peu trouble, elle sent poindre cette fichue douleur très mal venue aux reins. Ce n'est vraiment pas le moment… De plus, le talon gauche de sa chaussure de satin blanc semble très instable. Elle cherche Marcel, qui rôde dans les coulisses, prêt à intervenir en cas de besoin.

—Ah, tu es là, Dieu soit loué ! Vite, donne-moi quelques gouttes de ta potion magique, sinon, je ne vais pas y arriver. Tu peux fixer le talon de mon soulier ? J'ai l'impression qu'il ne tient plus… Il ne me reste que cinq minutes avant mon entrée, fais vite, je t'en prie !

Elle prend pour un sourire bienveillant le rictus qu'affiche le garçon. Il ne lui répond pas, s'éloigne un instant pour revenir avec un verre qu'il lui tend. Elle en avale d'un trait le contenu. En dépit de la cannelle qui doit en atténuer le mauvais goût, elle grimace en l'éprouvant au palais. Mais l'effet est rapide, elle sait que lorsqu'elle montera sur scène, la douleur se sera déjà estompée. Elle pourra danser sans plus se préoccuper de son corps qui réclame toujours davantage le breuvage auquel il s'est habitué. D'autant plus que Marcel augmente régulièrement le nombre des petites gouttes ambrées et délétères, suivant les instructions de Madame Fosse.

— Et mon talon ? demande-t-elle à Marcel, qui a fait discrètement disparaître le flacon dans une de ses poches.

— On n'a plus le temps, ça va être à vous. Tu n'as qu'à faire attention, ne prends pas trop appui dessus, ça tiendra bien pour ce soir.

Maryse rejoint sa place dans la rangée des girls qui s'élancent sous les feux des projecteurs et les applaudissements nourris d'un public déjà conquis. L'orchestre a entamé la version arrangée de la célèbre chanson « *Amusez-vous* » sur laquelle les filles enchantent les spectateurs en levant haut la jambe, découvrant sous leurs costumes pailletés et emplumés de jolis dessous affriolants. Une chorégraphie millimétrée, dans laquelle l'ensemble parfait des gambettes est du plus bel effet. Gauche, droite, gauche, droite… L'assistance composée de nombreux messieurs est très enthousiaste. Ils marquent le rythme en frappant dans leurs mains. Les filles leur sourient, lancent des œillades, attisant plus encore leur allégresse.

Soudain, Maryse ressent une douleur fulgurante, comme un coup de couteau. Tandis que le poids de son corps reposait sur son pied gauche, le talon de sa chaussure s'est cassé net. Sa cheville aussi. C'est alors le trou noir. Elle s'effondre sur le parquet de la scène, évanouie.

8

Le 2 août 1934, le vieux feld-maréchal Paul von Hindenburg s'éteint à l'âge de quatre-vingt-sept ans. Hitler décide alors de s'arroger les pleins pouvoirs en fusionnant les fonctions de chancelier et de président du Reich. Le 19 août 1934, il se fait appeler *Führer* : le guide. Sans que cela n'émeuve particulièrement le citoyen français, l'Allemagne est devenue un état totalitaire.

À la fin de ce même mois d'août, ce n'est qu'avec Marie-Rose et Paul que Maryse a fêté son trentième anniversaire après le spectacle. Elle a soufflé tristement les bougies que son amie avait allumées sur les gâteaux marocains regorgeant de miel. Paul était allé les acheter spécialement à la célèbre pâtisserie Bennis, dans le quartier des Habous. Elle se morfond, tente de faire bonne figure, mais sans aucune nouvelle de Pierre ni de sa petite fille, elle est très mélancolique. Chaque matin, le réceptionniste de l'hôtel lui indique qu'elle n'a rien reçu, avant même qu'elle ne le lui ait demandé.

Ce soir-là, elle accepte de se laisser entraîner au bar de l'hôtel. Trois heures plus tard, elle s'effondre sur son lit, raccompagnée et soutenue par Paul et Marcel qui les a rejoints. L'alcool a fait son œuvre : elle s'endort immédiatement. Les deux hommes la recouvrent d'une couverture et sortent sans même prendre la précaution de ne pas faire de bruit.

20 septembre 1934, à Bordeaux. Il est bientôt midi. Les parents Fosse prennent l'apéritif dans le salon, fenêtres grandes ouvertes sur le bruit de la rue et un soleil encore généreux. Un doigt de porto pour elle, un mêlé-cass pour lui qu'ils sirotent de concert avec des mines gourmandes.

Marguerite a soigneusement rangé le courrier arrivé ce matin dans le secrétaire de son bureau qu'elle a refermé à clé. Elle lira plus tard les quelques lettres tranquillement, lorsque son fils sera parti faire sa promenade en ville. Il apparaît, le cheveu hirsute, les yeux cernés, la bouche pâteuse après une nuit encore passée à boire. Sa mère constate avec anxiété qu'il a maigri malgré le soin qu'elle apporte aux repas familiaux auxquels il touche à peine. Ses yeux ont perdu leur éclat. Il traîne ses idées noires et sa tristesse devenue constante de bar en bar, pour s'occuper, s'enivrer et oublier. Ses amis de bamboche se sont éloignés, il est dorénavant interdit de casino et les joueurs de poker ne l'acceptent plus à leurs tables. Pourquoi Maryse ne lui écrit-elle jamais ? L'a-t-elle déjà oublié ? Pire : remplacé ? Seule sa petite fille lui redonne le sourire lorsqu'elle vient à la maison. Plus elle grandit, plus elle est jolie et vive. Elle est le portrait craché de sa maman, ce que Marguerite réfute, lui trouvant une ressemblance frappante avec la mère de son mari.

— Tu devrais aller faire un peu de toilette et t'habiller, mon fils. Nous t'attendons pour déjeuner.

— Pas de courrier aujourd'hui ? demande Pierre à sa mère, comme chaque jour.

— Tu imagines bien que si tu en avais reçu, je te l'aurais fait porter immédiatement !

Pierre opère lentement un demi-tour, se dirige vers la salle de bains, le dos voûté, traînant les pieds et ce chagrin qui lui enserre désormais la gorge en permanence.

Casablanca, le 15 septembre 1934.
Pierre, mon grand amour,
C'est de ma chambre d'hôtel où je suis enfermée depuis maintenant plus de trois semaines que je t'adresse ce nouveau courrier. Pourquoi ne réponds-tu pas à mes lettres ? Je suis dans la souffrance et le désespoir. Tout d'abord, de ne rien savoir de toi, ni de notre petite Jacqueline. Vous me manquez atrocement. Ensuite, parce que ma cheville cassée me lance à la suite de cet accident stupide. Jamais plus je ne pourrai danser. Figure-toi qu'à cause d'un talon de chaussure qui a cédé, la malléole s'est fracturée net, en pleine représentation. Je ne me souviens que de cette douleur foudroyante qui m'a fait perdre connaissance au beau milieu du spectacle. Je ne sais pas comment on m'a extraite de la scène, mais quand je suis revenue à moi, on m'avait transportée dans une loge, où un médecin dépêché par notre cher homme à tout faire, notre dévoué Marcel, a posé le terrible diagnostic. À présent, je suis cantonnée dans ma chambre, sans pouvoir poser le pied par terre pendant un mois. Ensuite, si tout va bien, je pourrai commencer à marcher avec des cannes. J'espère qu'un peu plus tard, je pourrai regagner la France et vous retrouver, ma Jacqueline et toi, mes amours. De plus, tu te doutes que je ne perçois plus de salaire puisque j'ai été licenciée de la troupe. Mon séjour à l'Excelsior coûte cher, mes économies fondent comme neige au soleil. Si tu pouvais me faire parvenir un peu d'argent, cela m'aiderait beaucoup, car j'ai mis de côté la somme nécessaire pour payer mon billet de retour et je ne veux surtout pas y toucher. Pas plus que je ne veux accepter l'aide de mes deux bons camarades Marie-Rose et Paul qui viennent me rendre visite les jours de relâche. Sans eux et Marcel qui prend soin de moi, je me sens si seule. Parfois, je me

demande si mes courriers te parviennent. Je t'en prie, donne-moi de tes bonnes nouvelles. Que j'ai hâte de vous retrouver ! En attendant, je te serre dans mes bras et t'envoie mes plus doux baisers. Dis à Jacqueline que sa maman l'embrasse très fort et rentrera bientôt.
Ta Maryse.

Après avoir lu la lettre dont le feuillet simple porte l'en-tête de l'hôtel Excelsior, Marguerite Fosse la déchire méthodiquement en petits morceaux avant d'aller la faire disparaître dans la poubelle de la cuisine.

Depuis le départ de la poule de son fils, elle a ordonné à la petite bonne de lui apporter chaque matin en main propre tout le courrier qui est distribué à la maison, y compris celui destiné à son fils. Il ne manquerait plus que cet idiot éprouve l'envie de revoir la Maryse. Ou de lui envoyer de l'argent, que s'imagine-t-elle, cette fille de rien ? Qu'elle reviendra en espérant encore prendre une place qu'on ne lui a jamais accordée dans la famille ? Heureusement, Marguerite reçoit aussi régulièrement les rapports de Marcel, son homme de main à Casablanca. Les dernières nouvelles sont plutôt bonnes de son point de vue, comme elle vient de le lire dans le courrier que la danseuse a écrit à Pierre. Elle se félicite d'avoir placé ce pion-espion au moment du départ de la troupe dans laquelle elle a fait engager la jeune femme. Il a suffi qu'elle amadoue une ou deux relations de son mari qui connaissaient bien le petit monde du music-hall pour que le garçon qui, justement, cherchait du travail, soit embauché comme factotum. Un peu cher, mais efficace, régulier, digne de confiance pourvu qu'on sache se montrer généreux.

Il va maintenant falloir mettre tout en œuvre pour empêcher le retour de la petite grue. Finalement, cette cheville cassée va le retarder, et qui sait, l'empêcher définitivement ? À toute chose malheur est bon. Elle se dirige en souriant vers son secrétaire en bois de rose, prend son Waterman à encre bleue et se met à écrire : *Bonjour Marcel…*

En Algérie, Madeleine s'est constitué pour elle seule un petit bas de laine en cachette de Jean. De retour en France, si elle économise sur tout, elle a toujours en tête les idées qu'elle s'est forgées d'un luxe qui la fait fantasmer mais semble inaccessible : posséder une voiture. Comme sa sœur aînée sur la photo qu'elle lui avait envoyée de Monaco. Ses gosses mangent beaucoup de pommes de terre, les vêtements du plus grand resservent au plus petit, les chaussures sont usées jusqu'à plus soif et on reprise les chaussettes. S'ils se plaignent d'avoir mal aux pieds, une torgnole leur remet les idées à l'endroit. Un beau jour, elle n'y tient plus et se décide. Le prétexte est tout trouvé : l'anniversaire de son mari. Il sera forcément enchanté du cadeau qu'elle compte lui faire, mais qui ne flattera que ses propres désirs : accéder à ces marqueurs sociaux qui ne sont pas les siens. En d'autres termes, Madeleine ne rêve que de péter plus haut qu'elle n'a le derrière.

Elle se rend dans un garage, les yeux brillant de concupiscence devant ce modèle de Traction qui lui apparaît comme un Graal à atteindre. Qu'elle est belle cette Citroën ! Sous la lumière, sa peinture noire et ses chromes étincellent, lui font de l'œil. Le vendeur aussi, et elle en joue pour marchander pied à pied et trouver l'arrangement qui lui permet d'acquérir immédiatement le véhicule tant convoité. Elle signe le contrat de vente à tempérament, verse en espèces les deux premières traites sur lesquelles elle est parvenue à obtenir un rabais de quinze pour cent. Elle accepte aussi un rendez-vous avec ce Georges qui l'a séduite dans son beau costume trois-pièces à rayures et son incroyable bagou. Il porte au doigt une belle chevalière qui doit valoir son pesant d'or. Tiens, il faudrait que Jean, un jour en ait une aussi. La bague forme un gros carré sur lequel sont gravées les lettres G et L entrelacées et qui recouvre la première phalange du petit doigt. Madeleine trouve cela du dernier chic, tout comme la chevelure brune disciplinée à la Brillantine de son vendeur, et sa petite moustache à la Errol Flynn. Elle accepte de le revoir bientôt. Et peu importe qu'il soit petit, il la dépasse quand même d'une demi-tête. La prochaine fois, elle portera des souliers plats. Parce qu'il y aura une prochaine fois…

Seule dans sa chambre, Maryse pleure. Elle se déplace désormais avec des cannes anglaises, et si Marcel ne lui apporte pas sa dose quotidienne de laudanum, elle souffre toujours. Ses deux seuls amis sont très occupés : le réveillon du jour de l'an donnera lieu cette nuit à des festivités particulières et toute la troupe est sur le pont. Elle s'est approchée de la fenêtre, contemple la joyeuse agitation qui règne dans la ville illuminée pour fêter l'arrivée d'une année nouvelle. Que fait Marcel ? Lui aussi, le pauvre, doit être très sollicité, tout doit être parfait pour le spectacle. Il n'est pas venu aujourd'hui et elle se sent très mal. Heureusement, il lui reste un peu de kif. Elle fume lentement, aspirant à pleins poumons la fumée lénifiante et pernicieuse. Elle sombre dans un sommeil lourd, peuplé d'images de Jacqueline riant aux éclats sous le soleil monégasque suivies de cauchemars dans lesquels Marguerite Fosse la menace avec un étrange revolver en forme de soulier sans talon.

Ce 2 janvier 1935, Marie-Rose et Paul viennent rendre visite à Maryse pour lui souhaiter une bonne année. Ils la trouvent couchée en dépit de l'heure avancée de l'après-midi. Elle est très pâle, ses joues semblent creusées. Ses yeux, pleins de larmes prêtes à déborder, brillent comme si elle avait de la fièvre. Aux questions de ses amis, elle répond comme une enfant prise en faute, avouant qu'elle n'a rien mangé depuis deux jours. Habituellement si coquette et toujours soignée, elle n'a visiblement pas fait de toilette. Ses cheveux n'ont pas dû croiser de brosse depuis un certain temps et elle n'est vêtue que d'un vêtement de nuit à la propreté douteuse. Ses camarades échangent dans son dos des regards inquiets et interrogateurs : que faire pour la sortir de ce marasme ? C'est alors qu'elle demande à Marie-Rose de lui apporter le petit coffret qu'elle serre dans la penderie, dissimulé derrière ses vêtements. La jeune femme s'exécute. Maryse ouvre la jolie boîte marquetée de nacre dont elle extrait une bague ornée d'un rubis cœur-de-pigeon, une montre Cartier sertie de diamants et un bracelet très large en or guilloché. Des cadeaux de Pierre, auxquels elle tenait comme à la prunelle de ses yeux. Elle les confie à Marie-Rose, lui demandant de les vendre pour elle. Elle est aux abois, sans plus de ressources, ses économies épuisées trop vite. Monsieur Baldrati, le directeur de l'hôtel, ne badine pas avec la note hebdomadaire à payer. Avec ce que devraient rapporter ses bijoux, peut-être pourra-t-elle tenir un mois sans devoir déménager, et enfin pouvoir regagner son pays et les deux seuls êtres qui sont sa raison de vivre. Elle a déjà acheté son billet de retour sur le même paquebot que celui qui l'a amenée à Casa. Pour se donner du courage, elle le garde bien en vue sur sa table de nuit, à côté d'une photo de sa fille. Elle y dépose aussi son petit agenda relié de cuir noir dans lequel elle décompte les jours.

Tandis que Marie-Rose et Paul repartent, désolés pour leur amie, ils croisent Marcel dans le hall. Le garçon marche en se tenant très droit, jetant sur le monde alentour les regards méprisants de ceux qui sont fort satisfaits d'eux-mêmes. Il s'arrête pour saluer le couple. Paul émet un sifflement étonné en le dévisageant. Il l'apostrophe :

— Ben dis donc, mon cochon ! Tu te mouches pas du pied ! T'as gagné à la loterie ? On dirait un acteur américain…

Paul n'a jamais eu la moindre sympathie pour ce type. Marcel est en effet vêtu très élégamment. Il arbore un costume grège sur une chemise blanche dont le col est négligemment ouvert. Un pantalon large à revers couvre à demi des brogues marron glacé aux motifs géométriques. Enfin, un fedora qu'il porte incliné sur un côté du crâne, achève de lui donner ce faux air de mauvais garçon de cinéma qui lui va comme un gant. Quand il se tient dans les coulisses, ses vêtements sont plus simples et décontractés : une chemise à carreaux et un pantalon de flanelle un peu fatigué. Le contraste est d'autant plus saisissant pour ses collègues, habitués à son style passe-partout. S'il n'a pas gagné à la loterie, c'est grâce aux confortables liquidités que Marguerite Fosse lui fait parvenir « pour ses frais » qu'il vient de refaire sa garde-robe.

—Merci du compliment, camarade ! J'ai une marraine en France qui se montre toujours prodigue avec moi pour Noël, depuis que je suis tout petit, ment-il effrontément. Elle est de Bordeaux.

—Comme notre amie Maryse, ajoute Marie-Rose, ignorante des origines normandes de son amie. Tu viens la voir ?

—Oui, je crois qu'elle ne va pas très bien.

—Non, elle a besoin de réconfort, c'est bien que tu sois là. Elle se languit de son pays, de sa fille et de son compagnon.

—Je la comprends. Moi aussi je commence à en avoir assez du Maroc et je vais envisager sérieusement de rentrer à la maison, répond Marcel. Après tout, on trouvera toujours un gars pour me remplacer au théâtre...

Lorsqu'après avoir frappé deux coups discrets à la porte Marcel entre dans la chambre de Maryse, il ne peut que constater qu'elle se laisse aller et n'a pas bonne mine.

—Marcel ! Que je suis contente de te voir ! s'exclame-t-elle avec un pauvre petit sourire. J'ai cru que tu m'avais oubliée. Tu as mon calmant ? Je n'en peux plus.

—Ce n'est pas très gentil, comment t'oublier ? Avec le réveillon au théâtre, ensuite avec toute la troupe, j'ai été bien occupé, tu t'en doutes.

Il s'est approché d'elle, l'embrasse sur le front comme le ferait un gentil grand frère affectueux. Il sait qu'il a gagné sa confiance, il en joue tout en surjouant ce rôle qui peu à peu s'est imposé de lui-même. Il extrait de sa poche la petite fiole brune, devenue objet de convoitise pour la jeune femme, la lui passe devant les yeux.

— Oh, merci. J'en ai besoin, tout de suite s'il te plaît...

— Ma pauvre chérie, dit-il, compatissant, tu as toujours mal ? Je vais te préparer ton remède. Après, ça ira mieux.

Il s'éloigne, va dans la salle de bains. Ainsi, il lui tourne le dos, elle ne peut voir ce qu'il fait. Suivant les instructions de sa « marraine » bordelaise, il triple la dose du produit opiacé dont il compte les gouttes qui tombent dans le verre. Pour faire bonne mesure, il ajoute un trait supplémentaire, sans compter, juste en appuyant sur le petit bout en caoutchouc du compte-gouttes. Il mélange avec un peu d'eau, revient vers la jeune femme à laquelle il tend le verre. Elle en avale le contenu, grimace.

— C'est de plus en plus amer, pouah...

— C'est une idée que tu te fais, tiens, mange une orange, ça te passera le goût, lui répond-il en épluchant le fruit qui embaume soudain la chambre.

Après avoir avalé difficilement deux ou trois quartiers, Maryse repousse le reste de l'agrume odorant. Marcel lui parle, lui raconte la fabuleuse Saint-Sylvestre qu'il a passée, le spectacle, les gens, le menu. Quelques minutes plus tard, la jeune femme donne les signes évidents d'une somnolence irréfrénable. Ses pupilles se sont amenuisées avant que ses yeux ne se ferment et qu'elle murmure d'une voix quasi inintelligible qu'elle a froid. Marcel rajuste ses oreillers, l'installe plus confortablement, remonte sa couverture d'où émergent ses jolies mains fines dont elle n'a même pas verni les ongles. Il est si gentil, tellement attentionné ! Avant de sombrer, Maryse songe qu'elle a eu bien de la chance de le rencontrer.

Constatant qu'elle s'est endormie, Marcel reste un moment à la regarder. Il pose la main sur son front qu'il trouve froid et moite. Sa respiration, entrecoupée de ronflements, est devenue très lente et ses lèvres ont pris une teinte légèrement bleutée, comme ses ongles. Réalisant soudain que quelque chose ne va pas, il la secoue un peu, l'appelle pour essayer de la réveiller, en vain. Il s'approche de son oreille, crie littéralement son nom, sans résultat. Le souffle de la jeune femme émet des sons étranges, comme des gargouillements. Marcel prend peur. Il fait du regard le tour de la chambre pour revenir à la table de chevet. Une photo de Jacqueline est posée dans un cadre doré, à côté d'une petite boîte à bijoux, du carnet et du billet de la Compagnie générale transatlantique dépassant de son enveloppe blanche au logo de la société maritime.

Il ouvre le coffret qui ne contient plus que quelques fantaisies, une broche Burma, une chaîne en or avec une médaille. Il s'en saisit et la range soigneusement avec le précieux billet dans la poche intérieure de son veston. Enfin, juste avant de partir, une idée lui vient : il glisse sous une des mains de la jeune femme la petite fiole brune. Il sort avec précaution de la chambre après s'être assuré que le couloir est désert. Il referme doucement la porte derrière lui, descend par l'escalier pour ne pas emprunter l'ascenseur. Enfin, le chapeau rabattu sur les yeux, la tête baissée, il se dirige vers la sortie. Une fois dans la rue, il hèle un taxi à qui il demande de l'emmener près du port. Il a ses habitudes dans un bar où il croise des marins et des passagers de tous horizons avec lesquels il aime bavarder. Ses mains tremblent légèrement quand il prend au comptoir le verre de whisky qu'il avale d'un seul trait avant d'en demander un deuxième.

Le surlendemain, seule, inquiète pour Maryse, Marie-Rose s'échappe de la répétition de la nouvelle revue à venir pour aller prendre des nouvelles de son amie et lui remettre la somme qu'a rapportée la vente de ses bijoux. Elle frappe plusieurs fois à la porte de la chambre 326 sans obtenir de réponse. Elle tente d'ouvrir, sans trop d'espoir car la jeune femme a pour habitude de fermer à clé de l'intérieur. À sa grande surprise, la porte s'ouvre. Maryse semble dormir. Marie-Rose s'approche. Elle est frappée par la lividité du visage et la couleur bleue des lèvres de la jeune femme. Elle se penche pour poser la main sur le front, l'enlève bien vite au contact glacé de la peau. La poitrine ne se soulève pas, plus aucun souffle ne s'échappe de la bouche entrouverte. Marie-Rose recule, les yeux agrandis d'effroi, une main sur la bouche pour s'empêcher de crier. Elle ressort en trombe pour aller chercher de l'aide.

Monsieur Baldrati en personne la suit aussi vite que le lui permettent ses courtes jambes et son asthme qui lui donne une respiration sifflante. Il ne peut que constater le décès de sa cliente. Très fâcheux, ce sera une bien mauvaise réclame pour son établissement, il faut agir vite. De plus, elle n'a pas payé sa note cette semaine. Contrarié au plus haut point, il verrouille la porte, entraîne Marie-Rose qui pleure à chaudes larmes et tremble de tout son corps jusqu'à la réception. Il appelle la police, demande à parler au commissaire Berrada à qui il explique brièvement la situation. Il donne ensuite des instructions pour que le policier, dès son arrivée, soit immédiatement conduit à son bureau. C'est une vieille connaissance, il sera arrangeant. Surtout avec la liasse de billets qu'il glisse dans une enveloppe à l'intention de ce bon camarade. Il fait installer l'amie de la défunte au bar et ordonne qu'on lui serve un thé à la menthe.

—Pas d'effraction, apparemment pas de vol… Oh, mais, c'est un flacon de laudanum, ça ! Et ces lèvres bleues, ça m'a tout l'air d'être un suicide par surdose d'opium.

Le commissaire a tout de suite repéré la fiole dans la main de Maryse. Monsieur Baldrati est de plus en plus ennuyé. Quelle idée de se donner la mort dans son hôtel ! Tout ce qu'il espère, c'est que la presse ne sera pas informée et qu'il pourra très vite récupérer sa chambre, après qu'on l'aura débarrassée de cet encombrant cadavre. C'est sans compter sur les bavardages du personnel.

— Ne t'inquiète pas, Baldrati, rassure le commissaire en tapotant avec un clin d'œil la poche de sa veste dans laquelle il a vite fait disparaître l'enveloppe reçue quelques instants plus tôt. Les choses sont évidentes et je ne demanderai pas d'autopsie. Je vais juste t'envoyer un médecin pour le constat du décès, et faire expédier le corps à la morgue. Cette femme avait de la famille ?

— Je n'en sais rien, il faudrait demander à son amie. C'est elle qui l'a trouvée. Elle est en bas, tu peux l'interroger.

— Eh bien, allons voir l'amie… Et ne t'en fais pas, ce n'est qu'un banal suicide. Considère que mon enquête sera vite bouclée.

9

Paris, 15 janvier 1935. Au petit matin, les derniers bambocheurs croisent les premiers ouvriers qui partent au travail. La France est insouciante : la nuit, on se grise jusqu'à l'aube dans les cabarets. Les music-halls font salle comble. Plus encore dans la capitale où l'on danse, on rit et on ne pense qu'à s'amuser. Rue Fromentin, on s'étourdit de musique tzigane et de vodka chez les Russes du Monte Cristo, ou bien de jazz manouche à Pigalle. On s'évade aussi parfois vers d'artificiels paradis dans l'une ou l'autre des mille deux cents fumeries d'opium que compte la capitale.

6 h 30. Le réveille-matin émet une sonnerie stridente et prolongée. Madeleine tend la main pour l'assommer, les tympans heurtés par la soudaineté et la force du son aigu émis par la petite pendule. Jean est déjà parti, comme tous les matins. Il embauche très tôt sur son chantier. C'est bien ainsi, elle n'a pas à répondre à ses questions. Elle est rentrée très tard la nuit dernière. Elle s'étire voluptueusement, avec en tête la mélodie de *Je n'ai qu'un cœur à vous offrir* que chantait Germaine Sablon sur la scène du Trône où Georges l'a emmenée pour leur premier rendez-vous. Il n'a pas lésiné en lui offrant ce spectacle dont elle rêvait, elle adore cette artiste. Elle en connaît par cœur les chansons diffusées à la TSF. Quelle soirée ! Il y avait du beau monde en plus. Georges

lui a fait remarquer un très bel homme à l'allure de baroudeur et à l'épaisse chevelure brune et bouclée, bien qu'elle ait déjà louché sur lui, un certain Joseph Kessel dont elle n'a jamais entendu parler. Un écrivain et journaliste paraît-il, qui était accompagné d'une ravissante jeune femme blonde au type slave et à la silhouette de mannequin. Quand Madeleine lit, ce ne sont pas des livres, mais *Détective*, journal dans lequel elle se régale de sordides faits divers.

Elle était un peu pompette en sortant et n'a pas opposé de résistance à son compagnon quand il l'a entraînée dans ce petit hôtel non loin du cabaret. Ils s'y sont aimés longuement, avant qu'elle ne reprenne ses esprits et file, telle cendrillon car l'heure avait largement tourné.

Elle se lève en soupirant. Il faut réveiller les mioches, les habiller et les déposer chez la nourrice qui les emmènera à l'école, aller travailler. En passant devant la loge, elle prend le courrier que le facteur a distribué à dix-sept heures la veille. Une lettre l'attend dont l'enveloppe porte un timbre marocain. Toutefois, elle ne reconnaît pas l'écriture de sa sœur, ce qu'elle trouve étrange. Aussi, après avoir laissé les enfants s'arrête-t-elle sur un banc, malgré le froid pour ouvrir le pli.

Il contient deux feuillets de papier bible, cette fine pelure que l'on utilise pour les envois postaux par avion. Le texte a été tapé à la machine. Ce qu'elle lit alors lui coupe littéralement le souffle.

Paul Lasry, Hôtel Excelsior
Casablanca, le 10 janvier 1935
Madame,
J'ai adressé ce jour à M. et Mme Fosse à Bordeaux le même courrier que celui je vous écris pour vous faire part du décès de votre pauvre sœur Maryse. J'étais, avec Mademoiselle Marie-Rose Jeulin, le meilleur camarade de votre regrettée sœur et nous nous sommes occupés tous deux

avec le concours de quelques amis de son enterrement et des formalités. Par suite des circonstances exceptionnelles de son décès, Monsieur le commissaire de police a fait mettre les scellés sur la chambre que votre sœur occupait à l'Excelsior le temps de l'enquête. Elle a été vite bouclée, les causes de la mort ayant été attribuées à une absorption massive de stupéfiants. Monsieur le commissaire m'a chargé de me mettre en rapport avec vous afin de savoir ce que vous désirez faire des affaires de Maryse.

Vous estimerez sans doute que ma lettre est tardive, mais je n'ai trouvé votre adresse que récemment, en consultant ce petit carnet que Maryse conservait sur sa table de nuit. Votre sœur n'a laissé, sauf une centaine de francs en espèces, que quelques bijoux fantaisie de peu de valeur, son linge (robes et manteaux) ainsi qu'une fourrure (martre). Elle devait en outre à l'hôtel 600 francs qu'il s'agirait de payer. Vous voudrez bien avoir l'obligeance de m'indiquer par retour de courrier ce que vous comptez faire : désirez-vous que le tout vous soit adressé ou bien soit vendu pour régler la note de l'Excelsior, par l'intermédiaire d'un curateur désigné par M. le commissaire de police, et que le solde, s'il devait y en avoir un, vous soit adressé ?

Peut-être aimerez-vous opter pour la première solution afin de conserver quelques souvenirs de Maryse ?

Je me tiens, Madame, à votre entière disposition pour exécuter la décision que vous jugerez utile de prendre.

Je me permets respectueusement de vous demander de bien vouloir nous donner, à Marie-Rose et à moi-même quelques-unes des photos d'art qui se trouvent également parmi ses effets.

Votre pauvre sœur a été inhumée au cimetière catholique Ben Sik de Casablanca, carré 8 rang 4, tombe 6, pour une durée de 5 ans qu'il vous appartiendra de renou-

veler. Dans l'attente de vous lire, je vous prie d'agréer, Madame, mes salutations respectueuses et mes condoléances les plus sincères. Paul Lasry.
P.S. : Je vous serais obligé de bien vouloir me répondre au plus tôt car l'hôtel Excelsior désire avoir la libre disposition de la chambre dans les plus courts délais.

Ainsi sa sœur est morte ? Un suicide, certainement... Quelle horreur ! Pourquoi ? Madeleine est partagée entre le chagrin, très passager, et la déception. Elle s'était imaginé que Maryse était une vedette qui roulait sur l'or. Las ! Cet inconnu, « meilleur camarade » de la danseuse, la prie de décider rapidement afin de payer les dettes que son aînée a laissées derrière elle ! Elle aimerait bien récupérer la fourrure, ce serait bath, comme les bijoux. Maryse n'avait-elle pas quelques pièces de valeur ? Ce Paul et cette Marie-Rose ne se seraient-ils pas servis en douce ? Comment savoir maintenant ? Les mots « commissaire, enquête » lui font un peu peur mais cela laisse supposer que les choses ont été faites dans les règles. Puisqu'il s'agit de payer l'hôtel, il va bien falloir qu'elle accepte la vente des quelques effets de sa sœur. Il ne manquerait plus qu'on lui demande de régler la note. D'ailleurs, qui a payé les frais d'obsèques ? Lasry ne le dit pas. Lui peut-être ? Elle se gardera bien de le lui demander, hors de question de le rembourser s'il le fallait. Elle se compose un visage de circonstance pour aller annoncer la « triste nouvelle » à sa patronne, œil larmoyant et mouchoir à la main. Elle aimerait pouvoir prendre sa journée en raison de ce deuil soudain et des formalités qu'elle doit accomplir.

Elle rentre chez elle, répond à Paul Lasry qu'elle prie de faire vendre ce que Maryse a laissé et d'épurer ce qu'elle devait à l'Excelsior. Elle le remercie de ce qu'il a fait et fera encore pour sa « pauvre sœur » dont la mort lui déchire le cœur. Il peut garder les photos d'art, à condition de lui en faire parvenir quelques-unes. S'il pouvait toutefois lui envoyer les bijoux ? Elle rédige l'enveloppe, se rend au bureau de poste pour expédier sa missive. Elle ira plus tard annoncer la nouvelle à Denise. Après tout, la plus jeune des trois sœurs n'a pas beaucoup connu leur aînée, cela peut attendre. Comme sa patronne, devant ses yeux rougis et ses sanglots retenus lui a accordé sa journée, elle va pouvoir rejoindre Georges et passer avec lui un agréable moment, totalement imprévu. Il sera ravi, et l'entraînera sûrement dans son bureau, qu'il refermera à clé derrière eux.

Pendant ce temps, à Casablanca, la vie et le spectacle doivent continuer. Marie-Rose, est encore triste et sous le choc de la découverte du corps sans vie de Maryse. Heureusement, Paul l'a soutenue et ils ont fait face ensemble à tous les tracas que le décès de la jeune femme a occasionnés. Sans rien dire ni aux Fosse ni à Madeleine, c'est avec l'argent de la vente des bijoux dont son amie l'avait chargée qu'ils ont pu organiser des obsèques décentes, avec un joli cercueil doublé de satin rose. Ils ont même réussi à faire venir un curé pour accompagner leur amie jusqu'à sa dernière demeure, bien que la rumeur du suicide se soit vite répandue et ait même fuité dans la presse locale qui a rapporté ce décès inhabituel. *Le Petit Marocain* avait ainsi rédigé un entrefilet au titre racoleur en une :

LE CADAVRE D'UNE JEUNE FEMME EST DÉCOUVERT DANS UNE CHAMBRE D'HÔTEL

******

Le corps d'une jeune femme de trente ans a été découvert hier, dans une chambre d'un grand hôtel de la ville. Comme cette jeune femme n'avait pas été vue depuis deux jours, on entreprit d'ouvrir sa porte. On ne trouva qu'un cadavre. Un médecin mandé d'urgence conclut à une mort naturelle. Il s'agit d'une danseuse qui, du reste, n'exerçait plus sa profession depuis quelque temps. Les services de police continuent leur enquête…

Ils avaient été peu nombreux à assister à l'enterrement, et on remarqua l'absence de Marcel qui avait été si dévoué. Sans doute avait-il éprouvé trop de chagrin. En revanche, la présence d'un policier, dépêché par le commissaire Baldrati pour observer l'assistance, sembla déplacée. Le soir même, tous ceux qui étaient au cimetière souriaient et dansaient sur scène.

Bordeaux, un mois plus tard. Marguerite Fosse est dans son bureau, occupée à ses comptes. La bonne l'interrompt :

— Madame, un monsieur demande à vous voir.

— Eh bien ma fille, faites entrer. J'attends justement…

L'homme qui a suivi la domestique la bouscule légèrement et entre avant même d'en avoir été prié. Il ôte cérémonieusement son chapeau, un sourire railleur au coin des lèvres. Marguerite écarquille des yeux ronds et fronce le nez. Le visiteur dégage un puissant effluve d'eau de Cologne bon marché

— Marcel ? Que faites-vous ici ? Nous n'avons rien à nous dire !

— Je n'en suis pas certain, Madame, répond le garçon, s'affalant dans un fauteuil sans y avoir été invité non plus, face à son interlocutrice. Avez-vous appris à votre cher fils le fâcheux décès de Maryse Doré ? Ça a dû le contrarier, non ? Que penserait-il des instructions que vous m'avez envoyées s'il venait à les découvrir ? Vous noterez que je les ai suivies à la lettre, pour vous servir, ajouta-t-il, simulant une courbette en inclinant le buste, une main sur le cœur. D'ailleurs, en parlant de lettres, je conserve précieusement toutes celles que vous m'avez adressées…

— Taisez-vous ! Je ne vois pas de quoi vous voulez parler, et de toute façon, nous sommes quittes.

— Tiens donc, comme vous y allez, ma p'tite dame ! Justement, je vous ai apporté là une coupure du journal de Casablanca où j'étais encore le mois dernier. Voyez-vous, même la presse a parlé de la mort de cette femme. Je vous l'ai dit, je suis conservateur, et c'est sans doute là une de mes qualités.

Comme j'aime faire plaisir, j'ai pensé que vous seriez contente de récupérer vos courriers. Je vous les remettrai avec joie en contrepartie de leur juste valeur, évidemment.

Il fait jaillir de la poche intérieure de son veston quelques enveloppes. Il les exhibe fièrement devant Marguerite, tel un magicien un jeu de cartes qu'il déploie en éventail. Elle devient brutalement livide.

— Pas question, je vous ai déjà grassement rétribué et…

— Chère petite Madame, vous n'ignorez pas combien la vie est chère quand on revient incognito du Maroc, la coupe-t-il en souriant largement, et de plus, si ces « documents » arrivaient entre certaines mains, celles de votre grand ami procureur, ou celles de votre fils par exemple, je crois que ça les fâcherait.

— Vous n'êtes qu'une petite ordure… murmure Marguerite, le souffle court. Combien ?

— 5 000. En liquide, ça va sans dire. Prix d'ami. Je repasserai dans trois jours, je ne suis pas chien. D'ici là, trouvez l'agent, sinon…

Il se lève, serre dans sa poche ce qu'il en a extrait puis remet tranquillement son chapeau. Il le soulève d'un geste qui se veut élégant en guise d'au revoir. Marguerite semble s'être changée en statue de sel.

— Ne bougez pas Madame. Inutile de me raccompagner, je connais le chemin.

Tandis que Marcel passe par le salon pour quitter les lieux, Pierre, qui de cette pièce a tout entendu de la conversation, se dissimule dans un recoin pour laisser partir l'inconnu sans être vu de lui. Dès que l'homme est sorti, il entre à son tour dans le bureau et se plante devant sa mère.

— Qu'est-ce que j'apprends ? Ma femme est morte et tu ne m'as rien dit ? Comment l'as-tu appris ? Qui est ce type ? Pourquoi te réclame-t-il de l'argent ? Qu'est-ce que tu as fait ?

Marguerite essaie de se reprendre face à son fils dont le regard s'est assombri, lançant des éclairs acrimonieux. Il s'est approché très près, se penchant sur elle pour lui parler. Elle se demande s'il ne va pas la gifler. Oserait-il ? Elle tente le mensonge en se tassant dans son siège :

— Ce n'est pas ce que tu crois, ce n'est qu'un fournisseur que le comptable a oublié de payer et…

— Ne me prends pas pour un abruti !

La voix de Pierre monte dans les aigus, il crie à présent :

— Je connais aussi bien que toi notre employé aux comptes : jamais il n'omettrait de régler un fournisseur ou d'envoyer une facture à un client. De quoi est morte Maryse ? Où est-elle à présent ? Est-ce que tu savais ?

— Oui, je savais, depuis peu. Ce sont des amis de Maryse qui nous ont prévenus ton père et moi. Je peux te montrer leur courrier… J'allais justement te le dire, mais je voulais te ménager… Ne pas te l'annoncer brutalement, tu comprends ?

— Qu'est-ce que tu as manigancé ? Pourquoi Maryse ne m'a jamais écrit ? C'est toi ? Je suis sûr que c'est toi qui as intercepté ses courriers… Et maintenant, comment vais-je annoncer à ma fille qu'elle n'a plus de maman ?

— Mais Pierre, voyons, nous sommes là, *je* suis là pour Jacqueline, tu le sais bien. Maryse est enterrée à Casablanca, elle s'est suicidée si tu veux tout savoir.

— Je te hais… gronde Pierre, colère et chagrin confondus. J'aimais cette femme. Tu ne l'as jamais acceptée, tu m'as empêché de l'épouser. Je mettrais ma main au feu que tu l'as poussée, ou pire encore, fait pousser à se supprimer. Maintenant, je n'ai plus de raison d'espérer ni de vivre. Adieu.

— Où vas-tu ? Attends, je vais t'expliquer…

Pierre a claqué avec fureur la porte du bureau, laissant Marguerite fondre en larmes, consciente du fait qu'elle venait sans doute de perdre définitivement son enfant. Mais que ne ferait pas une bonne mère pour protéger son petit à tout prix, y compris contre lui-même ? Il a parlé de « sa femme », cette danseuse lui avait vraiment tourné la tête. Finalement, elle a eu raison d'agir comme elle l'a fait. Il finira par comprendre, reconnaître que tout ce qu'elle a fait, ce n'était que pour son bien. Elle entend la porte d'entrée claquer violemment à son tour. Il sort ? Il rentrera quand il sera calmé.

Paul Lasry a scrupuleusement exécuté les volontés de Madeleine. La vente des quelques biens de Maryse a tout juste suffi pour payer sa note d'hôtel. Il manquait 25 francs. Monsieur Baldrati a passé l'éponge, trop heureux de pouvoir reprendre possession de sa chambre, immédiatement relouée. Lorsqu'elle a reçu le colis contenant trois photos de Maryse dans différents costumes de scène et un petit coffret à bijoux, Madeleine s'est empressée de l'ouvrir pour en découvrir le contenu. Une exhalaison fugace du parfum de sa sœur s'en est échappée, ce qui l'a un peu émue. Cependant, elle est déçue : ce ne sont que des babioles, sauf peut-être une jolie broche Burma. Un oiseau imaginaire, dont les pierreries qui figurent les yeux et s'étalent gracieusement sur les ailes repliées scintillent de mille feux. Elle la gardera pour elle. Les dormeuses très simples ornées de fausses perles ne lui plaisent pas beaucoup. Elle les donnera à Denise à qui il faudra faire percer les oreilles à cette occasion. D'ailleurs, elle doit aller la chercher rue de Reuilly, elle en profitera pour lui annoncer la mort de leur aînée. Les religieuses comprendront que ce moment de deuil nécessite une réunion familiale. Mais elle la ramènera surtout pour lui faire garder les gosses. Jean doit partir trois jours pour prendre livraison d'un chargement de sable en Bretagne, ce qui lui laisse de fait ces trois mêmes jours de liberté à passer avec son nouvel amant ! Une telle aubaine ne se rate pas. Sa petite sœur sera contente, elle adore Maurice, son plus grand, et le gamin aime aussi beaucoup sa *Tantine*. Georges conduira la Traction, ils s'échapperont jusqu'en Normandie. Pour voir la mer à Honfleur et manger des huîtres en buvant du vin blanc bien frais. Un sourire aux lèvres à cette perspective, elle accroche l'oiseau au revers de son manteau et va prendre le métro.

Comme un fou, Pierre part droit devant lui dans la rue, sans but. Les questions sans réponses lui fracassent le crâne, avec en boucle cette affreuse rengaine : Maryse est morte. Il ne peut imaginer qu'elle repose maintenant si loin, dans un cimetière où, peut-être, sa propre mère l'a envoyée. Mais lui, qu'a-t-il fait de sa vie ? Le constat est cruel. Il a brûlé la chandelle par les deux bouts, dans une désinvolture et un égoïsme sans bornes, perdant peu à peu tout ce qu'il possédait dans les casinos et aux tables de jeu. Il dépend dorénavant de ses parents, vivant comme un parasite sous leur toit. La seule femme aimée n'est plus, et il réalise qu'il est dans l'incapacité de faire face à une quelconque responsabilité paternelle. Marguerite Fosse a gagné sur tous les tableaux : elle a adopté sa petite Jacqueline, éloigné Maryse définitivement. Alors, il se sent terriblement seul, sans espoir d'un avenir meilleur, sous la coupe d'une mère monstrueuse. Il entre dans un bar, demande une bouteille d'alcool. Lorsqu'il l'a terminée, sa décision est prise.

Il titube sur le chemin du retour, dans la griserie lénifiante procurée par le rhum. Il passe sans un mot devant ses parents attablés pour le dîner et va directement dans sa chambre. Marguerite se lève, fait mine de le suivre, mais Jacques arrête son mouvement.

— Laisse-le Marguerite. Ne comprends-tu pas qu'il a besoin d'être seul ?

— Mais il n'a rien mangé !

— Et alors ? Attends qu'il ait digéré la nouvelle, il reviendra, ne t'inquiète pas.

Marguerite se rassoit, sonne la petite bonne.

— Marie, apportez-nous le café dans le salon. Pour deux, Monsieur Pierre n'en prendra pas.

Le lendemain, à onze heures trente passées, Pierre n'a toujours pas paru. Marie s'affaire à mettre la table pour le repas. Chez les Fosse, on déjeune à midi tapante, ni avant ni après. Jacques a sorti le porto pour sa femme, la crème de cassis et l'eau-de-vie pour lui. Marguerite n'y tient plus, elle va frapper à la porte de la chambre de son fils. S'il n'a pas dîné la veille, il faut qu'il vienne déjeuner, un bon repas lui redonnera des forces. Comme elle n'obtient pas de réponse, agacée et le pensant toujours endormi, elle entre.

Jacques sursaute violemment. Le verre qu'il était en train d'emplir lui échappe des mains et se brise. Son contenu s'étale lentement parmi les débris, tache sanguine sur le parquet de chêne. Un hurlement qui n'en finit pas, plainte animale et douloureuse de louve blessée, a jailli de la chambre de Pierre, suivi d'un bruit sourd de chute. Il se précipite, reste pétrifié sur le seuil de la pièce, les yeux agrandis d'effroi, sans qu'un son puisse s'échapper de sa bouche. Le corps de son fils se balance doucement au bout d'une corde. Celui de sa femme, inconsciente, gît au sol. La bonne, accourue elle aussi, pousse un cri strident et se précipite vers Marguerite. Elle s'agenouille, tente de la ranimer, lui tapote les joues, sans résultat. Elle court chercher un linge imbibé d'eau fraîche qu'elle revient lui poser sur le front. Jacques, totalement hébété la regarde, incapable d'agir. L'image figée de son Pierre, son unique enfant pendu au bout de cette corde, restera à jamais gravée dans son esprit, vision horrifique qui ne cessera de le hanter. Marguerite vivra encore longtemps, la moitié du corps paralysée, privée de mouvement, poussée par son époux dans un fauteuil roulant. Comme elle ne parle plus, on ignore si elle est consciente ou pas.

Pourtant, le jour de l'enterrement de Pierre, des larmes roulent sur ses joues, rejoignant le filet de salive qui s'échappe du coin de sa bouche tordue. Au cours du défilé rituel des condoléances, ses yeux ont semblé exprimer une panique soudaine quand Marcel s'est planté devant elle. En rage, il a compris qu'il ne tirerait dorénavant plus rien de sa source de revenus. Quel idiot il a été de lui laisser un délai de paiement !

III

« Nous sommes les vrais fantômes de notre histoire,
Les fantômes de nos fantômes. »

MOHAMED MBOUGAR SARR,
LA PLUS SECRÈTE MÉMOIRE DES HOMMES.

1

1939, le 28 juin. Sœur Hélène vient réveiller Denise. Non pas comme chaque matin pour réciter avec elle le premier « Je vous salue Marie » qui débute la journée de labeur, mais pour lui souhaiter son anniversaire. La jeune fille a vingt et un ans aujourd'hui. Elle devient donc majeure et peut désormais quitter la buanderie pour travailler ailleurs si elle le désire.

Grâce à cette femme aimante et attentive à l'éducation des jeunes ouvrières qu'elle supervise, Denise est doublement heureuse. La religieuse a été bien avisée de la pousser à suivre les cours du soir à l'école Bernard Gould, préparant ainsi son avenir. Elle a réussi haut la main ses examens et elle va pouvoir jouir d'une liberté qu'elle n'a encore jamais connue ! Une question lui vient alors :

— J'aimerais tant que vous m'accompagniez à la remise des diplômes, ce sera le 3 août, et chaque fille se verra proposer une offre d'emploi. Ma grande sœur ne peut pas venir…

— Je te le promets, je viendrai. Je suis fière de toi, tout comme l'est sûrement ta maman au ciel, ajoute sœur Hélène en se signant.

Denise est devenue une très jolie jeune femme. Très typée, elle est souvent prise pour une Espagnole ou une Italienne.

Elle est grande, dépassant la blonde Madeleine d'une bonne tête, élancée, et ses hanches déjà galbées font ressortir sa taille fine. Son visage est doux, même si un nez un peu fort menace d'en troubler légèrement l'harmonie, ce que la bouche bien dessinée et des lèvres pleines font vite oublier. Sa chevelure mi-longue et souple, d'un brun profond, fait paraître plus claires qu'elles ne le sont ses prunelles d'ambre brûlé. Et sa peau vire très vite au pain d'épices sous le soleil si elle n'y prend pas garde. Elle ne sait pas qu'elle ressemble terriblement à son père, qu'elle est très séduisante, et que les hommes dans la rue se retournent sur son passage. Quand certains émettent un sifflement qui se veut admiratif, elle refuse de l'entendre. Elle est très craintive et presse le pas.

Dans la salle de spectacle de l'école, toutes les jeunes filles sont sagement assises, souvent auprès de leurs parents, attendant l'appel de leur nom. Monsieur Coutelin, professeur principal, a été désigné pour ce faire à cause de son organe de stentor qui s'entend au-delà des murs.

— Mademoiselle Denise Doré !

Denise regarde sœur Hélène, attend un petit signe d'encouragement qui lui vient d'un simple sourire bienveillant et d'un hochement de tête. Elle se lève, le rose aux joues, et va recevoir son diplôme sur la scène, remis par le directeur en personne. Il lui serre la main, la félicite et lui tend le rouleau de papier. De retour à sa place, Denise dénoue le ruban rouge qui entoure le précieux document qu'elle ouvre avec le plus grand soin. Il est si large que la sœur doit l'aider à le déployer. Sous le titre « Diplôme décerné par l'école de Bernard Gould à : », elles découvrent le nom de la récipiendaire « Mademoiselle Denise Doré », calligraphié en larges lettres avec pleins et déliés tracées à l'encre noire. Le texte qui suit le nom est très précis :

APRÈS AVOIR SUIVI LE COURS COMPLET
DE MÉCANOGRAPHIE SUR LES MACHINES :
BURROUGHS CALCULATOR – COMPTOMETER - +PLUS+
ET QUI A SATISFAIT AUX EXAMENS PORTANTS SUR :
DES TRAVAUX DE CHIFFRAGE, DES CALCULS DE FEUILLES
DE PAIE, DE FACTURATION, POURCENTAGES, CALCULS
D'INTÉRÊT, CALCULS DE MONNAIES ÉTRANGÈRES, ETC.
AVEC UN COEFFICIENT DE 97 %
CE PRÉSENT DIPLÔME DONNE DROIT AU PLACEMENT,
ET À TOUS PRIVILÈGES ET BÉNÉFICES RÉSERVÉS
AUX ÉLÈVES DE L'ÉCOLE. PARIS, LE 3 AOÛT 1939.
LE PROFESSEUR PRINCIPAL, LE DIRECTEUR[1].

La jeune fille relit plusieurs fois, ce diplôme est bien le sien, l'avenir va lui sourire. Enfin…

Le 1er septembre, tandis que l'Allemagne envahit la Pologne, Denise a intégré le personnel de la SAFR, autrement appelée Laiterie des Fermiers réunis. Cette entreprise est à la tête de deux cents usines de mise en bouteille et de fabriques de fromages. Deux cent mille litres de lait sont récoltés dans un rayon de trois cent cinquante kilomètres autour de la capitale afin d'approvisionner le marché parisien. Son siège est situé rue Louis-Blanc, où la nouvelle recrue se rend en métro avec bonheur chaque matin. Elle loue à peu de frais une chambre de bonne rue Stephenson, qui lui permet de n'être qu'à une dizaine de minutes de transport de son lieu de travail. Elle est employée aux écritures, mais après une période d'essai, elle devrait intégrer le service comptabilité pour y être affectée en tant que comptométrice. Très posée et sérieuse, soucieuse de réussir, elle donne toute satisfaction. Elle respire, se sentant enfin libre de prendre elle-même sa vie en main. Elle passe ses dimanches chez Madeleine, s'occupe des enfants, les emmène promener dans ce Paris qu'elle commence à découvrir et à

1. Document authentique.

aimer, où il fait bon vivre. Sa sœur, de nouveau enceinte, est contente de se reposer sur elle une fois par semaine, d'autant plus que Denise arrive toujours avec de menus cadeaux : une bouteille de cidre pour leur rappeler leur Normandie natale et quelques gâteaux qui régalent les petits. Ils voient arriver leur *Tantine* avec plaisir : elle, au moins, ne les frappe pas, les débarbouille avec douceur, leur fait des câlins.

Madeleine est cependant contrariée. Dès qu'elle a su qu'elle attendait un quatrième enfant, elle en a informé Georges, imaginant que cette nouvelle lui ferait plaisir. Ce dernier est entré dans une colère noire, refusant de croire que c'est bien de ses œuvres qu'elle est grosse et non de celles de son mari Jean. Qu'est-ce qui le prouve ? Le savoir n'est pas une raison, après tout, elle couche bien avec son mari, non ? Alors ? Est-ce sa faute, à lui, si dès qu'elle ouvre les cuisses elle se retrouve prise ? Puisque c'est comme ça, ce n'est plus la peine qu'elle revienne, il ne veut plus jamais la voir. Ni plus jamais entendre parler d'elle et de ses mioches.

C'est sans autre forme de procès que cet amant qu'elle avait trouvé si élégant met fin à leur aventure. Madeleine est vexée, plus encore que chagrinée. Elle estime avoir été congédiée comme une malpropre. Elle n'était pas vraiment amoureuse du bellâtre marchand de voitures, mais il savait se montrer généreux, lui offrant des restaurants, des spectacles, des escapades et des babioles, dans le dos du mari souvent en déplacement pour son travail. Il va bien falloir dire à Jean qu'il va encore être père en mentant sur les dates, en s'arrangeant avec le calendrier, et le moment venu, annoncer une naissance « avant terme ». S'il n'est pas très malin, il sait quand même compter. Lui aussi va être mécontent, on n'a vraiment pas besoin d'un lardon supplémentaire.

Le dimanche 3 septembre 1939 à 17 heures, en réponse à l'agression allemande, la Grande-Bretagne et la France déclarent la guerre à l'Allemagne nazie. À 20 h 30, dans son discours radiodiffusé sur toutes les stations, puis relayé par la une de *Paris-Soir*, le Président du Conseil Édouard Daladier annonce à la population la guerre entre la France et l'Allemagne.

« Français et Françaises !

Nous faisons la guerre parce qu'on nous l'a imposée. Chacun de nous est à son poste sur le sol de France, sur cette terre de liberté où le respect de la dignité humaine trouve un de ses derniers refuges. Vous associerez tous vos efforts dans un profond sentiment d'union et de fraternité pour le salut de la patrie.

Vive la France ! »

Chez Madeleine ce soir-là, même les enfants pendus aux jupes de Denise se sont tus devant la mine grave affichée par les adultes. Tous sont regroupés autour du poste de radio qui vient de délivrer la terrible annonce. La guerre ! Madeleine fond en larmes, se souvient de celle de 14, qui devait être la « der des ders ». Comment en est-on arrivé là ? Elle ne s'est jamais intéressée à la politique, n'y entend rien, mais la perspective de tous les bouleversements qu'un conflit sème dans les vies individuelles la terrifient. Sa petite sœur aussi. Elle était si heureuse de l'entrée qu'elle venait de faire dans sa nouvelle vie. Que va-t-il advenir ? Pourra-t-elle continuer à travailler ? Ces Boches honnis de leurs parents, ne vont-ils pas revenir et commettre les pires exactions ?

Le lendemain, des affiches à en-tête de la République française et de deux drapeaux tricolores sont placardées : « Par décret du président de la République [...] Le premier jour de la mobilisation générale est le samedi deux septembre 1939 [...] Le ministre de la Guerre. Le ministre de la Marine. Le « Ministre de l'Air. »

Tous les hommes mobilisables doivent prendre le chemin des centres de regroupement. L'enthousiasme n'est pas de mise cette fois-ci, la résignation lui a cédé le pas. Cinq millions de Français sont appelés, soit le quart de la population. Jean n'y échappe pas, il est de la classe 1910, laissant trois enfants et sa femme enceinte.

Une étrange période débute alors. L'attitude attentiste des autorités françaises et l'absence quasi-totale d'affrontements fit nommer ce conflit en ses prémices « drôle de guerre ».

Tout en travaillant, Denise consacre son temps libre à aider Madeleine. Mais en janvier 1940, son entreprise informe ses personnels d'une suspension de service. L'activité reprendra dès que cela sera possible. Une effroyable vague de froid s'abat alors sur le pays, recouvert de neige du nord au sud. La température descend parfois jusqu'à moins vingt degrés dans l'est de la France. Le vin gèle dans les fûts et le moral des troupes est au plus bas. Les journaux publient des photos de soldats débitant à la hache des blocs de vin près d'un tonneau éclaté. On peine à se chauffer, et Denise a dû se résoudre à quitter son petit logis pour habiter momentanément chez sa sœur. On se tient dans la cuisine, devant la cuisinière à charbon qui ronfle et dispense la chaleur qui permet de faire la soupe. Madeleine, qui traîne son ventre rond et lourd, est épuisée. Le petit Jean, fragile, a pris du mal. D'inextinguibles quintes de toux lui déchirent la poitrine et secouent son corps frêle. Il a du mal à respirer, aussi sa mère lui tape-t-elle dans le dos, comme s'il avait avalé de travers. Un soir qu'il est au bord de l'étouffement, ses lèvres et ses doigts bleuis, Denise décide de l'emmener à l'hôpital.

L'enfant a contracté une grave broncho-pneumonie, on va l'évacuer vers l'hôpital mixte de Melun. Denise l'y accompagne, demande à rester auprès de lui. On lui répond que c'est impossible, cependant, elle peut postuler pour se faire employer, on manque cruellement de bras. Après en avoir avisé Madeleine, elle se fait embaucher en qualité de fille de salle au service infantile. Ainsi, elle peut suivre l'évolution de la maladie de son neveu, relayant sa sœur qui, au début du mois de mars, donne naissance à une fille qu'elle prénomme Georgette…

Les bruits de bottes se rapprochent : en mai, l'Allemagne envahit le Bénélux, les Pays-Bas et la Belgique capitulent. Au début du mois de juin, Dunkerque est en feu, les Allemands avancent de plus en plus vite en territoire français, provoquant l'exode des populations vers le sud. Le 14 juin, ce qui semblait impensable se produit : la ville lumière se teinte de vert-de-gris quand la Wehrmacht défile au pas de l'oie sur les Champs-Élysées, vidés des Parisiens. Le premier étendard à croix gammée flotte sur la capitale au sommet de l'Arc de Triomphe. Paris cesse d'être une ville ouverte pour devenir une ville occupée. Le couvre-feu est aussitôt décrété et l'horaire allemand, de soixante minutes en avance sur celui de la France, entre en vigueur. Quelques jours plus tard, après avoir demandé le cessez-le-feu, Pétain signe l'armistice à Compiègne. Il s'installe ensuite à Vichy, il y fonde l'État français tandis qu'une ligne de démarcation coupe la France en deux zones : l'une libre et l'autre occupée. Le vieux maréchal de quatre-vingt-quatre ans détient les pleins pouvoirs, la démocratie n'existe plus et l'antisémitisme est à son comble. De Gaulle lui, appelle à la poursuite de la lutte.

Il faut marcher la tête basse, craindre sans arrêt une arrestation arbitraire, vivre avec des croix gammées hissées à tous les coins de rue. Soldats, kommandantur, voitures et motos allemandes sillonnent les rues de la capitale. Il devient difficile de trouver de la nourriture, les tickets de rationnement ont fait leur apparition. Malgré tout, une certaine activité a repris, il faut bien vivre. Le petit Jean est rentré chez sa mère, pourtant Denise reste à l'hôpital. Elle s'est prise à aimer ce travail, ingrat au demeurant, mais s'occuper d'enfants souffrants et séparés de leurs parents lui procure la joie de se sentir utile. Elle est logée sur place, moyennant un très modeste loyer, dans un bâtiment attenant à l'hôpital et réservé au personnel soignant.

Au bout de quelques mois, Madeleine la réclame, elle a besoin d'elle pour pouvoir continuer à travailler, même si les

2 000 francs que son mari lui fait parvenir de sa solde ne sont pas négligeables. Denise quitte alors à regret ses jeunes malades pour s'occuper de ses neveux et de sa nouvelle petite nièce, ce qui permet à sa sœur de souffler. Et de sortir un peu elle aussi, de retrouver du plaisir dans un Paris qui tente de recouvrer son aspect d'avant-guerre. Cinémas et théâtres sont très fréquentés, mais pas question de lambiner après le spectacle : le dernier métro part à vingt-trois heures depuis que le couvre-feu est fixé à minuit. Tant qu'elle y est, elle en profite pour faire un peu de troc, de marché noir. Échanger quelques biscuits vitaminés contre un tube de rouge à lèvres lui redonne le sourire. Il y a aussi les jeunes gens auxquels elle se mêle parfois, qui se regroupent dans quelques bistrots du quartier latin ou des bars voisins de l'Étoile, dopés par la fièvre du jazz et les refrains swing dont ils raffolent. La « vague zazou » irrite les passants par l'excentricité de leur accoutrement. Avec tous ces événements, Madeleine a complètement oublié le renouvellement de la concession de la tombe de Maryse. Sans doute parce qu'elle aurait dû débourser une certaine somme pour cela.

Denise a envie de sortir, de danser, et surtout, de vite retrouver un travail qui lui permettra de gagner de l'argent pour redevenir autonome. Elle ne supporte plus la façon dont sa sœur la traite et maltraite ses enfants.

En février 1941, elle prend son envol pour la deuxième fois en étant embauchée chez Vilmorin, quai de la Mégisserie. Vendre des graines, des plantes et des oiseaux la ravit. Elle a retrouvé une petite chambre à louer assez bon marché dans le passage Montgallet, à une petite vingtaine de minutes en métro de son lieu de travail.

Elle a été accueillie chaleureusement par une des vendeuses avec laquelle elle sympathise très vite. Isabella est italienne, drôle, toujours d'humeur joyeuse, très grande et assez forte, a le verbe haut et un accent à couper à la hache. Célibataire, elle partage son petit appartement situé également dans le XIIe arrondissement avec son frère Lorenzo, qu'elle appelle Enzo. Elle en parle souvent à Denise, jusqu'au jour où elle l'invite chez elle pour dîner. Elle a réussi à trouver des pâtes, et même un morceau d'échine de porc ! Elle lui propose une vraie *pastasciutta* comme sa *mamma* lui a appris à la faire.

Les parents d'Isabella sont arrivés en France au début des années 1920, fuyant la pauvreté, le manque de travail et surtout, la montée du fascisme et de son *duce* Mussolini. Réfugiés politiques, ils furent d'abord envoyés en Alsace, comme les réfugiés polonais qui eux aussi fuyaient leur pays. Les Italiens étaient tous maçons, les Polonais mineurs de fond pour 90 % d'entre eux. C'est à l'automne 1921, alors qu'Isabella avait quatre ans que naquit Lorenzo chez les Costa, et comme ils avaient déjà des cousins à Paris, ils purent les rejoindre. Leur fils, par le droit du sol, fut français dès sa naissance, la naturalisation interviendrait plus tard pour ses parents et sa sœur aînée. Le temps passant, ils entreprirent, comme bon nombre de leurs compatriotes, de construire eux-mêmes leur maison dans le petit coin de banlieue parisienne où se regroupait une communauté italienne. Lorsque Isabella fut majeure et qu'elle commença à travailler chez le marchand de plantes et graines, elle décida d'aller vivre à Paris. Les parents lui confièrent son petit frère, l'un devant veiller sur l'autre dans la capitale.

Isabella est inquiète, Lorenzo, qui vient d'avoir vingt ans, est à son tour mobilisé. Le pire est qu'il devrait partir en Allemagne, pour accomplir le STO. Les cousins qui y ont déjà été envoyés racontent dans leurs lettres comment parfois certains ouvriers se retrouvent au cachot. Pour faire œuvre de résistance dans les usines allemandes où ils sont affectés, ils font des « excès de zèle » en travaillant lentement, ralentissant la production, ou bien ils « ratent » les pièces qu'il faut refaire. Les employeurs ne sont pas dupes, et punissent d'enfermement ces ouvriers récalcitrants. Enzo devra se présenter au service médical dans un mois, puis partir. Pour combien de temps ? On ne le sait pas.

Aussi, ce soir, Isabella ne veut pas songer à cette échéance, épée de Damoclès suspendue au-dessus de leur tête. Elle attend sa nouvelle amie, la charmante Denise, ce sera une soirée de fête. On essaiera d'oublier la guerre, on écoutera la radio qui diffuse les chansons à la mode, et on dansera. Lorenzo aura deux cavalières pour lui seul !

De délicieux fumets flottent dans l'air du petit appartement lorsque Denise arrive chez ses hôtes. Un mélange d'oignons qui rissolent accompagnés de viande ! Un pur bonheur qui semblait déjà oublié en ces temps de restrictions prévenant toute tentative culinaire, puisqu'il n'y a plus grand-chose à cuisiner. La jeune fille a soigné sa toilette. Une jolie robe bleue, au décolleté très sage et à la taille marquée, s'évase en corolle sous ses genoux. Elle a sacrifié à la mode grâce à un coupon d'achat pour une paire de chaussures que lui avait obtenu Madeleine, devenue la reine de la débrouille. Elle a opté pour de jolis souliers de cuir blanc avec des talons, les tout premiers qu'elle porte et qui la ravissent. Enfin, un petit chapeau dans des tons bleu foncé, coquinement posé de biais sur sa tête, vient parachever d'une touche très chic sa tenue tout en mettant ses yeux en valeur. Son amie romaine l'accueille avec chaleur, comme à son habitude. Elle la débarrasse de son imperméable qu'elle accroche à une patère, l'invite à s'asseoir à la table déjà dressée dans la pièce qui fait office de salon, salle à manger et cuisine. Elle appelle son frère, d'une voix forte :

—*Enzo ! Vieni qui ! Ti aspettiamo per l'aperitivo.*

—*Sto arrivando,* pas la peine de crier Isa ! répond une voix depuis une autre pièce, ajoutant : Et tu sais ce que les parents diraient s'ils t'entendaient : « On est en France, le pays qui nous a accueillis, on parle français » !

C'est sur un éclat de rire que le jeune homme fait son entrée.

— Lorenzo Costa, tu es insupportable, tu ne pouvais pas t'habiller un peu mieux que ça ? le gourmande sa sœur en souriant avec tendresse à celui qui se tient à présent devant leur invitée. Je te présente mon amie Denise qui travaille avec moi. Denise, ce chenapan est mon petit frère, tu peux l'appeler Enzo.

Les deux jeunes gens se serrent timidement la main, le regard de l'un fiché dans celui de l'autre. Isabella est retournée à ses casseroles tout en leur parlant sans qu'ils entendent vraiment ce qu'elle dit. Denise est stupéfiée devant la beauté de ce garçon. Sa chevelure brune et désordonnée retombe en quelques mèches rebelles sur son front, presque au ras des yeux noirs. Une fine moustache surligne sa lèvre supérieure. Il porte une simple chemise blanche, le col largement ouvert sur la naissance d'une poitrine délicate et glabre. Un pantalon bleu foncé, qui a sans doute déjà vécu complète sa mise. La jeune fille se souvient de Clark Gable, dans *Autant en emporte le vent* qu'elle a vu avec Madeleine. L'acteur lui était apparu comme un idéal de beauté et de virilité qui l'avait chamboulée. Si la star de cinéma a un jumeau, il est apparu devant elle. Il est vrai que la ressemblance est assez frappante, accentuée peut-être par le choc éprouvé face à cette découverte. Lorenzo lui sourit, découvrant une rangée de petites dents blanches et serrées. Elle lui sourit en retour, ne comprenant pas encore pourquoi son cœur s'est mis à battre plus fort. Tout comme celui du garçon qui la dévore des yeux. Isabella interrompt leur dialogue muet.

— Vous êtes devenus sourds tous les deux ? À table ! C'est prêt.

Le dîner est très gai, les trois jeunes gens rient beaucoup, se régalent des pâtes préparées par Isabella, à qui n'échappent pas les regards que continuent d'échanger son frère et son amie. Ils allument le poste et quand Enzo fait danser Denise, la tête lui tourne vite. Elle capte les douces fragrances de la peau du garçon quand il la presse un peu trop fort contre lui. Il goûte au soyeux de sa brune chevelure, à la finesse de la taille, aux seins contre son torse qui l'émeuvent. Leur parenthèse enchantée est de nouveau interrompue par la voix du speaker qui rappelle le couvre-feu à ses chers auditeurs et il est, déjà ! songe Denise, 10h45. Il va falloir se séparer. Pas ainsi, impossible, Lorenzo n'a pas envie de voir s'échapper la belle amie de sa sœur, dont il vient de tomber éperdument amoureux.

— Isabella, je raccompagne Denise. On ne peut pas la laisser rentrer seule chez elle, c'est dangereux …

Sans attendre de réponse, il a enfilé une veste, se tient prêt. Denise remercie son amie, l'embrasse et suit le jeune homme. Il lui prend la main dès qu'ils sont dans la rue, elle n'oppose aucune résistance.

Lorsqu'une patrouille de soldats allemands les croise, il la plaque contre un mur, comme pour la protéger. Il pose alors ses lèvres sur les siennes, et Denise se souviendra toute sa vie de ce premier baiser.

2

Dès le 20 mai 1940, le ministre de l'Intérieur, Georges Mandel, a ordonné par décret la fermeture de tous les bals et dancings. La danse est associée à « l'esprit de jouissance », et Pétain prône le redressement intellectuel et moral du pays : « Un peuple qui se sacrifie ne danse pas. »

Rien n'y fait, l'envie de danser est irrépressible chez les jeunes, peu enclins à respecter cette interdiction. Les bals clandestins se multiplient malgré les risques encourus, les possibles contraventions, les restrictions de déplacement, le couvre-feu, la police de Vichy, l'occupant. Même s'il est plus difficile de contourner toutes ces difficultés en ville qu'à la campagne, on s'organise pour s'adonner à la valse, la java, la rumba. Si la musique américaine est elle aussi interdite, les jeunes gens, zazous en tête, se réfugient dans les caves où le jazz et le swing sont des exutoires.

On se retrouve dans l'arrière-cour de bistrots, avec un guetteur à l'extérieur, dans des appartements privés dont les fenêtres sont soigneusement calfeutrées, avec un accordéoniste ou un phonographe pour les mélodies et chansons à la mode. Seule la danse permet à la fois de maintenir du lien en dépit de l'horreur de la guerre et de faire des rencontres. Elle autorise des rapprochements, des histoires d'amour d'un soir ou pour toujours. On ne sait pas si on sera encore vivants le lendemain, il y a une urgence incoercible à tout oublier le temps de quelques pas en rythme dans des bras qui vous enserrent et vous font chavirer tandis qu'André Dassary susurre *Viens, mon seul amour c'est toi*, ou Édith Piaf à la voix aux trémolos troublants *J'ai dansé avec l'amour* sur de sensuels accords jazzy.

L'omniprésence quotidienne et palpable de cette guerre rend plus impérieux encore le besoin de s'aimer, vite, de faire des serments, de se dire que lorsque tout sera fini, on se mariera, on aura des enfants et que la vie sera belle.

En ce début d'année 1942, Lorenzo et Denise n'ont pas échappé à ce besoin d'amour dans toute son impérieuse immédiateté. Depuis le coup de foudre qui les a frappés, ils ne se quittent plus, dans l'émerveillement de la découverte qu'ils font ensemble d'être en vie pour l'autre, de le rester grâce à l'autre, d'aimer dans ces balbutiements des tout premiers émois et la fougue de leurs vingt ans. Dans le maelstrom de ses sentiments, elle se sent plus forte et téméraire, prête à le suivre au bout du monde s'il le lui demandait. Denise, la jeune fille un peu timide, tout juste sortie de chez les religieuses, a le cœur qui s'affole lorsqu'elle aperçoit Enzo qui l'attend à la sortie de son travail. Il est assis sur la rambarde de pierre du quai qui surplombe la Seine, sur le trottoir d'en face. Dès qu'il la voit apparaître, un grand sourire illumine son visage. Il lui fait un petit signe de la main, elle traverse et il la reçoit dans ses bras. Main dans la main, ils se promènent en longeant le fleuve, faisant des haltes pour s'embrasser quand plus aucun passant ne vient troubler leur intimité. Il l'entraîne ensuite, pour rejoindre un de ces bals où l'on peut enfin être ouvertement enlacés. Dans l'éclat de sa jeunesse, Enzo le cheval fougueux est fou d'amour pour la jeune fille. Il rêve de l'aimer plus encore, et la presse de le laisser l'accompagner jusque dans son petit logis. Denise en éprouve l'envie, quand bien même elle ne peut pas mettre de mots sur son désir. Mais en dépit des circonstances, elle se refuse à offrir sa virginité avant le mariage, comme on le lui a inculqué et rabâché lorsqu'elle était pensionnaire à Bernay.

On lui a appris à redouter la colère divine, à ne pas être « une vicieuse », à se garder pure pour un époux dont on deviendra le ventre qui lui offrira une descendance et à qui l'on assurera un bonheur étale en l'accueillant au foyer avec de bons petits plats, dans une maison impeccablement tenue. Il n'a jamais été question d'amour dans toutes ces recommandations aux futures épouses, il semblait aller de soi que l'entière dévotion envers celui qui allait travailler et gagner le pain quotidien était une règle qu'il fallait appliquer.

Lorenzo se fait pressant, ses mains s'égarent, ses baisers grisent la jeune fille. Le temps passe, il lui rappelle l'échéance qui approche, il devra sans doute partir, loin d'elle. Comment la quitter pour un temps que l'on imagine comme une trop longue éternité sans pouvoir emporter le souvenir plus concret de leur amour ? Un soir, alors qu'ils se sont retrouvés pour danser dans l'arrière-salle d'un petit bar de la proche banlieue où la communauté italienne immigrée s'était regroupée, il la fait asseoir après une rumba endiablée qui les a laissés tous deux hors d'haleine. Très essoufflé, Lorenzo est soudain pris d'une quinte de toux qui lui déchire la poitrine et le plie en deux. Il fait mine d'en rire, puis, les yeux brillants des larmes provoquées par la crise soudaine, le visage empourpré d'une fièvre qu'il ignore, il s'agenouille devant sa danseuse. Il sort de ses poches deux petits paquets grossièrement enveloppés dans du papier journal. Il lui en remet un, la priant de l'ouvrir. Denise, très émue, découvre alors un flacon de ce parfum dont les affiches publicitaires affirment qu'il « souligne votre personnalité ». Elle en rêvait, mais en ces temps de restriction, impossible de s'en procurer. Elle ne veut pas savoir comment Lorenzo s'y est pris pour trouver, et à quel prix, le jus précieux. Elle débouche la petite bouteille pour humer les senteurs qui s'en échappent. Denise est une olfactive, très sensible aux odeurs, dont elle a une excellente mémoire. Elle tombe sous le charme des nombreux composants dont l'accord magique et puissant la grise, presque unisexe à cause du vétiver, de l'ylang-ylang, du cèdre, du musc, de l'ambre, de la mousse de chêne douce-amère. Un parfum de femme, un peu lourd, piquant et suave à la fois, qu'un homme pourrait porter et qui, dès sa sortie quelques années plus tôt, avait tant séduit les garçonnes. Denise, ravie, rougit légèrement de plaisir. Enzo a recouvré son souffle. Il s'est relevé doucement pour renverser le flacon sur la pulpe de son index, en récupérer une goutte qu'il vient appliquer à la naissance du cou de la jeune fille. Il doit être complice de l'accordéoniste car il lui fait un petit signe. Le musicien attaque alors un tango très en vogue dans tous les bals : *Habanita*, comme le nom du parfum. Avant d'inviter Denise à danser sur cet air, il s'agenouille à nouveau devant elle pour déposer dans le creux de sa main un petit écrin qu'il a extrait de son emballage rudimentaire. En l'ouvrant, la jeune fille découvre une bague qui doit être ancienne. Elle est petite, l'anneau est modeste, comme la pierre bleue enchâssée dans le chaton. Très sérieusement, Enzo la lui passe à l'annulaire gauche, lui expliquant qu'il la tient de sa grand-mère aujourd'hui décédée.

—Denise Doré, veux-tu être ma fiancée ? Dès que je reviendrai, nous nous marierons si tu veux bien de moi…

Il la regarde, anxieux de la réponse, prenant un air de chien battu. Denise lui sourit, le relève, l'enlace en murmurant à son oreille une dizaine de « oui ». Enzo la prend par la taille, et sur les notes d'*Habanita*, ils s'élancent, des images de bonheur plein la tête.

Ce soir-là, en rasant les murs et en se cachant sous un porche pour éviter les policiers qui patrouillent, Denise a accepté qu'Enzo passe la nuit dans sa chambrette où elle s'est offerte. Les yeux fermés, timidement, sans émettre le moindre son. Peut-être pour retenir le cri de douleur qui n'a pas franchi ses lèvres. Peut-être parce que les images abjectes de son oncle, Émile Landron, abattant ses griffes de prédateur sur la toute petite fille qu'elle fut, viennent brutalement se projeter sur l'écran noir de ses paupières closes. Comment pourrait-elle le dire ? Elle a tellement honte. Cette première fois d'amour qui aurait dû être la promesse d'un lendemain ébloui, exaltant de joies charnelles partagées, lui est un vrai supplice. Si Enzo savait… Elle ne veut pas le décevoir, elle l'aime, cela s'arrangera certainement. Elle ne dort pas de la nuit, apaisée par ce corps chaud lové contre elle. Son petit Italien est si beau dans son sommeil. Sa respiration régulière et ses mèches en désordre chatouillent un peu l'épaule de la jeune femme contre laquelle il s'est endormi comme un bézot, ce qu'il est encore un peu. Elle n'ose pas bouger, tente de chasser en fixant le plafond de ses yeux grands ouverts les instantanés de son enfance brisée qui tournent dans sa tête comme de grosses mouches noires bourdonnantes.

Le surlendemain, Enzo n'est pas venu attendre Denise. Il lui a donné rendez-vous à la caserne où il va passer la visite médicale qui doit le déclarer bon pour le Service du travail obligatoire afin de répondre aux exigences allemandes de main-d'œuvre. Le STO constitue en fait le prolongement de la politique vichyste de la "Relève" mise en place au début de l'année 1942, et qui consiste à envoyer en Allemagne des travailleurs spécialisés volontaires que l'on échange contre le retour de prisonniers de guerre à raison de trois travailleurs pour un prisonnier. Avant de connaître Denise, Enzo avait préféré se porter ainsi volontaire, obéissant aux suppliques de sa sœur Isabella qui craignait pour sa vie si on l'expédiait au front. Hors de question qu'il aille se faire tuer ! Ce n'était guère plus réjouissant. La perspective de se retrouver en terre ennemie pour contribuer à son développement était ressentie comme une trahison par Enzo dont la fibre patriotique était vive et empreinte de respect pour sa terre d'accueil. Il était né sur le sol français, il entendait bien le défendre. Aussi, est-ce avec une anxiété à son paroxysme qu'il va se présenter devant le médecin des armées.

Il a reçu une convocation pour 9 heures le matin. En dépit des prières d'Isabella, il a le ventre tellement noué qu'il ne peut même pas avaler le bol de chicorée et la tartine beurrée qu'elle avait chèrement acquises avec ses tickets de rationnement. On le fait attendre une bonne heure, ce qui n'arrange pas son appréhension. Enfin, un petit homme en blouse blanche et à l'air sournois appelle.

— Costa ! Entrez, déshabillez-vous et montez sur la balance.

Enzo s'exécute, se retrouvant nu comme un ver face au regard de myope du médecin, dont les yeux ressemblent à ceux d'un crapaud derrière les verres épais de ses grosses lunettes en écaille. Après la pesée et la mesure sous la toise, le jeune homme est soumis à une minutieuse auscultation. Le stéthoscope glacé que le médecin promène pendant de longues minutes sur son dos le fait frissonner. Il a froid, éternue, se met à tousser. Ce qui a pour effet de faire froncer les sourcils du toubib, qui reprend de plus belle la balade de son instrument. Enfin, il ôte les embouts de ses oreilles pour placer l'appareil à cheval sur son cou.

— Je n'aime pas du tout ce que j'entends, mon garçon. Je vous signe l'ordonnance et vous allez immédiatement passer une radio. Rhabillez-vous. Vous reviendrez avec votre cliché.

Interloqué, Lorenzo s'exécute. Trois heures plus tard, il se représente devant le bonhomme, toujours aussi peu avenant. Il lui remet la grande enveloppe qui contient deux radiographies de son torse que le médecin examine sur un négatoscope en caressant machinalement la barbe qui orne son menton.

— Vous présentez tous les signes d'une tuberculose, jeune homme. Il va falloir vous soigner en vitesse, et le traitement risque d'être un peu long. Vous partirez dans un sanatorium, en montagne pour y respirer du bon air. J'en connais un très bien en zone libre, je vais vous donner l'adresse et une ordonnance pour vous y présenter. Téléphonez dès ce soir, partez rapidement. Vous avez une petite amie ? Prudence, vous pourriez être contagieux. Pas de STO pour vous, on verra plus tard, au moins dans six mois.

Lorenzo est sous le choc. Comment va-t-il annoncer la nouvelle à Isabella ? À Denise, sa « petite fiancée » qu'il comptait présenter bientôt à ses parents ? Sans même songer à saluer le médecin qui vient de lui assener la nouvelle, il sort et aperçoit la jeune fille qui l'attend, sagement assise sur un banc. Il est très pâle, semble tituber en la rejoignant. Il se retient de l'embrasser, s'assoit à son côté, lui explique d'une voix blanche ce qu'il vient d'apprendre. Denise a les larmes aux yeux, mais elle se reprend très vite. Cette maladie se soigne, le sanatorium est le meilleur endroit. Vite, il faut essayer de téléphoner, organiser le départ, ce ne doit pas être si loin, et elle ira le voir ! Elle l'entraîne dans un café, demande un bottin et un jeton de téléphone pour appeler à l'adresse inscrite sur le papier remis par le médecin. Enzo la laisse agir, il est trop secoué pour organiser les choses lui-même. Il s'assoit à une table et demande un Fernet-Branca pour se remettre pendant que Denise va téléphoner depuis la cabine en sous-sol. Il ne sait même pas où, il n'a pas lu le papier. Lorsque la jeune fille reparaît, elle lui sourit, apaisante.

— Tu as de la chance, ils ont encore quelques chambres pour adultes. C'est un hôpital privé, qui vient d'être réquisitionné pour les enfants malades comme toi. Tu pourras y être accueilli dans trois jours. Je t'ai réservé la place. Maintenant, il faut trouver un train pour t'y emmener. Tu devras aussi prévoir de l'argent, la pension est assez chère. Allez, viens, passons vite à la gare d'Austerlitz pour réserver ton billet !

— Merci ma Denise, sans toi, j'étais perdu. Mais tu ne m'as même pas dit où je vais devoir me rendre !

— À Briançon. C'est dans les Hautes-Alpes, la personne qui m'a parlé m'a dit que l'air y était particulièrement bénéfique du fait de l'altitude qui dépasse les mille trois cents mètres. Il paraît que cette ville est la plus haute de France ! Tu vois, à toute chose malheur est bon : tu échappes au STO, et tu vas partir en villégiature dans un endroit aux paysages superbes !

Denise tente ainsi de persuader Enzo que tout va bien, comme elle veut elle aussi s'en persuader. Mais elle est très chagrinée : son amour malade, cette séparation, les obstacles à franchir pour qu'il puisse séjourner dans ce lieu de soins. Enzo a l'air très sombre en dépit de ces perspectives plutôt rassurantes grâce à la jeune fille et à son entrain.

— Je ne sais pas si je vais pouvoir y aller, tu dis que la pension est chère, le voyage…

Ni Isabella ni moi, et mes parents non plus n'avons d'argent pour envisager cette dépense.

— Ce n'est pas grave, j'en ai, moi !

— Comment ça ?

— Oui, pendant tout le temps que j'ai passé à l'orphelinat et jusqu'à ma majorité, je n'ai pratiquement rien dépensé et, grâce aux religieuses qui ont déposé sur un livret d'épargne la pension que je touchais j'ai des économies. Elles sont à toi, il faut que tu ailles là-bas, tu dois te soigner. Je t'aime, Enzo, je veux que tu guérisses vite !

C'est au tour du garçon de fondre en larmes. Il ne sait comment remercier la jeune fille qui exige de lui venir ainsi en aide malgré le premier mouvement de refus qu'il lui a opposé. Il lui fait promettre qu'ils s'écriront tous les jours, qu'elle viendra le voir. Dès qu'il sera rétabli, ils se marieront sans plus attendre, que la guerre soit terminée ou pas ! Cette séparation va leur sembler si cruelle. Dès le lendemain, Denise se rend à la banque d'où elle retire son petit pécule pour son fiancé. Le soir même elle se rend chez Isabella et lui remet une enveloppe contenant 2 000 francs. Son amie, très émue, la prend dans ses bras, la serre longuement. Les deux femmes pleurent doucement. Lorenzo les rejoint, les enlace. Malgré tout, ils sont tous trois presque heureux.

Le 11 novembre 1942, Hitler déclenche « l'opération Anton » en franchissant la ligne de démarcation. Il envahit ainsi la zone libre avec la participation en nombre de l'armée italienne. Lorenzo est depuis près de quatre mois à Briançon, pas encore atteinte par le conquérant. Denise ne vit que par les courriers qu'ils échangent, seul lien avec celui qu'elle aime et qui lui manque tant. Elle va souvent chez Isabella, les deux amies se soutiennent comme elles peuvent, échangeant les nouvelles de l'absent dès que l'une ou l'autre reçoit une missive. Toutefois, sans que Denise comprenne pourquoi, depuis la fin du mois d'octobre, les lettres de son fiancé se sont espacées. Celles qui lui parviennent sont plus courtes, et peut-être un peu moins dans l'affirmation de l'amour qui les unit. Isabella tente de la rassurer : en ces temps si troublés, certains courriers se sont peut-être égarés, de plus Enzo suit un programme de soins qui lui prend du temps sur celui qu'il peut consacrer à écrire, certainement. Denise n'y tient plus. Trop inquiète, elle décide d'aller voir Lorenzo : elle lui fera la surprise de sa visite. Elle emprunte à Isabella de grosses chaussures et des chaussettes chaudes, à sa sœur Madeleine un manteau d'hiver, un bonnet que son fils aîné ne porte plus, en se faisant traiter de folle au passage. Elle parvient à se procurer un laissez-passer, et un soir gris et froid de novembre tirant à sa fin, elle se lance à l'aventure, avec pour seul viatique l'adresse du sanatorium, quelques biscuits donnés par Isabella, un peu d'argent dans son porte-monnaie afin de payer le train et faire face à de menues dépenses si nécessaire. Ce voyage très long et dangereux aurait été pour n'importe qui d'autre un cauchemar, mais Denise n'a qu'une idée en tête : elle va retrouver celui qu'elle aime, et cela lui suffit pour affronter le froid, les quatre changements de train, les aboiements des soldats allemands faisant irruption dans les compartiments pour exiger le précieux *ausweis*. Au bout de dix heures de trajet, incapable de lutter davantage contre la fatigue, elle s'endort. Sa tête en dodelinant finit par se caler sur l'épaule de son voisin qui n'ose la réveiller que lorsque l'omnibus entre en gare de Briançon. Un manteau blanc recouvre la ville assoupie, il faut encore trouver la navette qui va enfin la déposer au « Sanatorium des Neiges ». Peu après son ouverture en 1931, l'établissement était ainsi décrit :

« Ce sanatorium privé, de nouvelle création, équipé d'une façon moderne, s'élève au milieu d'un parc de trente-deux hectares, à mille trois cent-cinquante mètres d'altitude. Il est situé à un kilomètre environ à l'ouest de la gare de Briançon, entre la route du Lautaret à Briançon et la route de Saint-Chaffrey à Briançon. Orienté en plein midi et très abrité, il jouit d'une vue étendue sur la vallée de la Durance. Le sanatorium comprend un bâtiment principal de cinq étages reliés par des ascenseurs. Les chambres, au nombre de cent vingt-six, sont munies de tout le confort moderne ; chacune d'elles est précédée d'une terrasse de cure individuelle. »[1]

Une dizaine d'années après sa construction, le sanatorium que découvre Denise n'a pas changé. Le paysage alentour est magnifique, le froid glacial. Le thermomètre apposé à l'entrée du bâtiment affiche une température négative frôlant les moins treize degrés. L'établissement est construit dans un vaste parc paysager dont la partie sud, face aux chambres, est réservée aux malades pour les promenades et le repos. Elle lève le nez vers l'austère façade divisée en vingt-deux

1. *Bulletin* n° 5 *du CNDT (Comité national de défense contre la tuberculose*, 1931).

travées, soit vingt-deux chambres par étages. Laquelle abrite Enzo ? Les joues et le nez rougis par le froid, les doigts gourds dans ses petits gants de coton blanc d'avant-guerre, elle n'en a pas trouvé de plus chauds, Madeleine n'a pas voulu lui en céder une paire, les pieds gelés dans les chaussures un peu trop grandes d'Isabella, elle entre et se dirige vers l'accueil. Une légère odeur de désinfectant lui monte aux narines et une douce chaleur l'envahit, elle se sent déjà revivre. Le sang se remet à circuler dans tout son corps, et surtout, son cœur bat à tout rompre. Enzo va être surpris et si heureux de cette visite impromptue. Comme elle a hâte de se blottir dans ses bras, de l'embrasser, de constater les progrès qu'il aura faits sur la maladie ! Derrière un guichet protégé par un hygiaphone se tient une dame en blouse bleue, plutôt jolie, souriante, dont le calot bleu ciel assorti à son uniforme de travail lui sied à ravir.

— Bonjour Mademoiselle, je peux vous aider ? demande-t-elle à Denise qui s'est approchée du comptoir d'un blanc immaculé.

— Bonjour Madame, oui, je viens voir Monsieur Costa. Pouvez-vous m'indiquer le numéro de sa chambre ?

— Il réside dans la chambre 15, au quatrième étage. Ce sera à droite en sortant de l'ascenseur, ou à gauche si vous avez le courage d'emprunter l'escalier. Mais avant, il me faut votre carte d'identité, je dois noter les noms des visiteurs dans le registre journalier.

Denise s'exécute, montre sa carte que la dame examine soigneusement. Elle note les nom et prénom de la jeune femme, l'heure à laquelle elle vient d'arriver. En lui rendant son papier, elle lui sourit et en baissant la voix lui dit :

— C'est donc vous la petite fiancée ?

La jeune fille pique un fard. Sans répondre, elle adresse un grand sourire à la gentille personne. Ainsi, Enzo a parlé d'elle, cela lui fait un grand chaud au cœur, comme une bouffée de bonheur. Puisqu'il ne l'attend pas, la surprise n'en sera que meilleure. Folle de joie, Denise serre dans son sac sa carte d'identité avec son laissez-passer, tourne les talons et court jusqu'à l'escalier. Les ascenseurs sont trop lents, elle se sent des ailes pour grimper quatre à quatre les étages. Tandis qu'elle pousse la porte pour entreprendre la montée vers son amour, elle n'entend pas la réceptionniste la rappeler.

— Mademoiselle Doré ! Attendez ! Il vaudrait mieux ne pas monter le voir…

3

L'occupant est désormais omniprésent dans Bordeaux et son agglomération. Dès la fin 1940, l'appareil répressif nazi est bien en place. Le siège de la *Kommandantur* est installé dans l'hôtel Ballande, un hôtel particulier de la place Pey-Berland. La *Propaganda Staffel,* qui contrôle la presse, 50 rue Judaïque. La Bourse du travail a dû céder ses locaux à la *Feldgendarmerie.* Le SD (*Sicherheitsdienst*), service de sécurité de l'ordre noir nazi –la SS –, est implanté dans cinq propriétés cossues du cours du maréchal Pétain, actuelle avenue de la Libération.

Le 11 novembre 1942 la première armée allemande du général Blaskowitz entre dans la cité girondine. La présence physique de l'occupant devient désormais partout tangible : dans la signalétique des rues, avec des défilés quotidiens, des concerts de musique allemande donnés en extérieur, mais aussi de façon beaucoup moins pacifique avec la construction de blockhaus, de tranchées et d'abris anti-aériens qui altèrent le paysage urbain. Même les lieux de spectacle comme le Théâtre français et le cinéma Rex sont transformés en *Soldatenkinos.* Des places sont réservées d'office pour les soldats allemands dans l'enceinte du Grand Théâtre. Le Grand Hôtel, situé en face de la première scène bordelaise, est réquisitionné, ainsi que de belles demeures et hôtels particuliers.

Cependant, la résistance se met en place et dès cette même année 1942, la Gironde peut s'enorgueillir d'être l'un des départements où elle est le plus présente. Ses rangs sont rejoints par de nombreux immigrés, notamment des Espagnols réfugiés en France à l'issue de la guerre d'Espagne, qui commettent des sabotages à la base sous-marine. L'Organisation civile et militaire (OCM), épaulée depuis Londres, envoie armes et munitions. Des groupes de résistants collectent des informations, réceptionnent les armes, organisent des déprédations, des exécutions d'officiers allemands durement réprimées par l'exécution d'otages.

Des médecins choisissent de résister aux côtés de ceux qui se battent pour la liberté, comme Henri Lacoste. Dans la nuit du 26 au 27 janvier 1942, les Anglais bombardent Bordeaux dont la base navale allemande constitue une cible militaire à détruire. Le docteur Lacoste, qui se trouvait auprès d'un patient non loin du mitraillage, n'a pas eu le temps de se protéger de l'explosion qui a soufflé les vitres et entraîné le début d'incendie qui l'a atteint.

Il a été cruellement brûlé et la moitié de son beau visage est en un instant devenu celui d'un clown triste, dont il portera définitivement les stigmates et les vilaines cicatrices, une paupière tombante et la bouche figée en un demi-sourire involontaire. Il s'est réfugié dans la maison familiale du Cap-Ferret héritée de ses parents, Stella Maris, le temps de se soigner et de s'habituer à la terrible conséquence dont son miroir lui renvoie l'image. Il fait aussi rapidement de sa maison un centre de soins pour les résistants blessés de son réseau ou ceux à cacher. Il a besoin de se sentir toujours utile. La vie doit continuer malgré tout, et résister lui apparaît comme le plus impérieux de ses devoirs.

Jacques Fosse, devenu un vieux monsieur rongé par le chagrin, la culpabilité et une douloureuse arthrose, a engagé une gouvernante après le décès de son épouse Marguerite pour s'occuper de l'appartement et de sa petite-fille Jacqueline. Le pensionnat où sa grand-mère l'avait placée a dû libérer ses locaux pour loger des soldats allemands, les pensionnaires ont été renvoyées chez leurs parents.

Le docteur Lacoste, qui a mis au monde la jeune fille, est toujours resté le médecin de cette famille de plus en plus restreinte au fil des décès tragiques qui l'ont endeuillée. Jacques Fosse lui accorde une absolue confiance et lui voue une grande amitié. Alors que l'occupant s'est saisi de la plupart des appartements de l'immeuble où réside Jacques, des juifs étaient ses voisins, il craint sans cesse pour Jacqueline, ravissante adolescente. Elle semble plus âgée qu'elle ne l'est en réalité et en grandissant. La jeune orpheline est plus encore le portrait craché de sa maman, Maryse, la petite danseuse trop tôt disparue. Si les Allemands ont reçu l'ordre de construire fortifications et bunkers dans l'éventualité d'un débarquement allié le long de l'Atlantique, la villa Stella Maris s'en trouve assez éloignée pour offrir un havre de paix très sûr. C'est donc tout naturellement que Jacques Fosse prie instamment le docteur Lacoste d'héberger sa petite-fille pendant quelque temps, par mesure de sécurité.

À Briançon, Denise a grimpé à toute allure les escaliers qui mènent au quatrième étage du sanatorium. En poussant la porte qui débouche sur le long couloir, les jambes et la respiration coupées et trop émue pour se souvenir si elle doit tourner à gauche ou à droite, elle s'arrête un instant. En essayant de reprendre son souffle, elle constate avec soulagement que les numéros des chambres sont affichés sur les nombreuses portes. D'un côté les numéros pairs, de l'autre, les impairs, comme dans les rues parisiennes. 11, 13... 15 ! Une bouffée de chaleur l'envahit et il lui semble que son cœur va jaillir de sa poitrine. Oubliés le voyage interminable, l'inconfort des trains successifs, la peur quand les Allemands demandaient le laissez-passer, le froid, l'attente, la faim, la soif. Elle va pouvoir enfin se blottir dans les bras de l'homme qu'elle aime et pour lequel elle vient de commettre la folie que représente ce périple, son amour auquel elle a donné tout ce qu'elle possédait pour qu'il recouvre la santé et qu'ils puissent se marier dès qu'il rentrera. De son index replié, elle frappe trois légers coups discrets. Sans réponse. Sa main tremble sur la poignée de la porte de la chambre 15. Elle appuie dessus très doucement, Enzo doit certainement se reposer, être endormi, elle le surprendra de sa présence à son côté lorsqu'il s'éveillera. Peut-être la note d'*Habanita* qu'elle a déposée au creux de son cou suffira-t-elle à le tirer de son sommeil ? Cette pensée la fait sourire de plaisir, elle ouvre. Il est sans doute l'heure de la sieste d'après déjeuner pour tous les pensionnaires, car Lorenzo est en effet endormi.

Il repose sur le côté, nu, à demi découvert, un bras enlaçant le corps d'une femme qui dort tout aussi paisiblement, allongée sur le dos. Un sein rond à l'aréole sombre apparaît au-dessus du bras qui cache l'autre. Une chevelure auburn étalée sur l'oreiller s'irise de reflets flamboyants dans le pâle rai de lumière qui s'insinue dans l'interstice des volets fermés sur la scène d'amour que ces deux-là donnent à voir. La belle endormie a dû percevoir le léger bruit des gonds car elle ouvre les yeux, puis, devant celle qui s'est pétrifiée, se redresse d'un coup en remontant le drap sur sa poitrine, le regard interrogateur. Avant de refermer et de se précipiter dans l'escalier qu'elle dévale comme une folle, Denise a eu le temps de voir le visage de l'inconnue, qui restera gravé dans sa mémoire trop longtemps. Celui d'une jolie femme rousse aux yeux verts, dans la beauté arrogante d'une quarantaine d'années finissantes. Quand elle arrive dans le hall d'entrée, elle s'arrête net. Un point de côté lui cisaille le ventre. Elle est livide, et la réceptionniste n'a que le temps de se précipiter pour amortir sa chute. La jeune fille glisse sur le sol, évanouie, soutenue par la bienveillante dame de l'accueil.

Le printemps 1942 voit Pierre Laval revenir au pouvoir. Au niveau national, cela correspond au durcissement du régime de Vichy qui, dès ses débuts, renforce le rôle et l'autorité des préfets, porte-parole de la « Révolution nationale » dans leur circonscription, faisant du même coup disparaître toute forme de démocratie représentative locale.

À Bordeaux, en juin 1942, une équipe de hauts fonctionnaires zélés est mise en place : le préfet Maurice Sabatier, Maurice Papon, secrétaire général de la préfecture et le chef de cabinet du préfet, Jean Chapel. Ils vont s'employer à traquer les communistes, les républicains espagnols, les francs-maçons, les réfractaires au STO, les résistants et bien sûr les juifs. Maurice Papon a délégation de pouvoir sur cette question. Le commandant Luther, chef de l'administration militaire allemande, devient l'interlocuteur privilégié de la préfecture. On chiffrera les victimes juives déportées depuis Bordeaux entre juillet 1942 et mai 1944 à mille cinq cent -soixante dont deux cent vingt-trois enfants. Tandis que les résistants multiplient les actions, la collaboration, avec son lot de dénonciations et de bassesses, est devenue monnaie courante. Certains en ont même fait un « métier », de mèche avec l'occupant, se faisant espions à la petite semaine afin de mieux balancer, moyennant finance et petits avantages, ceux qu'ils suspectent d'être résistants, juifs ou francs-maçons.

C'est ainsi que les voisins de palier de Jacques Fosse ont été mouchardés, arrêtés, et emmenés on ne sait où. Le vieil homme a assisté, impuissant et navré, à l'arrestation de toute cette famille qu'il connaissait bien, dont la mère, musicienne, donnait à Jacqueline des leçons de piano. Mais ce qui a frappé Jacques, ce n'est pas tant la brutalité des Allemands que le sourire affiché par l'homme qui les accompagne. Un Français, au costume sombre, un chapeau mou vissé sur le crâne, qui fume tranquillement une cigarette sur le pas de la porte grande ouverte. Jacques sait qu'il a déjà vu cet homme qui a l'air si fier de sa personne. Fichue vieillesse ! Sa mémoire se troue, il ne parvient pas à se souvenir dans quelles circonstances il l'a croisé, ni quand. Il l'observe, tente de graver les traits de son visage pour s'en souvenir, certain que cela lui reviendra. Quand les soldats poussent rudement tous les membres de la famille Rozenberg dans l'escalier, l'homme au chapeau ferme la marche, après avoir écrasé son mégot sur le paillasson de ceux qui ne reviendront jamais. En le regardant s'éloigner, puis descendre les marches en roulant des épaules, Jacques a brusquement une fulgurance. C'est ce Marcel, le prénom a ressurgi, ce sale type qui était venu trouver Marguerite pour tenter de lui soutirer de l'argent, et a sans doute été la cause de la maladie de sa femme ! Il n'a jamais su pourquoi, mais aujourd'hui, ce salopard ne s'en tirera pas aussi facilement. Jacques Fosse rentre chez lui, décroche son téléphone et appelle Henri Lacoste. Non pas le médecin, mais le résistant dont le groupe traque aussi les collabos délateurs français.

À peine revenue à elle, Denise n'a plus qu'une idée en tête : s'échapper de ce sanatorium où la découverte qu'elle vient de faire l'a anéantie. La dame en bleu a appelé une infirmière à la rescousse, toutes deux ont ranimé la jeune fille qui, à présent, est secouée de sanglots incontrôlables, initiés par de cruels sentiments de honte, de trahison et de désespoir mêlés. Elle balbutie de vagues remerciements et s'enfuit littéralement tandis que les deux femmes tentent de la retenir, inquiètes de son état.

— J'ai pourtant essayé de lui dire, explique à sa collègue la réceptionniste qui s'en veut.

Dehors, Denise ne sent pas le froid. La neige détrempe ses chaussures d'emprunt et lui gèle les pieds, les larmes coulent sur son visage, et ses doigts sont ankylosés dans les gants de coton trop fins. Elle ne se souviendra même pas comment elle a fait le chemin en sens inverse pour rentrer à Paris. Le seul épisode qu'elle se remémorera de cet infernal voyage sera le passage de la ligne de démarcation, alors qu'une rangée de soldats allemands ont fait descendre tous les passagers du train en plein vent sur le quai d'une petite gare dont elle n'a pas retenu le nom. Elle conservera une peur indélébile des chiens-loups aux jappements féroces, babines retroussées sur des crocs prêts à se refermer sur le premier fuyard venu et que les soldats retiennent à peine pour tenir tout le monde en respect. Quand le surlendemain elle peut enfin débarquer en gare d'Austerlitz, elle se rue dans le métro et rentre chez elle en courant. Elle enlève ses souliers encore trempés, s'affale sur son lit au-dessus duquel est accroché le portrait de ses parents réalisé par le photographe Bréchet à Caen et qu'elle a réussi à reprendre à sa sœur Madeleine. Terrassée de fatigue, du trop-plein d'émotions et de chagrin, elle dort douze heures d'affilée.

Henri Lacoste est allé chercher Jacqueline en voiture pour l'emmener avec lui et lui offrir l'asile dans sa villa Stella Maris, comme le lui a demandé son ami Jacques Fosse. Il ne l'a pas revue depuis longtemps avant la guerre. Il est stupéfait de la transformation de la jeune personne, à laquelle on donnerait facilement une vingtaine d'années alors qu'elle n'en a que seize. Elle est très jolie avec sa frimousse de petite chatte, comme sa mère, dont il se souvient avec d'autant plus d'émotion que lui aussi est orphelin de longue date. Il n'avait que treize ans en 1916 quand son père a été tué dans une tranchée. Sa mère est morte quatre ans plus tard, laissant Henri livré à lui-même, mais non sans ressources.

À la fin du XIXe siècle, Henri Lacoste père avait fondé sa manufacture à Sainte-Hélène, commune girondine dont il était originaire. Il avait rapidement prospéré, et acquis la belle villa où naquit son fils. La guerre avait momentanément fermé la fabrique familiale de caisses de vin en pin des Landes utilisées par plusieurs grands crus de la région. Lorsque le conflit avait pris fin, le très jeune homme la fit rouvrir par le contremaître qui dirigeait auparavant les ateliers. Le brave homme avait perdu une jambe au combat, mais, tout dévoué à la famille et à l'entreprise, il la remit en route, sut embaucher de nouveaux ouvriers et la gérer pour le compte du fils Lacoste, l'unique héritier. Doté d'une vive intelligence et d'un caractère bien trempé, Henri avait décidé qu'il serait médecin. Il surmonta les difficultés, fut un étudiant puis un interne brillant, très dévoué auprès des patients. Quand enfin il put ouvrir son cabinet à Bordeaux, sa réputation grandit vite et il fut choyé par une patientèle bourgeoise et exigeante. Certaines familles, comme les Fosse, ne jurèrent plus que par lui. Il était parfois considéré comme un ami et convié aux soirées mondaines dans lesquelles il était un hôte apprécié.

Jacqueline observe le conducteur effrontément. Il en éprouve une gêne subite : sans doute se demande-t-elle pourquoi son visage est déformé et porte de si vilaines cicatrices. Il prend les devants, lui raconte son histoire. Elle en est très émue, et, posant un instant sa main sur celle qui tient le volant, lui déclare tout de go :

— Moi, je vous trouve très beau.

Henri en est extrêmement troublé. Il n'a encore jamais eu le temps de chercher une épouse, et les circonstances de cette période si tourmentée ont éteint toute velléité pour ce faire. Il a bien eu quelques aventures, mais aucune n'a jamais débouché sur un amour véritable au point de convoler. Il se surprend à éprouver une brusque montée de désir qui lui pique les reins. Il la chasse aussitôt, sa passagère est encore une gamine, même si une poitrine ferme et insolente enfle déjà son chemisier entrouvert et en laisse deviner la naissance. Même si malgré son jeune âge elle exhale une sensualité de la femme qu'elle n'est pas encore, même si ses yeux damneraient le saint qu'il n'est pas, de plus de vingt ans son aîné. Il se morigène intérieurement. Il doit veiller sur elle, non pas la désirer. De plus, son grand-père la lui a confiée, ainsi qu'une autre mission sur laquelle il doit aussi se concentrer : retrouver ce collabo et lui faire payer sa collusion avec l'ennemi. Il ne doute pas un instant que certains membres de son groupe ne tarderont pas à mettre la main sur le mouchard.

En s'éveillant brusquement, Denise a l'impression de sortir d'un cauchemar. Pourtant, elle sait qu'elle n'a pas rêvé, et qu'Enzo, *son* Enzo, était bien couché avec une femme. Sa déception est incommensurable, elle ne comprend pas. Parce qu'elle a cru en lui, en leur amour, en sa sincérité, et en la fidélité aux promesses qu'ils s'étaient faites. Elle avait secrètement feuilleté des magazines, cherchant des modèles pour la robe de mariée qu'elle porterait pour devenir sa femme. Elle avait tant rêvé de ce jour béni où, devant Dieu, elle lui dirait oui pour une vie rêvée débordante de bonheur, que viendraient combler les enfants qu'elle lui aurait donnés. Elle sait dorénavant que jamais elle ne pourra oublier, encore moins pardonner. Le choc a été trop violent, il va lui falloir du temps pour le surmonter. Pour pouvoir aller le retrouver, elle a quitté le grainier Vilmorin, elle n'a plus d'argent puisqu'elle a offert à Lorenzo ses économies. La guerre, toile de fond lancinante, lui fait craindre de ne plus pouvoir trouver de travail. Comment va-t-elle faire pour survivre ? Elle ne veut surtout pas demander de l'aide à sa sœur.

Engluée dans son chagrin, elle n'a pas remarqué qu'une lettre avait été glissée par la concierge sous sa porte. L'enveloppe porte le logo de la SAFR. Elle s'empresse de l'ouvrir, et découvre qu'on lui propose un emploi de comptométrice, la société ayant rouvert ses portes. On la presse de répondre par retour afin de savoir si elle accepte l'offre qui lui est faite. Affolée par le délai, elle regarde la date d'envoi : cinq jours en arrière. Pourvu que le poste ne soit pas déjà occupé ! Elle se précipite, fait une toilette sommaire, s'habille et file en courant. Elle se rend directement rue Louis-Blanc pour rencontrer le chef du personnel auquel elle déclare qu'elle accepte ce travail avec joie. Dès le lendemain, elle s'installe devant sa machine, dans un bureau du service comptabilité.

Le réseau de résistance Bordeaux-Loupiac, fort de quatre-vingt-huit hommes et femmes engagés, a des ramifications de sympathisants épris de liberté et qui n'hésitent pas à donner un coup de main pour une action ponctuelle. Renseignements, transport d'armes d'un point à un autre, traque de collabos, nombreux sont ceux qui œuvrent dans l'ombre au mépris du danger permanent. Henri a transmis à quelques-uns le prénom de l'homme à abattre, ainsi que la description que lui a fournie Jacques Fosse. C'était presque inutile, le bonhomme était déjà bien connu et activement recherché. Une semaine s'est à peine écoulée lorsque le cadavre de Marcel, abattu d'une balle en plein front, est retrouvé par une patrouille dans une rue adjacente à la *feldgendarmerie*.

Jacqueline est ravie. Elle s'est installée dans la villa Stella Maris avec bonheur, semant un souffle de gaîté dans le quotidien de son propriétaire. Elle l'aide à tenir l'étrange ménage qu'ils forment dorénavant, dans une relation paternelle et filiale pour dissimuler d'autres sentiments que ni l'un ni l'autre ne veulent s'avouer. La toute jeune fille est tombée amoureuse d'Henri, comme on l'est à l'adolescence, avec admiration pour l'homme, le résistant, le médecin, des rêves et des envies plein la tête et le cœur. Lui tente de refréner son attirance pour cette fée entrée dans sa vie qu'il donnerait volontiers afin de rester dans les limites du rôle qui lui a été attribué par son ami Lacoste. Il doute qu'elle puisse un jour le considérer autrement que comme celui qui l'a mise en sûreté auprès de lui, quand bien même ses activités le mettent en danger permanent. Comment une si jeune fille pourrait-elle aimer d'amour un homme beaucoup plus âgé qu'elle, au visage monstrueux de surcroît ? Il doit chasser ces idées, se consacrer totalement à ses devoirs jusqu'à la fin de la guerre. Alors, elle repartira, et ce sera bien ainsi.

C'est sans compter sur les destinées individuelles emportées dans la tourmente du terrible conflit. En ce mois caniculaire de juin 1943, tandis que Jean Moulin est arrêté et que la répression allemande redouble, le docteur Lacoste reçoit une triste nouvelle qu'il ne sait comment annoncer à Jacqueline : son grand-père est mort. Henri est d'autant plus chagriné qu'il n'a pu assister son ami. Aurait-il pu le sauver ? Il sait bien qu'il n'aurait pu lutter contre la crise cardiaque qui a terrassé le vieux monsieur fragile. Henri se charge d'organiser les funérailles, du mieux qu'il le peut, et de soutenir la jeune fille dont le chagrin est immense. Elle n'a dorénavant plus de famille. Pour elle comme pour Henri, il est évident que désormais elle continuera à vivre à ses côtés. Plus que jamais, elle a besoin de lui, tout comme il a besoin d'elle.

Si en janvier l'Allemagne a capitulé à Stalingrad, la guerre n'est pour autant pas terminée. Deux années s'écoulent encore avant la reddition sans conditions des forces armées allemandes, signée à Reims le 7 mai 1945 par Alfred Jodl. Le 8 mai, les foules sont en liesse partout dans le monde. À Paris, les cloches de Notre-Dame sonnent à toute volée, à l'unisson de celles de toutes les églises de France. Les Parisiens pavoisent les immeubles aux couleurs des Alliés, tandis qu'une marée humaine de civils et de militaires, français et américains mêlés, laisse éclater son allégresse dans une communion fraternelle en envahissant les Champs-Élysées. Les véhicules de l'armée américaine sont pris d'assaut par toute une population reconnaissante et en joie. Une manifestation patriotique a lieu sous l'Arc de Triomphe devant la tombe du Soldat inconnu dont le général de Gaulle ranime la flamme. Deux jours de célébrations et de fête déferlent sur le pays, après des années de peurs quotidiennes, de privations, de déportations massives imposées dont la guerre était encore synonyme. Le bilan à l'échelle mondiale est effroyable : cinquante-cinq millions de morts...

Bordeaux, samedi 25 juin 1949, église Notre-Dame du Chapelet. Les nombreux amis invités au mariage du docteur Lacoste se pressent sur le parvis. À quarante-six ans, il est très bel homme, si l'on fait abstraction de son visage meurtri. Grand et svelte, il est extrêmement élégant dans son costume gris perle, lavallière de soie fermant le col cassé d'une chemise blanche. Il rayonne de bonheur, et en voyant arriver sa future, il ne peut empêcher une larme d'émotion de couler doucement sur sa joue. Elle avance vers lui au bras de son plus fidèle compagnon dans la résistance, un grand sourire illuminant son visage. Elle est magnifique, dans une robe très simple et immaculée, un long voile de tulle blanc faisant traîne à partir de la tête. En passant une alliance à l'annulaire de Jacqueline devant l'autel, Henri a la sensation de vivre un rêve. Il est le plus heureux des hommes. La jeune femme, qui vient de fêter ses vingt-trois ans, n'a pas hésité un seul instant lorsqu'il a fait sa demande. Après qu'ils se sont dit oui devant Monsieur le curé, ils sortent de l'église sur le parvis inondé de soleil. Le riz qui est jeté en pluie sur le couple est une promesse de bonheur.

4

À peine la capitale libérée, de Gaulle fait cet amer constat : « La marée en se retirant découvre le corps bouleversé de la France. » Le pays est en lambeaux, aux deux tiers dévasté. Les troupes alliées ont bombardé certaines villes qui leur ont servi de base arrière : en Normandie, Saint-Lô est détruite à 98 %, Le Havre à 82 % et la « semaine rouge » du 30 mai au 5 juin 1944 a fait de Rouen un brasier après que les avions anglais et américains ont lâché sur les quais et les ponts trois-cent-quarante-cinq bombes faisant quatre cents victimes dans la seule ville. Mais on fête les libérateurs US et on se réjouit, avec le be-bop, le chewing-gum et les cigarettes blondes. Fumer devient synonyme de liberté et fin 1945 on donne même aux femmes des cartes de tabac, denrée jusqu'alors réservée aux messieurs.

Il faut se retrousser les manches, effacer les traces de la guerre. Les cheminots qui s'attellent à la reconstruction des chemins de fer sont considérés comme des sauveurs. On ne veut pas penser aux déportations organisées avec le concours de la SNCF. Seulement 3 % des juifs reviennent des camps, sans pouvoir rentrer chez eux, leur appartement ayant été attribué à d'autres. Ils se fondent dans la masse des victimes et se murent dans le silence. La vie reprend doucement, dans un souci sanitaire et d'ordre moral à rétablir. L'Amérique livre tracteurs et machines agricoles, les paysans deviennent agriculteurs, les bocages sont redessinés et, après bien des efforts, la production retrouve son niveau antérieur à la guerre. Ce n'est qu'en 1949 que les cartes de rationnement disparaissent enfin.

À la Libération, Madeleine n'a guère le loisir de se préoccuper de sa petite sœur Denise. On règle certains comptes en faisant justice dans la rue, on lynche les collabos, on traque les femmes soupçonnées d'avoir fricoté avec les fridolins, on les humilie en place publique en les tondant. Pour avoir assisté à une de ces terribles scènes alors qu'elle avait encore le ventre arrondi, elle a décidé de s'éloigner pour se faire oublier. Elle a convaincu son mari Jean de partir avec les enfants à la campagne pour quelque temps, prétextant qu'ils y trouveraient plus facilement de quoi nourrir leur famille. Elle tait évidemment qu'elle a cédé aux charmes d'un certain Lukas Müller, si beau dans son uniforme de chef mécanicien de la Wehrmacht, avec sa casquette à visière noire, ses bottes toujours remarquablement cirées, l'étui de son 7.65 fixé au ceinturon.

Elle a batifolé agréablement avec le blond germain et ne sait pas vraiment elle-même si le cinquième enfant qu'elle porte est de lui ou de son époux. Malgré la prudence dont elle a entouré cette liaison dangereuse, elle a peut-être été aperçue avec son soldat allemand. Mieux vaut prendre la tangente avant qu'une horde de langues de vipères sycophantes ne sonne l'hallali. Elle l'a donc échappé belle en entassant les gosses dans la Traction un soir à la tombée de la nuit, pour filer et rouler sans faire aucun arrêt jusqu'à Nogent-le-Rotrou. La petite commune a été la première d'Eure-et-Loir libérée par les résistants du maquis de Plainville. Jean n'a pas posé de questions, il se dit qu'un peu d'air bucolique leur fera du bien à tous. Ils trouvent à se loger et à prendre pension chez un couple de fermiers en manque de bras et dont les deux fils sont morts à la guerre. Pour leur payer leur écot, tous les membres de la famille se mettent au travail, tant auprès des animaux que dans les champs qu'il faut vite remettre en état de produire des récoltes.

Madeleine se remémore son enfance, alors qu'elle était fille de ferme, et en dépit de l'avancée de sa grossesse, ne rechigne pas à la tâche. Les garçons, Maurice et Jean sont aux côtés du père, qui, lui, se fatigue vite à la charrue ou au potager. Liliane et Georgette s'emploient avec leur mère auprès des bêtes. Les fillettes sont contentes de chercher les œufs, de nourrir les lapins pendant que Madeleine trait les vaches et s'occupe de l'étable. Alors qu'elle est ainsi affairée, les torgnoles pleuvent moins vite. Les enfants sont heureux, les fermiers sont gentils avec eux, les gâtent comme ils peuvent : à l'heure du goûter, de belles tranches de pain recouvertes de confiture de fraises avec de grands bols de lait tout frais leur sont offerts par la fermière qui les a pris en affection. Ils reprennent des couleurs, ont l'air moins malingre et oublient peu à peu les heures difficiles passées dans la capitale occupée alors qu'il n'y avait pas grand-chose à manger. Ils jouent, font quelques bêtises, vont se laver en riant et chercher de l'eau à la rivière qui coule en contrebas de la ferme. Comme ils aimeraient rester là longtemps !

Mais lorsque leur mère a accouché, il n'a pas fallu plus de trois mois pour qu'elle ait soupé de la campagne. Madeleine a envie de retrouver la ville d'après-guerre, sa capitale, son appartement, les cinémas, un travail moins épuisant. Elle a mis au monde un garçon qu'elle a prénommé Claude parce qu'il est né à la fin du mois de juillet et que le prunier des fermiers avait donné de magnifiques Reine-Claude vert pâle, sucrées et juteuses à souhait. En contemplant le bébé, elle est rassurée : il a le visage un peu mou de Jean, ses yeux bleu délavé, déjà la promesse du même nez.

20 août 1949, en Gironde. Une épaisse fumée a envahi le ciel et occulté le jour. Le pire incendie que la France ait jamais connu se propage, avec une rare violence, alimenté par

de fortes bourrasques qui ne cessent de changer de direction. Le feu avance à folle allure, les pinèdes partent en fumée. Les forêts s'embrasent sous les caprices du vent mais surtout parce que, pendant la guerre, elles n'ont plus été entretenues. La broussaille a envahi sentiers et fossés qui font normalement office de coupe-feu. Cette végétation sauvage et sèche alimente la chaudière de l'incendie qui s'étend sur un front de cinq kilomètres et vient menacer Arcachon. Les secours manquent de tout, et d'abord d'eau. C'est alors que le vent opère brutalement un demi-tour complet. Tous les hommes qui luttent sur le front nord du brasier se retrouvent pris au piège. Les fumées atteignent leur température d'auto-inflammation, on croit entendre une déflagration et c'est un tsunami de feu qui déferle sur les sauveteurs épaulés par l'armée, les tuant net. Le 33e Régiment d'artillerie de Châtellerault est décimé : sur les quarante soldats envoyés en renfort, vingt-trois meurent asphyxiés ou carbonisés. Les flammes viennent lécher la périphérie de Bordeaux. Elles n'iront pas plus loin, mais la ville est plongée dans les ténèbres. Il faudra des milliers de pompiers, arrivés en renfort de Paris et même d'Angleterre, pour venir à bout, une semaine après son déclenchement, de « l'incendie du siècle ». Le bilan est effroyable : plus de cinquante mille hectares ont brûlé et on dénombre quatre-vingt-deux morts.[1]

Depuis la villa Stella Maris, Henri et Jacqueline Lacoste ont assisté de loin à cette catastrophe, les larmes aux yeux. La fumée, qui obscurcit toujours le ciel, s'insinue et se sent partout, même les fenêtres fermées. Les pins maritimes de la région, majoritairement employés dans la fabrication des caisses de vin dans l'usine de fabrication Lacoste, se sont enflammés comme des fétus de paille. Dans l'urgence à soigner la population meurtrie d'après-guerre, Henri a ouvert un cabinet à Arcachon. Il a confié à Jacqueline la direction de

1. Article de la rubrique « Société », par Charles de Saint Sauveur, Le Parisien (septembre 2019).

l'entreprise familiale, remise en état de fonctionnement grâce à René Grandin, son dévoué contremaître. Contrairement aux jeunes femmes de sa génération, Jacqueline n'entendait pas mener une vie oisive, à attendre tout le jour le retour de son époux au foyer et en tuant le temps en futilités. Elle s'est très vite intéressée à la fabrique, où elle aime aller humer l'odeur du bois fraîchement découpé, voir apparaître les petites planches dans une envolée de sciure dorée, regarder l'ouvrier spécialisé apposer l'estampille du château producteur qui enfermera dans les caissettes les flacons de ses plus précieux nectars. Aussi dévoué et compétent soit-il, Grandin ne peut désormais faire face à toutes les tâches qui devraient incomber à un directeur. Il supervise les ouvriers et travaille à la fabrication, mais ne sait plus où donner de la tête quand il s'agit de tâches administratives ou comptables. De plus, il est un peu rude et n'a pas le contact très facile avec les clients.

Jacqueline a décelé toutes ces petites failles, s'en est ouverte à son mari. Elle a proposé de reprendre des études afin de diriger ensuite la petite société, et de la faire prospérer. Henri a approuvé, n'ayant jamais douté des capacités que sa jeune épouse pourrait développer. Elle a donc suivi le cursus de deux ans en section commerciale de l'École supérieure de commerce de Bordeaux. Elle se rendait quotidiennement en voiture rue de l'Abbé-de-l'Épée pour cette formation dont les frais de scolarité étaient moindres que ceux d'autres écoles de commerce françaises en renom. Jacqueline fut très assidue, comme les autres jeunes filles qu'elle retrouvait en classe, l'école accueillant autant de filles que de garçons. Elle se passionna pour ces études qui pourraient lui permettre, après quelques années de pratique, de diriger d'importantes sociétés. Mais elle n'avait d'autre objectif que de faire prospérer l'entreprise Lacoste, puis de la développer avec de nouveaux projets. Dès qu'elle obtint son diplôme, elle se fit aménager un bureau dans une nouvelle bâtisse qui vint jouxter les ateliers, et s'y installa.

Henri est heureux de la voir reprendre le flambeau. Il n'aurait jamais pu l'envisager lui-même, et risqué de voir péricliter ce bien que ses parents lui avaient laissé. Toutefois, avec la tragédie de cet incendie, il est très inquiet : comment Jacqueline va-t-elle faire pour trouver du bois et poursuivre la production ?

— Ne t'inquiète pas, en attendant que la nature reprenne ses droits, je vais importer. Des bois venus des colonies arrivent au Havre et à Bordeaux, je vais en acheter. Pas question de perdre un seul jour de production, encore moins des clients !

— Tu es sûre que les ateliers n'ont subi aucun dommage ?

— Oui, tous les ouvriers menés par Grandin ont épaulé les pompiers, nous avons grâce à eux échappé au pire. Les flammes sont venues lécher les abords, mais les dégâts sont très minimes, tout sera vite remis en ordre. Je vais y veiller...

— Madame Lacoste, d'où tirez-vous cette énergie ? sourit Henri, fier de sa femme.

— De votre amour, Monsieur mon mari, lui répond-elle en déposant sur sa joue un baiser furtif. Tu verras, bientôt, l'entreprise Lacoste sera la plus importante de la région, et qui sait, de France ?

Madeleine a retrouvé Paris avec plaisir. Elle distribue les tâches ménagères entre les enfants, tel un général à ses soldats. L'épicerie où elle travaillait avant la guerre a rouvert, elle y a repris sa place. Son mari a vite retrouvé à s'embaucher sur un des très nombreux chantiers aux abords de la capitale. On construit à tour de bras, le travail ne manque pas. Il rentre suffisamment tard et fourbu au bercail pour que son épouse s'offre en douce un peu de bon temps. Les gamins s'occupent les uns des autres, les garçons accompagnant et allant chercher les filles à l'école, qui elles-mêmes, déposent et reprennent chez sa nourrice le petit dernier. En revenant de la classe, ils doivent non seulement faire leurs devoirs, mais encore veiller à ce que la maison soit bien tenue. Si en rentrant du cinéma ou d'un rendez-vous galant leur mère trouve à redire, les taloches pleuvent. Il faut aussi sortir le chien, puisque Madeleine s'est entichée d'un chiot berger allemand qui a vite grandi. Les enfants sont contents de ce nouveau venu qu'elle a appelé Danco, on ne sait pourquoi. Ils sont cependant horrifiés de la façon dont elle traite la pauvre bête. Il est enfermé tout le jour dans la réserve à charbon, trop chaude l'été et glaciale l'hiver. Quand il fait mine de ne pas y entrer assez vite, c'est à grands coups de pieds que Madeleine l'y expédie, ne le nourrissant que des restes et autres déchets, comme elle le ferait d'un cochon. L'animal est efflanqué, son poil, jamais entretenu, est terne et tombe par touffes qu'il faut faire disparaître, sinon, le chien et les enfants ont droit à une raclée supplémentaire. Cela n'a pas échappé à un couple charmant que croise Jean, l'aîné des enfants, quand il le promène. La dame a fait parler l'adolescent, s'est émue du sort de ce chien qui semble toujours attendre le coup qu'il risque de recevoir. Un jour, elle explique que son mari étant souffrant par suite de ses blessures de guerre, ils vont déménager pour aller vivre dans le sud de la France. Ils seraient heureux d'acheter Danco, si sa mère voulait bien le céder. Le garçon promet de transmettre leur proposition, ce qu'il se garde bien de faire. Il dit le lendemain que sa mère est d'accord, puis il leur remet le chien le jour où ils partent définitivement, sans accepter un sou. Il est heureux, ces gens sont gentils, et il est certain qu'ils s'occuperont bien de cette bête qu'il ne supportait plus de voir souffrir. Quand Madeleine rentre le soir, il lui explique que Danco s'est enfui, il n'a pas pu le rattraper. Il courait comme un fou, il sera sans doute passé sous la première voiture venue. Elle va chercher une ceinture de son mari mais Jean serre les dents. Il est content de ce qu'il a fait et ce ne sont pas quelques coups supplémentaires qui vont entacher son plaisir d'avoir roulé sa mère en rendant la liberté à son chien.

Il songe qu'il va falloir très rapidement trouver un moyen de quitter la maison à son tour. Il en parlera discrètement à sa Tantine Denise, elle le comprendra. Maurice, l'aîné des garçons, pour échapper à ce foyer délétère, s'est déjà engagé dans la Marine. Comme son père et sans le savoir puisque Madeleine ne lui a jamais dit qui il était.

Denise est heureuse de son travail auquel elle s'adonne avec ardeur pour tenter d'occulter son chagrin. Elle trouve aussi du réconfort auprès d'Isabella, très contrariée de la trahison de son frère qu'elle ne pardonne pas. Il n'est pas revenu chez elle : il est parti vivre avec cette femme de vingt ans son aînée dont il est tombé éperdument amoureux lors de son séjour au sanatorium briançonnais. Il est guéri, travaille comme maçon mais, poussé par celle avec laquelle il va se marier, il envisage de fonder sa propre entreprise de bâtiment. Sa « petite fiancée » est vite passée à la trappe.

Cette dernière, en revanche, a bien du mal à effacer de sa mémoire « son » Enzo et les nouvelles qu'elle en obtient en faisant parler Isabella lui dilacèrent plus encore le cœur. La déception de ce premier chagrin d'amour l'a terriblement affectée. Petite proie dans l'enfance, Denise a la sensation que d'une certaine façon, les choses se sont répétées et que sa fidélité, sa sincérité, son innocence envers ce jeune homme tant aimé ont été bafouées, lui faisant aussi mal que les monstrueux attouchements de Landron. Sans en avoir conscience, elle va s'enferrer dans ce statut de victime, comme marquée au fer d'un destin funeste reçu en héritage et qui ne mettra sur son chemin que des « bourreaux ».

Elle consacre ses dimanches aux enfants de Madeleine, et s'est réjouie du récit que Jean lui a fait en confidence du sauvetage du chien Danco. Pendant qu'elle s'occupe d'eux, qui adorent leur Tantine, sa sœur sort, prétextant des rendez-vous avec ses amies de travail. En fait, elle se rend régulièrement dans un des nombreux dancings qui ont rouvert leurs portes dans le quartier de Pigalle. Son mari, lui, reste à la maison où il passe son temps à dormir, épuisé de sa semaine de travail.

Décembre 1949, Paris, siège de la SAFR, service comptabilité de la société laitière. Il arrive souvent que le comptable auquel Denise rend ses travaux scrupuleusement effectués vienne lui-même les chercher dans le bureau qu'elle occupe avec deux collègues masculins. À la cantine, ils n'ont pas manqué de lui faire remarquer avec force clins d'œil appuyés que M. Fabre ne s'était jamais dérangé avant l'arrivée de la jeune femme pour venir prendre ou vérifier des documents de travail. Elle a rougi sous les allusions sans répondre, si ce n'est d'un haussement d'épaules. Comment M. Fabre pourrait-il s'intéresser à une modeste comptométrice ? Il est de notoriété publique que cet homme suit les cours du soir au CNAM afin de devenir expert-comptable. Il semble ne vivre que par et pour le travail, quittant la rue Louis-Blanc en courant pour se jeter dans le métro qui le conduira rue Saint-Martin cinq fois la semaine. Il a toujours avec lui un porte-documents de cuir fauve qui semble lourd, et on l'imagine bien, studieux étudiant dans l'amphithéâtre Abbé Grégoire. Lorsqu'il se penche sur Denise pour voir ce qu'elle fait, elle est troublée par une senteur d'eau de Cologne fraîche mêlée de tabac qui vient taquiner ses narines. Elle a découvert les cigarettes à la fin de la guerre, et en fume deux ou trois au bureau. Le cendrier d'André Fabre est toujours débordant de mégots lorsqu'il se sauve le soir.

Par un vendredi matin particulièrement glacial, Denise ôte son manteau, son chapeau et ses gants pour prendre place à son poste de travail. Elle ne sent plus ses pieds tant elle a eu froid. Elle en frissonne encore. De plus, les locaux ne sont pas très chauffés. En s'asseyant, elle remarque que le tiroir de son bureau est entrouvert. Très soigneuse et ordonnée, elle sait bien qu'elle l'a refermé la veille avant de partir. Elle l'ouvre davantage et découvre un petit papier minutieusement roulé.

Elle le déplie. Il renferme une Gitane, et quelques lignes sont tracées à l'encre bleue d'une écriture fine et élégante :

> *Mademoiselle Doré, je n'ai pas de cours ce soir, pourrai-je vous offrir un chocolat et une tartelette amandine chez Ragueneau en sortant du bureau ? Dites oui ! En attendant, cette cigarette pour vous tenir chaud. A.F*

Denise n'en croit pas ses yeux. Ses collègues avaient vu juste, elle, rien du tout. André Fabre l'a remarquée, lui offre discrètement une cigarette et lui propose… un rendez-vous ! Elle éprouve alors un instant de panique : qui est ce Ragueneau ? Elle interroge innocemment ses collègues, va discrètement consulter le dictionnaire Larousse mis à disposition du personnel. Elle est d'autant plus touchée de l'invitation de M. Fabre dans ce café au passé chargé d'histoire et de littérature. Elle se promet de lire vite ce *Cyrano de Bergerac* qui raffolait, paraît-il, de ces fameuses tartelettes, inventées par le célèbre pâtissier-rôtisseur. Tout au long de la journée, elle observe discrètement le comptable, qui ne manque pas de passer plusieurs fois sous prétexte de feuilles de paie à vérifier auprès d'elle.

André Fabre est ce que l'on appelle un très bel homme. Grand et svelte, à la jolie musculature que lui ont laissée les nombreux sports qu'il a pratiqués, il fait se retourner bien des femmes. Auxquelles il n'est d'ailleurs pas insensible, mais cela, Denise ne peut pas encore le savoir. Le visage de cet homme de trente-sept ans affiche des traits réguliers et harmonieux. Une chevelure brune, abondante et disciplinée dégage un grand front intelligent, ce que ne dément pas l'éclat de ses yeux sombres derrière des lunettes carrées qui les mettent en valeur, reposant sur un nez droit. La bouche est sensuelle, surmontée d'une petite moustache « à la Clark Gable », le sourire éclatant et les longues mains de pianiste séduisent, attirent les regards. André est très soigné de sa personne, toujours impeccable dans des costumes à la discrète élégance et aux cravates coordonnées. Lorsque Denise le retrouve à la sortie des bureaux, il l'attend, revêtu d'un pardessus camel et de gants assortis en pécari. Il lui offre galamment son bras en l'entraînant vers l'autobus qui les dépose une demi-heure plus tard au Palais-Royal. Comme les passants, ils marchent vite, frileusement emmitouflés, et le café de la rue Saint-Honoré leur apparaît comme un agréable cocon, chaud, luxueux, où l'on s'enfonce avec délice dans de confortables fauteuils en cuir sous des luminaires des années folles.

Denise est à la fois ravie et intimidée, c'est la première fois qu'elle entre dans un tel lieu. Quand André lui prend les mains par-dessus la table, elle se raidit légèrement. Il la regarde, lui sourit avec bonté. Elle se détend et lui sourit à son tour. Un garçon vient prendre leur commande, ils commencent à bavarder, du temps d'abord, du travail, et sans qu'elle s'en rende vraiment compte, André l'amène à parler d'elle. Elle réalise alors que Lorenzo s'était montré moins curieux, peu intéressé par ses origines, sa famille, contrairement à André. Il est navré pour elle qu'elle ait été orpheline si jeune. Lui a perdu son père, il ne lui reste que sa mère et son petit frère, Gabriel, de cinq ans son cadet. Le père a été tué pendant la guerre. André l'a faite en étant enrôlé dans la cavalerie, et par un étonnant hasard ou une chance insolente, sans jamais avoir vu un cadavre. Denise ne pose pas de questions quand il aborde le sujet de cette guerre, synonyme pour elle de souvenirs encore trop douloureux. Le sourire de Lorenzo vient brutalement s'imposer à elle l'espace d'un instant, image qu'elle tente de chasser bien vite en humant le délicieux chocolat fumant qui vient de leur être servi accompagné de la tartelette dont la crème d'amandes et le nappage de confiture de framboises se marient si bien avec le cacao. Est-ce la douceur du breuvage, sa texture veloutée qui rendent l'instant propice à des propos plus doux ? André lui avoue qu'il la regarde depuis qu'elle a repris son activité dans la société, combien il la trouve jolie, et comme il aimerait la connaître davantage, la revoir plus souvent en dehors du bureau, si elle le souhaite aussi ? Denise ne sait trop que répondre, car elle ne sait pas non plus si elle pourra à nouveau faire confiance à un homme, l'aimer. André Fabre lui plaît, c'est indéniable, elle est très sensible à son charme, au charisme qu'il dégage naturellement. Mais à peine la trentaine passée, elle n'a plus songé à fonder une famille et son cœur lui semble desséché, parce que Lorenzo l'a laminé. D'ailleurs, peut-être qu'André n'a pas songé à faire d'elle une épouse, son imagination s'est sans doute emballée. Il faudra qu'elle en parle à Isabella, toujours de bons conseils. Elle accepte cependant de le retrouver un soir prochain, après tout, ils ont tant à échanger. Elle rougit encore lorsque, au moment de se séparer, André l'attire légèrement contre lui pour déposer un baiser sur ses joues.

En rentrant chez lui, sa mère lui fait remarquer qu'il est en retard pour le dîner. Ils partagent en effet un appartement au premier étage sur cour d'un immeuble ancien qui a échappé à la destruction. En lui faisant un grand sourire, il lui annonce gaiement que c'est pour « la bonne cause », qu'il a rencontré une jeune femme charmante qu'il pourrait peut-être bien lui présenter un jour prochain.

— Il serait temps que tu envisages enfin de fonder une famille, de me faire des petits-enfants ! le taquine la dame déjà âgée, avec son accent poitevin rocailleux dont elle ne s'est jamais départie. Mais pour ça, ajoute-t-elle plus sérieusement, il faudra que tu te défasses de ta liaison avec cette vieille maîtresse qui ne veut pas te lâcher…

— Maman, épargne-moi tes conseils et laisse-moi régler mes affaires seul, s'il te plaît. Tu nous as préparés quoi pour le dîner ?

5

Paris, 31 décembre 1949. Denise est fébrile. André va venir la chercher dans sa voiture, une 4 CV Renault grise qu'il vient d'acquérir, après avoir attendu plus de sept mois qu'elle lui soit livrée. Il a invité la jeune femme pour cette nuit festive de la Saint-Sylvestre. Ils iront réveillonner à Montparnasse en compagnie d'un couple de ses amis que Denise ne connaît pas encore. Elle a préparé l'événement avec Isabella, comme pour un premier bal. La plantureuse Italienne possède une machine à coudre qu'elle utilise pour satisfaire la clientèle qu'elle s'est constituée depuis la Libération. Aussi, est-ce à elle que Denise a demandé de lui confectionner la « petite robe noire » dont le magazine *Elle* a offert un patron à ses lectrices, très inspiré de Chanel qui la réinventa dès 1926. Elle a trouvé un beau crêpe un peu lourd, d'un noir profond qui aura un élégant tombé. Le modèle est simple, avec des manches courtes, un décolleté en V très sage rehaussé d'un biais de velours noir, la longueur juste sous le genou. La taille cintrée créera cette silhouette sablier lancée comme une vraie révolution par Christian Dior en 1947 avec son *New-Look*.

Denise a fait l'emplette de bas nylon, d'une paire d'escarpins à bout pointu et au fin talon de cinq centimètres, d'un petit sac à main assorti, comme les gants d'agneau, noirs également. Enfin, pour parachever cette toilette, elle a décidé qu'elle ramènera ses cheveux en chignon sur la nuque et portera un bibi de velours noir en forme de calotte rebrodée de perles et de paillettes d'or, comme le bord de la voilette qui vient se poser par-dessus. Elle a sacrifié une partie de son salaire, mais elle veut faire honneur à André et qu'il la trouve jolie. Quand Isabella a terminé sa robe, elle essaie alors chez la couturière sa toilette complète. En se découvrant devant la psyché de son amie, elle est très satisfaite du résultat.

— *Che bella ragazza* ! s'exclame Isabella, sincèrement admirative. S'il ne te demande pas en mariage, c'est à désespérer des hommes !

— Attends, cela ne fait que quatre mois que nous nous fréquentons, il n'a pas encore été question de mariage ! tempère Denise, rougissante.

— Il ne te quitte plus, et tu m'as dit toi-même que tu trouves tous les jours un petit mot dans le tiroir de ton bureau, ça sent les fiançailles ! Il est amoureux, et délicat en plus. Tu vas voir, je suis sûre qu'il y a anguille sous roche avec ce réveillon. Et toi, tu l'aimes, non ?

Denise a un instant d'hésitation face à l'enthousiasme et au clin d'œil de son amie. Que dire ? Certes, elle apprécie la cour discrète que lui fait André, ses petites attentions quotidiennes, les moments agréables qu'ils passent ensemble en sortant du bureau quand il n'a pas de cours, le soir parfois, quand il l'emmène au cinéma. Elle est surprise et flattée que ce si beau garçon, si intelligent, soit tombé amoureux d'elle. Cependant, elle doit s'avouer qu'elle ne ressent pas les grands élans du cœur qu'elle avait éprouvés pour Lorenzo. Elle aime beaucoup le jeune homme, mais est-ce vraiment aimer ? Cela, elle ne peut le dire à Isabella, qui fait tout pour que son frère s'efface de la mémoire de son amie. Denise n'est donc pas pressée de savoir si, un jour prochain, il la demandera en mariage, ou pas. Elle a simplement hâte de vivre cette soirée.

La jeune femme, adorable sous sa voilette, n'était encore jamais entrée à La Coupole. Elle est éblouie. La vaste salle a été décorée pour cette nuit particulière, mettant en valeur les trente-trois pilastres qu'ont peints toute une bande d'artistes des années folles, célèbres ou déjà oubliés. Matisse, Léger, ou un de leurs élèves, Kisling et bien d'autres ont orné de fresques les piliers carrés. Les grands plafonniers de verre rectangulaires, dans le plus pur style Art Déco du maître verrier Jean Perzel,[1] les éclairent à giorno, faisant briller les mosaïques cubistes du sol si joliment géométriques et colorées. Les verres, la porcelaine siglée, les couverts des tables dressées étincellent sur les nappes blanches, tandis qu'une armada de serveurs en gilets et nœuds papillon noirs, tabliers blancs leur battant les chevilles virevoltent déjà en tous sens. Au centre de la salle a été installé un très grand sapin croulant sous les guirlandes et autres décorations scintillantes. André regarde alentour, à la recherche de ses amis, tandis qu'une serveuse propose de débarrasser Denise et son compagnon de leur manteau. Sur la rangée de tables à gauche, un homme se lève et fait des signes dans leur direction. À son côté, une jeune femme brune s'est aussi levée et les regarde venir en souriant. André répond à son appel, prend Denise par le bras pour la guider jusqu'à eux.

— Salut mon vieux ! s'exclame joyeusement André en serrant la main de son ami.

Puis, après avoir embrassé la compagne de ce dernier, il enlace Denise :

— Voici René, et Yvette, sa fiancée. Denise, qui, j'espère, sera bientôt la mienne…

Denise a rougi tout en embrassant le couple. Cette présentation à laquelle elle ne s'attendait pas la trouble, sans qu'elle puisse trancher si elle en éprouve de la gêne ou du plaisir.

1. La maison Perzel existe toujours.

— Nous sommes ravis de vous rencontrer, André ne parle que de vous ! Trinquons à cette année qui finit si bien !

Un serveur a rempli leurs coupes de champagne qu'ils entrechoquent joyeusement. Denise s'est détendue, les amis d'André sont de très bonne compagnie. On passe assez vite au tutoiement et René, aussi grand que son ami, très sec, au visage taillé à la serpe, entreprend de raconter comment est née leur amitié :

— On s'est connus en usant nos fonds de culottes sur les bancs du lycée Colbert. Ensuite, j'ai intégré une école de commerce pendant qu'André étudiait la comptabilité. La guerre est arrivée, et on s'est retrouvés sous-officiers dans le même bataillon de cavalerie ! La vie a repris, j'ai été embauché comme acheteur chez un transitaire, ce qui m'amène à beaucoup me déplacer, en France et à l'étranger, et à abandonner Yvette, parfois pour des séjours de quelques semaines.

— Je joue les Pénélope pendant ce temps, plaisante sa fiancée, en attendant le retour de mon guerrier, dans une compagnie d'assurances… C'est beaucoup moins exotique. Nous avons quand même réussi à nous fiancer, entre deux voyages de René, et nous comptons nous marier à l'été, si toutefois il n'est pas envoyé à l'autre bout du monde ! Et toi André, toujours étudiant ? Quand obtiendras-tu ton diplôme ?

— J'ai terminé mon stage en cabinet en août dernier, ce qui m'a permis d'être inscrit au tableau de l'ordre des experts-comptables. Tout en travaillant à la SAFR, où j'ai rencontré Denise. Je poursuis maintenant le programme de formation pour préparer les épreuves du diplôme d'expertise comptable qui se passeront en mai.

— Que vas-tu faire après ? demande René. Tu comptes ouvrir ton propre cabinet ?

— Je ne sais pas encore, souhaite-moi déjà de réussir les épreuves finales !

— Quel sérieux, Messieurs ! s'exclame Yvette, et si on oubliait un peu le travail ce soir ?

Elle est interrompue à point nommé par un serveur qui vient déposer sur la table un énorme plateau de fruits de mer : huîtres, tourteaux, langoustines, amandes, palourdes, crevettes grises et roses font déjà saliver les convives, tandis qu'une bouteille de bourgogne blanc est prestement débouchée par le sommelier qui propose à René de goûter le vin, avant de servir les dames et leurs compagnons.

Denise a été impressionnée par les échanges entre les amis qui lui en ont appris davantage sur André, peu disert avec elle de ce qui a trait à son métier. Elle qui n'a pas fait de si longues études se sent toujours un peu perplexe face à son soupirant. Pourquoi elle ? Sera-t-elle à la hauteur de cet homme si vraiment il lui demande un jour d'être sa femme ? Un orchestre entré dans la salle fait diversion et entame les derniers succès à la mode, ce qui met fin à ses interrogations sans réponses. Le dîner se poursuit, avec la spécialité maison servie par un garçon en costume de maharajah indien : un délicieux curry d'agneau. Le vin aidant, les échanges se font légers, les rires fusent, Denise s'abandonne aux plaisirs gustatifs et à la compagnie de ce couple si sympathique. Elle se sent plus proche d'Yvette, avec qui elle bavarde en aparté. Les deux jeunes femmes ont le même âge, semblent toutes deux avoir l'envie qu'une amitié nouvelle se développe et puisse perdurer. Leurs hommes sont souvent absents, l'un avec ses déplacements constants, l'autre accaparé par son devenir professionnel. Soudain, alors que le gâteau au chocolat est à peine entamé, un compte à rebours égrenant les dernières secondes de l'année 1949 est entonné par tous les commensaux réunis : 10, 9, 8, 7.... Pour s'achever sur un « Bonne année ! » hurlé en chœur. On s'embrasse, on trinque encore, on rit, on chante.

André a enlacé Denise, la serre contre lui, lui murmure à l'oreille un « Bonne année » avant de l'embrasser longuement. Puis, en la regardant dans les yeux, il lui demande doucement :

— Mademoiselle Doré, voulez-vous être ma femme ? Dites oui, et nous nous marierons à l'été...

Pourquoi « Mademoiselle Doré » sent-elle une boule lui étreindre la gorge et des larmes prêtes à rouler sur ses joues, au milieu des éclats de rire, des embrassades et des cris de joie ?

À Bordeaux, dans l'appartement des Fosse, Henri Lacoste a quand même débouché une bouteille de Dom Pérignon, pour tenter de distraire un instant Jacqueline de sa peine. Le 29 décembre ont eu lieu les obsèques de son grand-père Jacques, et elle est définitivement orpheline, sans plus de famille. Ses deux parents, ses grands-parents paternels sont morts, et elle ne voit jamais ses tantes, les deux sœurs de sa maman dont elle n'a de nouvelles qu'une fois l'an pour les vœux, parfois son anniversaire... La guerre, puis l'éloignement géographique ont empêché de resserrer ces liens, de plus en plus distendus. Le vieux notaire ami des Fosse, dont le fils a repris l'étude, a tenu à être aux obsèques et à l'ouverture du testament de Jacques qu'il avait lui-même consigné. Jacqueline est sa légataire universelle, elle hérite de tous ses biens : l'appartement bordelais, les somptueux bijoux de sa grand-mère, et une petite fortune judicieusement placée qui a rapporté gros. En d'autres termes, explique l'officier public, avec cet héritage, elle devient millionnaire. Il connaît d'ailleurs un excellent conseiller financier qui pourrait l'aider à gérer cet argent.

— Mon cher Maître, ce ne sera pas nécessaire. Mon époux m'assistera, et je saurai administrer seule cet héritage. Je vous prie seulement de mettre en vente l'appartement de mon grand-père, je ne souhaite pas le conserver, trop de fantômes l'encombrent. Vous veillerez aussi à la vente des meubles et des toiles qui le décorent, dès que j'aurai mis de côté les souvenirs de ma famille que je souhaite conserver.

Henri a ri sous cape devant l'air à la fois ahuri et furieux du vieux notaire et de son jeune successeur. Qu'une femme puisse ainsi lui donner des ordres, entende s'occuper seule d'affaires généralement dévolues aux hommes lui semble incroyable. Mais pour qui se prend-elle, cette fille de danseuse, une bâtarde en somme, puisque son père n'a jamais épousé la mère ! Un comble. La malheureuse Marguerite Fosse doit se retourner dans sa tombe !

— Merci Maître de me tenir informée, à bientôt.

Le bonhomme tend une main que la jeune femme ne daigne pas serrer avant de sortir de l'étude, suivie par son mari qui, une fois la porte franchie, donne libre cours à son hilarité.

— Qu'est-ce qui te fait rire ? lui demande Jacqueline, surprise de sa gaîté subite.

— Si tu avais été plus attentive, tu aurais vu sa tête, c'était trop drôle ! Toi, petit bout de bonne femme, tu refuses son aide et son « excellent conseiller », il va lui falloir du temps pour s'en remettre, crois-moi ! Il ne sait donc pas que tu es une redoutable chef d'entreprise ? Ma chérie, je suis si fier de toi...

— Vraiment ? Eh bien, justement, tu vas m'aider. Tu sais que j'ai des projets pour développer la Maison Lacoste, en faire une grande société. Cet héritage va me le permettre, viens rentrons, je vais t'expliquer. D'abord, il nous faut vider l'appartement de grand-père. Je ne veux pas y rester longtemps, trop de bons et mauvais souvenirs y sont rattachés, et dès le 2 janvier, j'attends une importante livraison de bois !

— À vos ordres, Madame Lacoste, dit Henri, claquant des talons et se mettant au garde-à- vous en essayant de ne pas rire.

— Repos, soldat Henri, embrassez-moi !

Denise a pâli quand Isabella l'a littéralement soulevée de terre pour la serrer dans ses bras à l'en étouffer lorsqu'elle lui a raconté sa soirée avec en point d'orgue la demande d'André.

— *Mamma mia ! che gioia è questa !* J'en étais sûre ! Je suis si heureuse pour toi ! Évidemment, c'est moi que te ferai ta robe de mariée ! s'exclame son amie en reposant Denise à terre.

Cette dernière reprend son souffle après une telle démonstration d'empathie, ce qui la touche beaucoup. Elle n'a pas l'habitude d'être ainsi aimée et qu'on le lui montre. Elle sait qu'Isabella, qui a un très grand cœur, est sincèrement heureuse pour elle, sans doute même davantage qu'elle ne l'est elle-même...

— Je n'ai pas dit oui, et tu sais, à mon âge, je ne pense pas qu'une robe blanche soit appropriée. Nous avons tout le temps d'y réfléchir. Mais tu seras mon témoin ! Demain, je vais chez ma sœur pour lui souhaiter la bonne année, je vais lui en parler. De plus, quelque chose me chiffonne. C'est André qui m'en a fait prendre conscience quand je lui ai montré une photo de Madeleine. Comment se fait-il que deux sœurs soient si différentes ? Je suis aussi grande et brune qu'elle est petite et blonde, et nous ne nous ressemblons pas du tout. Pas même un vague air de famille. C'est étrange, non ?

Les enfants, heureux de voir arriver leur Tantine se sont tous écriés : « Bonne année, bonne santé » ! dès qu'elle a franchi le pas de la porte. Madeleine les fait déguerpir, elle est d'humeur maussade et fatiguée après une nouvelle fausse-couche. Elle s'installe dans la cuisine avec Denise, qu'elle s'obstine à n'appeler que « ma p'tite soeur »", et prépare un café. Curieuse comme une vieille chatte, elle veut tout savoir sur André, surtout s'il est un bon parti, a-t-il de l'argent ? Gagne-t-il bien sa vie ? Est-ce qu'il la mettra à l'abri du besoin ? Et sa famille, est-elle riche ? Denise soupire, ne répond pas. Ces questions l'agacent, elle passe à autre chose.

— Oui, il est amoureux, si tu veux tout savoir, et je ne lui ai pas demandé le montant de son compte en banque. Autre chose : tu n'as rien à me dire à propos de nos parents ? Nous avons neuf ans d'écart, notre mère est morte quand j'étais bébé, mais je ne sais pas comment. Pourquoi ne nous ressemblons-nous pas ? Je crois que nous n'avons pas le même père, tu dois connaître la vérité, toi, je voudrais que...

Madeleine, devenue rouge de colère, coupe brutalement Denise et tape du poing sur la table, faisant tressauter les tasses qui bavent quelques gouttes de café.

— Qu'est-ce que tu vas inventer ? Qui t'a mis dans la tête de telles bêtises ? Notre mère était une sainte, et elle est morte de la grippe espagnole. Voilà, t'es contente ?

Denise reste muette devant de tels mensonges, car il est évident que sa soeur ment. Mal de surcroît. La grippe espagnole ? L'épidémie était passée quand Aimée, leur mère, est morte. Pourquoi veut-elle à tout prix idéaliser leur génitrice ? A-t-elle honte de ce qu'elle suppose avoir été des « fautes » dans le parcours de vie de cette femme que Denise n'a pas connue ? Elle se promet qu'un jour, elle fera dire à Madeleine qui est son père, elle est certaine qu'elle le sait, parce qu'au fond d'elle-même, elle sent qu'elle ne peut pas être la fille de ce soldat moustachu à l'air un peu nigaud qui pose aux côtés d'Aimée sur la photo qu'elle a accrochée dans sa chambre.

Dans une autre chambre aux volets clos d'un appartement assez cossu, au troisième étage d'un bel immeuble haussmannien, un homme s'est endormi. La femme qui repose à son côté, appuyée sur un coude, le regarde, prenant plaisir à contempler son amant repu qui vient de céder à ce sommeil qui le terrasse toujours après l'amour. Elle a les yeux brillants, tout alanguie du plaisir qu'ils se sont une fois de plus donné. Il est si beau ainsi abandonné qu'elle s'en émeut, toujours étonnée de leur histoire un peu folle. Elle est belle, même si ses seins se sont alourdis, son ventre commence à se bomber, sa cuisse autrefois si fine et musclée à s'épaissir. Les légères pattes d'oie au coin de ses yeux sont plus prononcées, et quelques fils d'argent parsèment de plus en plus sa chevelure auburn. Les vingt années de plus que celui qu'elle aime depuis leur toute première rencontre, alors qu'il sortait tout juste de l'adolescence, ne peuvent plus être ignorées. Cela lui fait un peu peur, un jour, il la quittera, et elle ne pourra pas le retenir.

Sur un guéridon, trois roses rouges dans un vase de cristal. À chacune de ses visites, André apporte ces fleurs à Gabrielle, hommage symbolique à cette passion qui le lie à elle. Elle lui a appris l'amour, les joies charnelles qu'il procure. Celles que l'on prend mais aussi celles que l'on offre, sans fausse pudeur ni retenue, sans tabou. Elle lui a aussi donné l'amour des livres, des beaux textes qu'il s'est mis à dévorer. Elle lui a fait acquérir un goût sûr, pour s'habiller, pour rechercher un exemplaire d'un ouvrage de bibliophilie rare, pour se bien tenir en société, tout un savoir-être dont il lui est reconnaissant.

En soupirant, elle se lève sans bruit, saisit une rose avec laquelle elle vient caresser doucement son bel endormi pour l'éveiller. Il ouvre les yeux, lui sourit, l'attire à lui pour l'embrasser. Elle proteste mais se laisse faire, la rose tombe au sol. André a attrapé sa montre sur le chevet, et constate que le temps a passé bien trop vite. Il desserre son étreinte, se lève et commence à se rhabiller. Gabrielle l'observe depuis le lit défait.

— Tu dois déjà partir ? C'est dimanche, tu pourrais rester et nous irions dans ce petit restaurant que tu aimes tant, qu'en dis-tu ?

— Non, j'ai du travail, et ma mère m'attend pour dîner, je lui ai dit que je ne rentrerai pas tard.

— Ah, si maman t'attend... le taquine sa maîtresse.

— Il ne me reste que six mois pour préparer mon diplôme, tu le sais bien, aurais-tu oublié que c'est toi qui m'as poussé à aller plus loin, à travailler comme un damné ?

— Non, et j'en suis très fière, parce que tu iras loin, un peu grâce à moi. Et quand tu seras installé dans ton cabinet, j'irai te voir pour vérifier que tu travailles toujours bien et que tes clients sont nombreux et satisfaits !

— Je sais que tu en serais capable, s'exclame André. Mais... Il va falloir que je te parle Gabrielle. J'ai des choses importantes à te dire.

— Eh bien dis-les, ces « choses importantes », de quoi s'agit-il ?

— Pas maintenant, je dois filer. On se voit un soir de la semaine ?

— Soit, sauve-toi, garnement...

Gabrielle rectifie le nœud de cravate d'André, l'aide à enfiler son veston, puis son pardessus. Elle l'accompagne à la porte, mais avant de l'ouvrir, elle le retient, le prend dans ses bras et l'embrasse longuement. Il se dégage de son étreinte, fait gémir les gonds du lourd battant et se met à dévaler l'escalier. En écoutant le bruit de ses pas décroître, Gabrielle, comme à chacun des départs d'André, songe que c'est peut-être la dernière fois qu'elle le voit s'éloigner. Elle n'est pas dupe : un jour, il cédera au chant d'une sirène plus jeune et jolie qu'elle, et elle devra s'effacer. Elle retourne dans sa chambre, et aspire avec avidité et émotion les senteurs égarées de sueur et d'eau de Cologne fraîche abandonnées par son jeune amant sur son oreiller.

6

Sans un mot, Lorenzo l'invite à le suivre dans un couloir dont on ne voit pas la fin. Il court à présent, pourquoi ? Elle s'essouffle derrière lui, il va trop vite. Brutalement, une porte claque. Il a disparu. Derrière laquelle ? Il y en a des dizaines, toutes semblables, laquées de rouge sang. Elle en ouvre une. Elle découvre Émile Landron, vautré à demi-nu sur un lit. Il lui fait signe d'entrer, un mauvais sourire aux lèvres. Horrifiée, elle referme cette porte, voudrait se sauver, retrouver son fiancé, mais ses jambes refusent obstinément de se mouvoir. Elle se met à ramper, jusqu'à la porte d'en face cette fois, qu'elle parvient à pousser au prix d'un effort surhumain. La voix d'Isabella, qu'elle ne voit pas, lui crie de ne pas entrer. Qui est cette femme dans les bras d'Enzo ? Tous deux la regardent, la montrent du doigt en éclatant de rire. La porte se referme. Elle pleure, elle a si mal. Elle se bouche les oreilles pour ne plus entendre ce rire qui lui transperce les tympans comme une vrille. C'est alors que toutes les portes se mettent à s'ouvrir, se fermer, s'ouvrir, se fermer, en rythme, dans un vacarme assourdissant et à une cadence infernale. Elle doit fuir, instinctivement, elle se sait poursuivie. Aucune cachette en vue. Madeleine, surgie de nulle part, se plante devant elle, lui tend un crucifix. Pour quel exorcisme ? Ce n'est pas un Christ qui est cloué sur la croix de bois brun, mais une petite fille ensanglantée, à l'agonie. Sa sœur, dont la voix devient suraiguë, lui crache à la figure « Voilà, t'es contente ? » C'est alors que le visage de son aînée s'estompe, en un fondu-enchaîné qui dévoile celui d'un homme qu'elle n'a jamais vu, mais dont elle perçoit confusément qu'il est son père. La vision disparaît, elle sent une présence derrière elle. Qui la poursuit ? Elle se jette dans un large escalier, qui doit être celui d'un château. En le dévalant aussi vite que ses jambes flageolantes le lui permettent, elle risque un regard en arrière. Trois lions gigantesques sont à ses trousses. Ils s'élancent à leur tour dans cette cage d'escalier monumental. Leurs babines baveuses sont retroussées sur des crocs acérés, leurs griffes crissent sur le marbre des marches. Elle tombe. Clouée au sol par la terreur, la jeune femme hurle sans qu'aucun son ne puisse sortir de sa gorge douloureuse.

Trempée de sueur, en larmes, le souffle emballé et le cœur battant de l'épouvante de son sinistre cauchemar, Denise s'est brutalement réveillée. L'image des gueules des fauves lancés à sa poursuite la hante encore, concentré de ses peurs, de ses blessures affectives toujours à vif, de ses difficultés à exprimer ses propres sentiments et de son profond malaise qu'elle ne peut mettre en mots.

Elle cherche en hâte l'interrupteur de sa lampe de chevet. Elle a du mal à le trouver tant ses mains tremblent. Son réveil indique 5 h 10. Elle se lève, se passe de l'eau froide sur le visage et boit à longs traits, sa bouche est desséchée. Elle ne se rendormira pas, elle ne veut pas risquer de voir reparaître ce mauvais rêve qu'elle fait souvent et qui continuera de la hanter. Elle ouvre sa fenêtre, aspire avec délice l'air frais de l'aube naissante d'un printemps annoncé par le sifflet joyeux d'un merle et la senteur évanescente d'un chèvrefeuille épanoui. Cette journée d'avril 1950 sera longue, mais elle retrouvera tout à l'heure la rassurante présence d'André, le petit mot d'amour et la cigarette glissés dans le tiroir de son bureau.

Elle a appris le mariage de Lorenzo par Isabella, aussi a-t-elle accepté d'épouser le bel homme qui fait tourner bien des têtes féminines.

Madeleine est stupéfaite. Alors qu'elle emballait des légumes dans une feuille de journal, son attention a été attirée par une réclame. Elle a mis de côté le papier, et après avoir servi sa cliente, a soigneusement déplié le feuillet pour lire ce qui l'a interpellée : une photo en noir et blanc d'une caisse de bois, sous laquelle un court texte s'inscrit en lettres penchées.

« Pour leurs emballages, les plus grands crus bordelais font déjà confiance à la
Maison C. & H. Lacoste.
Expédition dans toute la France et à l'international.

Téléphone : 33 28 15 »

Lacoste, c'est le nom d'épouse de sa nièce Jacqueline ! Pourquoi ces initiales C & H ? En tout cas, elle doit en avoir de l'argent, pour se permettre de faire de la réclame dans le journal. Elle a peut-être même fait fortune avec ses boîtes en bois. Alors qu'elle, sa tante, en est encore à s'échiner dans une épicerie pour compléter le maigre salaire de son benêt de mari ! Les cinq gosses, ça coûte ! Et ça pourrait être pire si elle n'en n'avait pas fait passer quelques-uns. Ni vu, ni connu. Ce doit être de famille cette fécondité, sa propre mère aussi en a eu cinq. Elle pourrait peut-être lui en envoyer un ou deux à la Bordelaise, ça la soulagerait bien. Les filles, peut-être ? Les garçons ont grandi, elle ne s'en occupe plus beaucoup. Après tout, on doit s'entraider quand on a la chance d'avoir une famille. Elle ne sait même pas si Jacqueline a eu des enfants, mais surtout, elle n'a pas digéré de ne pas avoir été invitée au mariage. Avec un toubib, qu'il paraît. Ça gagne bien aussi les docteurs… Ils doivent pas se moucher du pied ces deux-là ! Il va falloir qu'elle tire cette histoire au clair, et prenne des nouvelles de sa nièce chérie, elle a tant aimé sa défunte maman Maryse, la petite danseuse.

Jacqueline, qui dorénavant se fait appeler Chantal, prénom en vogue qu'elle trouve plus chic que le sien pour les affaires, est occupée dans son bureau avec le contremaître. Son téléphone sonne, sa secrétaire lui indique qu'une dame souhaite lui parler, qui a précisé que c'est personnel. Agacée, elle prend l'appel.

— Ma petite Jacqueline ? susurre une voix qui se veut mielleuse. C'est ta Tatie Madeleine, je viens prendre de tes nouvelles, cela fait si longtemps…

Il faut quelques secondes à Jacqueline pour réaliser qui est sa correspondante. En effet, il y a bien des années qu'elle n'a plus entendu parler des sœurs de sa mère, elle n'en a même aucun souvenir. Elle ne sait quoi lui dire, et de plus, pas de temps à perdre, de très grosses commandes viennent d'arriver d'Italie, il va falloir réorganiser le travail des ouvriers afin de pouvoir les honorer au plus vite.

— Tante Madeleine ! Quelle surprise… Je vais bien, je te remercie… balbutie-t-elle.

— Tu sais combien j'étais proche de ta chère maman, il faut que notre famille reste unie, pour sa mémoire. Alors, tu es mariée ? Des enfants ?

La jeune femme a un pincement au cœur. De quoi se mêle-t-elle, cette tante surgie de nulle part ? C'est un sujet qu'elle ne veut surtout pas aborder, une épine au cœur, son chagrin d'avoir récemment appris qu'elle était stérile et ne pourrait jamais donner un successeur à Henri, ses propres désirs d'enfant anéantis. Par ailleurs, elle croit savoir que sa maman et cette « Tatie Madeleine », qu'elle ne connaît pas, n'ont jamais été vraiment proches.

— Oui, en effet, je suis mariée, et non… je n'ai pas d'enfant. Ne m'en veux pas, mais j'ai beaucoup de travail, je ne peux pas te parler maintenant. Appelle-moi un soir à la maison, ou bien, si tu passes un jour par le Cap-Ferret, viens nous voir, Henri sera content de te connaître. Je te repasse ma secrétaire, elle te donnera notre adresse et notre numéro.

— Très bien. Je...

Madeleine n'a pas le temps de continuer sa phrase que déjà la voix de la secrétaire a remplacé celle de sa nièce. Elle est vexée, mortifiée. Pour qui se prend-elle, cette fille, avec son « j'ai du travail » ? Et elle, elle n'en a pas, peut-être ?

Elle note sur une page de bottin les coordonnées de cette ingrate, raccroche, déchire rageusement la feuille qu'elle glisse dans son sac à main et quitte la cabine téléphonique du bureau de poste de son quartier. Avant de rentrer chez elle, histoire de se calmer, elle s'offre une Suze cassis, perchée sur un tabouret au comptoir du café situé à l'angle du boulevard Davout. Elle la siffle en deux gorgées, repose son verre. Perdue dans ses pensées colériques et aussi amères que sa Suze, elle n'a pas remarqué qu'un homme s'était approché, auquel elle a visiblement tapé dans l'œil.

— Eh bien, ça, c'est de la soif ! Je peux vous offrir un autre « fond de culotte » ? C'est bien ce que vous buviez n'est-ce pas ? Comme on dit « un fond de culotte ne s'use qu'assis » ! Je m'appelle Roger. Mademoiselle ?

— Madeleine, avec plaisir, Monsieur Roger.

— Appelez-moi Roger, jolie Madeleine !

Il tombe à pic, celui-là. On ne refuse pas un verre si gentiment proposé, surtout quand celui qui l'offre a l'air très sympathique et la fait rire. Sans compter qu'il n'est pas mal du tout et qu'il lui a donné du « Mademoiselle ».

André a promis à Denise qu'ils se marieraient à l'été. Sans pour autant fixer de date, car il lui faut d'abord obtenir son diplôme. Il aura ensuite l'esprit plus tranquille pour songer à fonder une famille. Résignée, la jeune femme patientera, mais elle aurait aimé pouvoir envisager ce mariage en le préparant autrement qu'à la dernière minute. Elle se contente donc de leurs rendez-vous plus ou moins furtifs, selon l'emploi du temps de son « fiancé ». Madeleine, dévorée de curiosité, aimerait bien rencontrer celui que sa petite sœur va épouser. Là encore, une présentation est sans cesse reportée. Tout comme l'est une rencontre avec la mère d'André, il a estimé que cela aussi pouvait attendre.

Il devrait, raisonnablement, mettre un terme à sa liaison avec Gabrielle, mais il n'y parvient pas. Cela fait plusieurs années qu'elle est toujours là pour lui, et qu'au creux de son lit si accueillant, il assouvit avec et grâce à elle ses désirs les plus fous. Il refuse de voir que le temps passe, laissant les traces de son « irréparable outrage »[1] sur cette femme tant aimée. Même si, en coquette consommée et rusée, elle sait le dissimuler aux yeux de son jeune et fougueux amant. Quand elle le reçoit, c'est souvent à la lumière de multiples bougies, ou bien en déposant un voile de soie incarnate sur l'abat-jour d'une lampe à la lumière trop vive et qui ne projettera plus que des lueurs de coquelicot fatigué aux murs de sa chambre. Il lui a parlé de Denise, lui a fait part de son intention de se marier. Gabrielle a battu des mains, affichant une mine réjouie, une fausse gaîté lui donnant à croire qu'elle est heureuse qu'il songe enfin à prendre épouse. Si elle a toujours su que leur histoire s'achèverait ainsi, elle ne peut imaginer ce que sera sa vie sans lui, sans « *son grand Chéri* », son chant du cygne, qui sonnera sans doute pour elle le glas d'amours à jamais envolées et défuntes. Comme elle envie cette Denise. Saura-t-elle au moins le rendre heureux ?

André, lui, n'entend pas encore rompre avec cette maîtresse qui le comble. Il a réfléchi à son avenir, a tracé les grandes lignes, en comptable expert en projections chiffrées et carrées. S'il a jeté son dévolu sur la jeune et jolie comptométrice, c'est qu'il a flairé, sans toutefois pouvoir définir pourquoi, une

1. Racine, « Athalie ».

docilité, une douceur dans une forme de renoncement qui fera d'elle une épouse soumise et une bonne maîtresse de maison. Il est certain qu'elle acceptera, pour l'amour de lui, de vivre sous le même toit que Sidonie, sa mère, qu'il n'abandonnera jamais. Son plus jeune frère a quitté le nid pour effectuer son service militaire, mais il ne compte pas rentrer au bercail une fois ses obligations remplies, encore moins s'encombrer de la dame vieillissante. De plus, André a décidé qu'il aurait un enfant pour ses quarante ans, pas avant. Un fils, qui perpétuera son nom, celui de son père et du père de son père. La taille fine et les hanches rondes de Denise lui ont donné à penser qu'elle ferait la parfaite matrice pour porter cet enfant dont il envisage déjà le radieux avenir au sein d'une grande école. Pourquoi pas Polytechnique ? En attendant, il doit débuter et assurer sa propre carrière professionnelle, en ouvrant son cabinet, s'il décroche son titre d'expert-comptable, ce dont il ne doute pas un instant. Il a travaillé comme un fou pour préparer l'examen final.

12 juin 1950, cimetière de Pantin. La chaleur est accablante, surtout à cette heure méridienne. La cérémonie religieuse, débutée à 11 heures, a pourtant été vite expédiée par un prêtre bedonnant et suant à gros bouillons sous sa vêture sacerdotale de circonstance. Il avait accepté contre une somme rondelette « pour les œuvres de sa paroisse » d'en être le célébrant malgré toute la répugnance qu'il en avait.

André a toujours exécré la religion. Il se veut libre penseur, a lu Voltaire et Nietzsche dont il a fait son miel. Dans ce repaire de « *fabricateurs de dieux* »[1] bourré de statues peinturlurées de saints et de vierges Marie, il aurait pu avoir envie de sourire si son chagrin n'était pas aussi prégnant. Il se tient en retrait, discrètement, bien que l'assistance soit très clairsemée. Tout au plus, une petite dizaine de personnes. Des femmes pour la plupart. Il n'en connaît qu'une : Yvonne, la

1. Expression nietzschéenne.

sœur de Gabrielle, qui l'a prévenu. Elle seule était dans la confidence de leur liaison. Elle avait promis que s'il arrivait « quelque chose », elle serait messagère. Cette Iris désignée a tenu parole et a téléphoné à André pour lui apprendre que Gabrielle s'était ouvert les veines et n'avait pu être sauvée.

Dans cette longue allée peu ombragée, face à la tombe creusée, il ne reste plus qu'elle et André. Il se tient encore à distance tandis que le cercueil entame sa descente et que gémissent les cordes qui le retiennent encore, pleureuses improvisées. De fades exhalaisons de terre fraîchement retournée et de fleurs qui se meurent sous le soleil trop violent lui soulèvent le cœur. Derrière ses lunettes noires, des gouttes de sueur mêlées à ses larmes lui piquent les yeux. Les croque-morts ont vite fait de remballer leurs cordages, autant pressés par l'envie d'une boisson glacée que de se défaire de leur veste et de leurs cravates noires. Déjà un fossoyeur prend le relais et déverse des pelletées hâtives dont la chute sur le couvercle du cercueil produit un bruit mat, aussi sombre et profond qu'une œuvre de Soulages.

Yvonne rejoint André, l'étreint un instant dans l'élan de ce grand chagrin partagé. Puis, elle sort de son sac une pochette de taffetas bleu et une enveloppe cachetée qu'elle lui remet.

— Gabrielle a laissé cela en évidence pour vous. J'ai accompli jusqu'au bout la mission qu'elle m'avait confiée. Je ne crois pas que nous nous reverrons… Adieu, André.

André reste seul, un peu perdu, tandis qu'Yvonne s'éloigne, dont la silhouette lui rappelle trop rudement celle de Gabrielle. Il sait maintenant qu'il l'a aimée comme jamais il ne pourra aimer une autre femme. Une vague de culpabilité vient le submerger, débordant sa peine : le lui a-t-il seulement dit ? Il n'en n'a pas le souvenir, pas même au plus fort de leurs joutes amoureuses. Aurait-elle voulu mourir à cause de lui ? Ce serait insupportable. Il glisse dans sa poche le petit sachet doux au toucher, il sait déjà ce qu'il contient : quelques bijoux sans grande valeur qu'il aimait voir porter à son amante. Les doigts tremblants, de crainte de ce qu'il va lire, il décachette l'enveloppe sur laquelle la belle écriture de Gabrielle a tracé son prénom. Un seul feuillet, quelques lignes :

Mon grand Chéri,
Je t'interdis d'être triste, sache que tu n'es pour rien dans ma décision de quitter ce monde. Il te sera plus facile de m'oublier dorénavant. Sois heureux ! C'est un ordre de
Ta Gabrielle, à jamais.

Septembre 1950. Denise contemple la photo d'elle qu'a prise André. Elle est assise sur son lit, chez elle, où elle l'avait invité un soir de juillet. Elle a les jambes croisées et recouvertes de la corolle déployée jusqu'aux chevilles d'un déshabillé de satin blanc, chaste et glamour, comme en portent parfois les vedettes du cinéma hollywoodien qu'elle affectionne. C'est amusant : sur ce cliché, elle a de faux airs de Dorothy Lamour, dont elle a vu presque tous les films.

Elle ignore que cette actrice a, comme elle, des origines espagnoles. Denise en a adopté la coiffure, la façon de se maquiller. Ses cheveux très bruns et mi-longs, comme ses pendants d'oreille, effleurent l'ovale régulier de son visage en douces ondulations, le front est dégagé. Ses yeux noirs, surlignés de l'arc des sourcils redessiné au crayon, sont dirigés vers l'objectif mais le regard se porte au-delà, comme si un voile de déréliction en ombrait le velouté. La bouche, fermée et laquée de rouge vif, évoque un cœur élargi que pas la moindre esquisse de sourire ne vient étirer. Un coude posé sur le genou relevé entraîne l'œil du lecteur vers la main qui tient une cigarette. La blancheur de la toilette se détache sur le papier peint au motif floral. Les larges bouquets, géométriquement organisés, ont par inadvertance et sans que le preneur d'image s'en aperçoive, posé une fleur sur la chevelure, comme le fait une danseuse andalouse. Bon sang ne saurait mentir, mais Denise ignore encore que dans le sien l'Espagne s'est mêlée à la Normandie. Tout comme elle ne peut savoir qu'à son insu, son corps exprime quelque chose de méconnu, une sorte de socle verrouillé par les non-dits, ces secrets celés qui viennent empêcher une vie relationnelle telle qu'elle aimerait la vivre. Même si Madeleine ne dit rien, Denise sait qu'elle a été conçue par un autre que son « père », celui du cadre accroché au-dessus de son lit. Sa sœur peut-elle seulement admettre cette vérité qui flétrit la belle image d'Aimée, leur mère, dont Denise, fille d'un autre, est la preuve vivante du faux pas ?

Denise soupire, délaissant le rectangle de papier glacé. Il n'y a pas eu de mariage à l'été. André l'a repoussé à l'hiver prochain. Est-ce pour cela que cette photo, témoin d'un moment intime entre le photographe et son modèle, montre non pas un plaisir ou une émotion partagés, mais une résignation, une distanciation, un éloignement inéluctable. Sa vie se résumerait-elle à une succession de temporalités immorales et incertaines, ces rencontres hasardeuses, mais inscrites dans les gènes ancestraux qui induisent des itérations, en rendant attractif ce qui devrait être redouté ?

André a brillamment réussi ses examens, a obtenu son diplôme avec les félicitations du jury. Il en est d'autant plus méritant qu'il porte en lui le souvenir de Gabrielle dont le manque le taraude. Il cache cette écharde qui a mis son cœur à vif, donne à voir le bonheur de son succès. Il l'a fêté avec Denise et leurs amis Yvette et René au cours d'une soirée joyeuse et arrosée. Le couple va se marier à l'automne, et Denise et André sont invités.

— Et vous deux, pour quand le mariage ? demande ingénument Yvette.

— Nous n'avons pas encore fixé la date, ce sera après vous, dans le courant de l'hiver, répond évasivement André, qui ne remarque pas que sa fiancée s'est raidie et a rougi.

Lui a-t-il seulement demandé son avis ? Elle réalise que depuis qu'ils se connaissent, c'est lui qui décide de tout, sans se préoccuper de savoir si cela lui convient, faisant toujours en sorte qu'elle acquiesce, presque malgré elle, tout en ayant l'impression qu'elle adhère à tout. Alors, elle trinque en affichant une gaîté qu'elle n'éprouve pas vraiment. Elle se morigène ; après tout, elle devrait se sentir flattée d'avoir été choisie par cet homme, elle voit bien les regards envieux des femmes, il est si séduisant. Pourquoi d'ailleurs avoir différé leurs noces ? De quoi a-t-il peur ? Il a prétexté qu'il devait se concentrer sur sa carrière. En effet, la nouvelle de son succès s'est répandue dans la société. Aussi, André a-t-il été rapidement convoqué par le P-DG lui-même, qui craignait de voir ce jeune cadre brillant quitter la SAFR pour devenir expert-comptable à son propre compte. Il lui a fait alors une proposition : prendre le poste, actuellement vacant, de direction des services comptables et financiers. Un emploi à lourdes responsabilités, avec de nombreux employés sous ses ordres, des charges importantes. Il allait de soi que le salaire serait très confortable et qu'un treizième mois permettrait de donner à réfléchir. Ce qu'André avait demandé à faire avant de s'engager dans cette voie, royale s'il en fut. Il se ferait désirer, et en acceptant finalement ce travail, renégocierait les propositions salariales. Il allait se marier, l'épouse d'un directeur ne travaille pas, il devra subvenir aux besoins de deux personnes. N'allait-il pas aussi, pour ses quarante ans, avoir un fils ? Il fallait songer aux dépenses que la venue au monde d'un enfant occasionnerait, qui, en grandissant et en étudiant coûterait de plus en plus cher…

C'est au premier octobre qu'André est installé dans ses nouvelles fonctions, en même temps que les élèves retrouvent le chemin de l'école. Il occupe désormais un bureau plus éloigné de celui de Denise, qui ne trouve plus de petits billets dans son tiroir le matin.

Celui qu'elle doit désormais gratifier de « Monsieur le Directeur » quand il vient lui demander d'accomplir une tâche n'a plus guère le temps de songer à ces petites attentions propres à entretenir l'amour.

7

Samedi 23 juin 1951, 11 h 30. Le temps est exécrable, à tel point que l'on se croirait en automne. Des pluies abondantes et persistantes s'obstinent à se déverser, faisant monter du sol des odeurs de terre et de bitume que le soleil avait auparavant chauffés.

— Y r'pleut, comme on dit chez nous ! Mariage pluvieux, mariage heureux ! s'exclame Madeleine en voyant arriver la future épousée sur le parvis luisant de flaques de la mairie du XIIe arrondissement.

La jeune femme trottine au bras de son fiancé qui tente de la protéger du mieux qu'il peut en l'abritant sous un grand parapluie noir. Cette mariée aussi est en noir. Un tailleur strict qu'Isabella a réalisé lui fait une silhouette de guitare. La veste croisée très près du corps souligne la finesse de la taille, et la jupe droite, étroite, recouvre pudiquement les genoux pour descendre à mi-mollets. Seules concessions à la pureté symbolique de rigueur en cette occasion : un chemisier immaculé au col rond, boutonné jusqu'au cou, un bibi dont les plumes nivéennes viennent auréoler la chevelure ténébreuse comme la nuit, des gants de dentelle blanche et un petit sac de cuir également blanc qui ressemble à une aumônière de première communiante. Des escarpins noirs ne l'élèvent pas encore suffisamment, bien qu'elle soit grande, pour rejoindre le mètre quatre-vingts de son futur époux, vêtu lui aussi avec la même élégante sobriété.

Denise a su encore patienter. L'hiver dernier, André a reporté leur mariage au printemps. Puis, du printemps à l'été. Tous deux, considérant qu'à respectivement trente-cinq et quarante ans il serait inconvenant de célébrer cette noce au-delà du raisonnable. Aussi, seuls les proches ont-ils été conviés. Madeleine, boudinée dans une robe fleurie qui souligne son ventre rond parce qu'elle a grossi, et Jean, son mari, gauche dans son costume bleu marine dont le tissu bon marché a tendance à briller, son éternel chapeau gris vissé sur un crâne de plus en plus dégarni. Sidonie, la maman d'André, qui ne s'est jamais départie de ses vêtements de veuve, un foulard aux vifs motifs floraux noué sous le menton, seule note de couleurs sur ses cheveux argentés. Gabriel, le petit frère, qui semble déjà s'ennuyer, lui a offert son bras. Puis, René, l'ami et témoin du marié, et son épouse Yvette, qui a toujours l'air un peu pincé, en dépit des sourires qu'elle adresse aimablement aux autres invités en les saluant. Enfin Isabella, l'amie et témoin de Denise. Et à la surprise générale, Jacqueline Lacoste.

C'est Madeleine qui lui a fait savoir que sa petite sœur se mariait, et que ce serait là l'occasion de renouer des liens familiaux pour le moins distendus.

André a été immédiatement séduit par cette nièce de sa femme, qu'il ne connaissait pas. Sa classe discrète et griffée, le sillage d'un parfum en vogue qu'elle sème sur son passage, le diamant qui orne son annulaire gauche la font se démarquer du reste de la « famille ». Très souriante, affable, elle a vite, au cours du déjeuner au restaurant qui a suivi la cérémonie rondement menée, entamé une discussion très sérieuse avec André à la droite duquel elle a été placée, son épouse étant à sa gauche. La chef d'entreprise et l'expert-comptable se sont vite trouvé des terrains d'entente. Ce qui a fortement contrarié

Madeleine, qui espérait bien accaparer sa « chère nièce ». Son nez s'est allongé quand elle a vu le cadeau de Jacqueline aux jeunes mariés. C'est Denise qui a ouvert la jolie boîte portant l'écusson de l'orfèvrerie Saint-Médard pour en extraire une corbeille à pain en argent finement ouvragé. Une étincelante merveille. Pourquoi elle, Madeleine, la « tante aînée », la plus proche de la défunte Maryse, n'a rien reçu ? Certes, ce n'est pas son mariage, mais tout de même. Et comme elle a été reléguée en bout de table, elle ne peut pas se mêler à la conversation. Elle aurait bien aimé pouvoir parler à sa nièce, lui faire part de ses projets de lui envoyer ses filles, ou bien lui demander un petit coup de pouce financier pour l'aider un peu. Elle a récemment mené un train de vie assez dispendieux et, sans en avoir rien dit à Jean, a accumulé quelques dettes. Mais comment résister à ce chapeau, ces chaussures, ces robes, qui, elle n'en doute pas, plairont à Monsieur Roger qu'elle revoit régulièrement. Mais voilà, la Bordelaise est accaparée par son nouveau beau-frère. Elle tente bien de faire des signes à Denise, qui l'ignore. De mieux en mieux. Elle ne voit donc pas, cette dinde, que son mari est sous le charme de celle qui se fait appeler Chantal ? Elle se recentre alors, faute de mieux, sur le déjeuner, se fait resservir de la souris d'agneau et redemande du champagne. Tout en glissant discrètement dans son sac le petit pain individuel qu'elle n'a pas touché et un cendrier qui lui plaît bien.

Jacqueline « Chantal » Lacoste n'est pas venue à Paris uniquement pour le mariage de sa tante. Elle y séjourne depuis plusieurs jours, avec un agenda très chargé en rendez-vous d'affaires. Soucieuse de développer davantage encore la société que son époux lui laisse diriger, elle souhaite en diversifier les productions. Quand les Américains avaient débarqué en Normandie, ils avaient apporté avec eux des produits et des procédés de fabrication encore inconnus en France. Ainsi, la palette de manutention, créée par le dépôt des équipements de la Marine de Brooklyn. Ce service avait envisagé la construction de contenants, non pas en considérant les marchandises à transporter, mais le fait qu'il aurait à remplir complètement le wagon dans lequel elles seraient chargées. L'idée du capitaine Charles D. Kirk et son adjoint, le lieutenant Walter T. Sheldon, allait en révolutionner l'acheminement. Ils prirent pour base le plancher d'un wagon qui fut divisé en carrés de 1,20 mètre de côté. Ensuite, ils commandèrent des cartons de dimensions à même de couvrir exactement la palette.

En ces années de redressement et de modernisation de l'économie française, de nouveaux marchés s'offraient aux plus entreprenants, et si Jacqueline n'avait pu donner d'enfant à Henri, elle considérait la Maison Lacoste comme leur bébé à faire grandir et dont ils feraient leur fierté. Or, les palettes, de plus en plus demandées, étaient fabriquées en bois. Les plus utilisées étaient généralement élaborées en planches de résineux comme le pin, l'épicéa, le Douglas ou le sapin, toutes essences à portée de main en Gironde. Jacqueline avait donc décidé que non seulement elle poursuivrait la fabrication de caisses destinées au transport de bouteilles de vin, mais encore qu'elle lancerait celle de palettes. En femme d'affaires déjà avisée, elle était venue rencontrer dans la capitale de potentiels clients. Cela lui permettrait de faire une étude de marché avant d'investir dans une nouvelle usine de laquelle sortiraient ces accessoires devenus indispensables afin de rationaliser la manutention, le stockage et le transport de marchandises.

C'est ce qu'elle explique à André, lui disant sa satisfaction face à l'enthousiasme des divers dirigeants d'entreprise qu'elle avait rencontrés et qui laissaient augurer un franc succès commercial. Il ne lui restait plus qu'à convaincre les banques de lui prêter l'argent nécessaire à la construction d'une nouvelle usine. Elle envisageait de l'implanter à Podensac, à une centaine de kilomètres du Cap-Ferret, où les conifères abondaient.

André est en effet étonné par la pugnacité et l'ambition de cette jolie femme devenue sa nièce par alliance. Il la regarde avec une certaine admiration, de celle que l'on accorde à un pair, lui qui, jusqu'alors, a toujours considéré le sexe faible comme incapable d'égaler en audace la volonté de réussite masculine. Il estime que dans un couple, c'est l'homme, le *pater familias*, qui doit pourvoir aux nécessités financières de son foyer. Ainsi, a-t-il fait démissionner Denise de son poste de comptométrice. Il était impensable qu'elle continue à travailler en étant sa femme. Il peut très largement subvenir aux besoins de la famille bientôt fondée avec elle, puisqu'il ne doute pas qu'elle lui donnera très vite l'héritier espéré. Mais il ne dit mot de cela à sa voisine de table, trinquant avec elle à ses réussites à venir, sous le regard torve de Madeleine et celui, déjà résigné, de son épouse.

Automne 1951. L'appartement de la rue Lafayette dans lequel a emménagé la « jeune mariée » est petit et sombre. Les fenêtres de ce premier étage qui donnent sur une cour intérieure ne parviennent pas à capter la lumière. André et sa mère y vivent depuis le décès du père, et la jeune femme a dû y trouver sa place, faisant contre mauvaise fortune bon cœur. Après tout, la femme doit suivre son mari. Et accessoirement sa belle-mère. La vieille dame est charmante, mais en maîtresse femme qui a passé sa vie au service de trois hommes, ne s'en laisse guère conter. En matriarche habituée à régenter, elle entend bien rester indépendante, fait ses propres courses et sa propre cuisine. Ainsi, les deux femmes, à l'heure des repas, se retrouvent-elles devant un fourneau commun, chacune préparant un déjeuner ou un dîner différent. En revanche, le ménage a été tacitement dévolu à Denise, qui dorénavant occupe ses journées à briquer, laver, repasser, n'ayant rien d'autre à faire puisqu'elle ne travaille plus. On attend maintenant d'elle le fils qui viendra égayer cet étrange ménage à trois, qu'elle a docilement accepté en épousant André.

Pour cela, il faudrait que son époux s'unisse à elle plus souvent. Or, il n'est pas aisé d'avoir des moments d'intimité lorsqu'une tierce personne occupe la chambre mitoyenne de la vôtre. De plus, si André a connu avec Gabrielle d'intenses plaisirs charnels, il est surpris et déçu de ne pouvoir éveiller les sens de son épouse. Celle-ci, crispée et muette, les yeux fermés, subit plus qu'elle ne prend plaisir à se donner à lui. Tout naturellement, leurs rapprochements se sont espacés. Comment Denise, qui s'est toujours considérée comme coupable du viol de son enfance pourrait-elle mettre cet inexprimable en mots ? Comment dire à son mari quand il la caresse que se superpose à lui l'image figée de son bourreau ? Elle a trop honte de cet épisode qui l'a marquée au fer rouge de l'infamie, honte des cauchemars qui le lui rappellent, honte d'être cette victime sacrifiée qui reste figée dans ce statut, dans la peur, dans l'incapacité à confier, même à cet homme auquel elle a lié son destin, cette souffrance intérieure qui la ronge tel un cancer sournois. Elle voudrait un enfant, non d'un désir de maternité qu'elle n'éprouve pas, mais pour satisfaire cet époux qui l'espère. Pourquoi ne devient-elle pas enceinte ? Sa mère et sa sœur, elles, étaient très fécondes. Madeleine ne se prive pas de le lui rappeler, de la tarauder, lui posant la sempiternelle question :

— Alors, toujours pas enceinte ?

Elle-même, qui a cédé avec délice aux avances de Monsieur Roger, vient encore d'avoir recours aux services d'une avorteuse. Mais cette fois-ci, les choses se passent mal. Elle n'a pas manqué son travail une seule journée, mais elle se sent très fatiguée, et a bien du mal à endiguer l'effusion de sang qui s'écoule de son corps. Toutefois elle tient bon, prétextant auprès de son mari qui s'en inquiète, des menstrues particulièrement importantes. Cela finira bien par passer. Elle ne peut quand même pas expliquer à Jean qu'une fois de plus, elle s'est retrouvée grosse d'un autre que lui ! Elle a dû hériter cette fichue fécondité de sa mère, hérédité dont elle se serait bien passée. Elle jalouse Denise qui, elle, a toujours le ventre aussi plat que celui d'une limande-sole. Mais les jours passent, et elle se sent de plus en plus mal. Elle est oppressée, a du mal à respirer. Elle sent son cœur battre trop vite, de violentes et térébrantes douleurs lui cisaillent régulièrement le ventre, la pliant en deux et la faisant vomir. Elle a des frissons, bien que son front, quand elle y porte la main, soit brûlant. Ce ne doit pas être si grave, elle en a vu d'autres, elle ne va pas s'arrêter de vivre pour quelques élancements qui doivent être normaux après un avortement clandestin. Jusqu'à ce qu'un matin, en arrivant à l'épicerie, elle s'effondre sans connaissance, pratiquement dans les bras de sa patronne. Celle-ci, ne parvenant pas à la faire revenir à elle, appelle les pompiers. À leur arrivée, en procédant aux premières investigations, ils constatent que la tension de Madeleine est au plus bas et ils la transportent, toutes sirènes hurlantes, à l'hôpital Diaconesses Croix Saint-Simon. Dans son sac à main, on trouve sa carte d'identité, un bout de page de bottin sur lequel un nom et un numéro de téléphone ont été griffonnés. On suppose qu'il s'agit d'un membre de sa famille, que l'on prévient. En recevant cet appel, Jacqueline, depuis sa province, alerte illico Denise qui se précipite au centre hospitalier.

En entrant dans la chambre que sa sœur partage avec deux autres malades, elle découvre un médecin et une infirmière penchés sur Madeleine, très pâle, les yeux clos. Denise explique qui elle est, et demande de quoi souffre la patiente.

— Elle est atteinte de septicémie, comme l'ont confirmé les examens que nous avons pratiqués dès son arrivée. Nous allons tenter de la sauver, mais je ne vous cache pas que son pronostic vital est engagé. Savez-vous si elle s'est récemment blessée, si une plaie a été mal soignée ou si elle a eu une infection abdominale ?

— Mais non, je ne comprends pas... murmure Denise, ébranlée par le diagnostic qui vient de lui être énoncé. Est-elle consciente ? Je peux lui parler ?

— Si elle se réveille, oui, mais ne la fatiguez pas davantage, ne restez pas longtemps.

Comme si elle avait entendu cet échange, Madeleine ouvre les yeux, tend la main vers sa sœur en esquissant un pauvre sourire. Denise prend dans la sienne cette main tendue, très froide, s'assoit au bord du lit.

— Ma p'tite sœur... Je crois que cette fois, c'est fichu. Tu veilleras sur les gosses ? Ils sont grands, mais quand même, Jean sera incapable de...

Elle doit s'interrompre, le souffle lui manque comme si elle venait de courir un marathon, sa respiration est sifflante. Denise est très inquiète, mais au bout d'une minute qui a semblé une heure, la malade reprend, la voix brisée :

— C'est incroyable tout de même. Notre mère est morte en couches, et moi, je vais sûrement mourir par où j'ai péché... Tu demanderas à Jean de te donner le livret de famille de nos parents, tu trouveras dedans un papier écrit par notre maman. Tu voulais savoir, tu sauras. Je peux pas emporter ça.

Les yeux de Madeleine se sont refermés, des perles de sueur sont apparues sur son front, au-dessus de ses lèvres, sa pâleur semble s'être accentuée, ses mains sont glacées. Elle ne répond plus à Denise qui s'affole, court dans le couloir en quête d'une blouse blanche. Elle ne trouve pas, alerte une infirmière qui sort d'une chambre et se précipite. Elle prend la tension de la malade pour constater qu'elle a brutalement chuté de façon très alarmante. Elle retourne alors chercher le médecin, qui la suit en courant. Lorsqu'il se penche à son tour sur sa patiente, cette dernière a cessé de vivre, succombant à un choc septique.

Denise est bouleversée. Non seulement parce que sa sœur vient de mourir sous ses yeux, mais par les dernières paroles qu'elle a prononcées. Madeleine a enfin dévoilé la vérité sur la mort de leur mère. L'a-t-elle fait délibérément ou cela lui a-t-il échappé, tandis que sa conscience semblait déjà s'enfuir ? De surcroît, elle l'a laissée dépositaire d'un autre lièvre à lever, à débusquer dans les papiers familiaux. Elle doit prévenir Jean, les enfants, aider à l'organisation des obsèques. Tout se bouscule dans sa tête, qui se met à lui tourner un peu. Elle sort vite de cet hôpital, s'assoit sur le premier banc venu. Elle réalise soudain qu'elle est la seule survivante des trois sœurs Doré, les filles d'Aimée. Pourquoi n'éprouve-t-elle pas vraiment de chagrin et ne pleure-t-elle pas ? Des souvenirs, toujours douloureux, refont surface tandis qu'elle songe à Madeleine. Son retrait de l'orphelinat, le jour de sa première communion, cette fête dont elle s'était fait une joie, que sa sœur avait interrompue en venant la chercher précisément ce jour-là. Les méchants traitements dont elle avait été le témoin sur ses neveux et nièces, le chien Danco, sauvé d'un enfer quotidien par un des garçons, et tant d'autres détails gravés dans sa mémoire qui préviennent les larmes de couler. Les quatre enfants de sa sœur, le jour de l'enterrement de leur mère, ne verseront pas non plus une seule larme. Maurice, le fils aîné, ne vint pas. Digne fils de marin, il était en mission à Mers el-Kébir, base navale à rénover afin de redorer le blason de la Marine française. Quelques mois plus tard, il sera envoyé en Indochine, sur le croiseur Georges Leygues.

Hiver 1951. André et Denise ont un point commun : l'amour des animaux. Aussi, André eut-il l'idée d'offrir à sa femme un chien qui lui permettrait d'avoir à s'occuper, car il imaginait qu'elle devait s'ennuyer. Ce qui n'était pas faux, quand bien même elle est fort accaparée par les tâches ancillaires. Il lui en fit la surprise, sans avoir préalablement songé qu'il pourrait lui demander son avis, en revenant un jour avec un chiot boxer qu'il était allé chercher dans un élevage. Ainsi Yogui débarqua-t-il dans la vie du couple, et André entendait bien en faire un modèle d'obéissance. Vœu pieux.

Denise aime beaucoup ce chien, joueur, doux et affectueux, mais qui lui donne des sueurs froides lorsqu'elle doit le sortir. Comme en grandissant il est devenu une véritable boule de muscles, tout en puissance, elle a parfois du mal à le contenir car il a le déplorable défaut de ne pas supporter ses congénères. C'est un dominant, toujours prêt à l'attaque lorsqu'un autre chien vient à croiser sa route. Un jour que le couple l'a emmené se dégourdir les pattes en forêt de Fausses-Reposes et qu'André, ne voyant personne alentour, l'a imprudemment laissé en liberté, il s'est mis à courir sans qu'ils puissent le rattraper, pour aller provoquer un malheureux cocker qui se promenait assez loin et paisiblement aux côtés de ses maîtres. Ce sont les hurlements de l'animal attaqué qui permirent à Denise et André de retrouver Yogui, arborant fièrement dans sa gueule une des oreilles du cocker comme un trophée. Horrifié et confus, André signa un chèque généreux au propriétaire de l'agressé afin de couvrir les frais de vétérinaire, après avoir rattaché son chien et lui avoir fait lâcher l'objet du délit. L'anecdote amusa Sidonie, qui elle aussi aime jouer avec le chien, lui faisant des niches, parce qu'il accepte tout de ses maîtres qu'il semble vénérer. Elle le taquine avec des élastiques qu'elle fait claquer sur sa truffe et qu'il ne parvient jamais à saisir. Cependant, le superbe animal est dissuasif, et lorsqu'elle le tient parfois en laisse, la vieille dame s'amuse beaucoup des détours que font dans la rue les passants pour l'éviter.

Denise est heureuse du bonheur simple que lui procure ce chien, auquel elle est très attachée. Il lui apporte la douceur et la compagnie que son mari, trop occupé par son travail, ne peut lui octroyer, la laissant seule plus de douze heures chaque jour. Sidonie vit sa vie de son côté, un *modus vivendi* s'étant tacitement instauré entre les deux femmes qui se côtoient peu. Elle voit aussi assez régulièrement ses neveux et ses nièces, respectant le souhait de Madeleine, mais deux d'entre eux, Jean, puis Liliane, ont trouvé une échappatoire pour quitter la maison : ils se sont mariés. À la va-vite, même si les familles de leurs conjoints respectifs ont tenu à ce qu'il y ait une belle noce. Les deux plus jeunes aident leur père comme ils peuvent. Ils se débrouillent seuls le plus souvent, puisque Jean, toujours en déplacement sur un chantier ou l'autre, n'est guère présent pour eux.

L'année s'écoule doucement, on construit et reconstruit partout dans Paris, à tout-va. Dans le courant de l'année 1952, en allant se promener avec Yogui au parc des Buttes-Chaumont, Denise a vu de nouveaux chantiers en cours, des immeubles flambant neufs tout juste sortis de terre. L'un d'eux a particulièrement attiré son attention, car il est situé à deux pas d'une bouche de métro, juste en face du parc. Ne serait-ce pas l'endroit idéal pour élever ce bébé qui tarde tant à venir ? Un panneau indique qu'il ne reste plus que quelques appartements à vendre. Elle a déjà exprimé à André son désir de déménager, affirmant qu'elle ne pourrait pas élever un enfant comme une endive dans l'appartement trop petit et trop sombre de la rue Lafayette. Ravie de sa découverte, elle en parle le soir même à son mari, qui lui promet d'aller visiter ce nouvel immeuble avec elle, les arguments de Denise ayant fait mouche. Le bien-être de son fils avant tout !

Le soir de la Saint-Sylvestre réunit à nouveau André, Denise et leurs amis René et Yvette. Depuis quelques semaines, Denise ne se sent pas très bien, elle est nauséeuse le matin, se fatigue vite et ne peut parfois résister au sommeil qui l'anéantit en pleine journée. Sans rien dire à son époux, elle est allée consulter. Le diagnostic est tombé : elle est enceinte ! Elle a attendu Noël pour en réserver la surprise à André, dont la joie a entraîné la décision d'acheter l'appartement tant convoité face à ce grand parc parisien. Le réveillon est donc particulièrement joyeux, les bonnes nouvelles sont annoncées, et André demande à leurs amis d'être les parrain et marraine de son fils. Ils acceptent avec plaisir, d'autant plus qu'en dépit de tentatives assistées médicalement, ils ne peuvent avoir d'enfant. Le couperet est récemment tombé : René est stérile.

— Avez-vous déjà envisagé un prénom ? s'enquiert Yvette.

— Ce sera Jean-Louis, répond André, avant même que sa femme ait pu ouvrir la bouche. Jean, comme le père de mon père et Louis, comme mon père.

— Alors, à Jean-Louis, s'exclame René, en levant sa coupe pour trinquer à cet heureux événement à venir.

Comme Denise ne supporte pas très bien sa grossesse, elle passe de longs moments à se reposer à la maison. Elle sort peu, si ce n'est avec Yogui pour ses promenades hygiéniques. Elle lit la presse, suit avec intérêt les comptes rendus du procès des vingt et un membres de la division SS Das Reich, meurtriers d'Oradour-sur-Glane, qui se déroule du 12 janvier au 13 février 1953 devant le tribunal militaire de Bordeaux. Un Allemand est condamné à mort, un est acquitté, les autres condamnés à des peines de travaux forcés ou de prison de cinq à douze ans. Quarante-deux autres jugés par contumace sont condamnés à mort.

Le printemps revenu, les effets désagréables de la grossesse de Denise ont disparu, et André emmène fièrement au cinéma sa femme dont le ventre commence à s'arrondir. En avril, ils découvrent *Le salaire de la peur* de Henri-Georges Clouzot. Mais une question inquiète le futur père : comment Yogui va-t-il réagir à l'arrivée au foyer de son fils ? Il s'en ouvre au vétérinaire, qui, n'étant pas devin, ne peut que lui répondre :

— Soit votre chien n'autorisera personne à approcher le berceau, dont il se fera le gardien en adoptant le nouvel arrivant, soit il ne le supportera pas et pourrait s'en prendre à lui.

Ne voulant courir aucun risque, André, la mort dans l'âme, décide donc qu'il est plus sage de se séparer de son animal avant l'arrivée de l'enfant. À l'aide d'amis, il cherche une bonne famille d'accueil. Ce sera un fermier, près d'Orléans, qui justement souhaite acquérir un boxer. André emmène donc Yogui un jour de juin, après que Denise et Sidonie l'ont embrassé en pleurant, très chagrinées de cette séparation.

Le père Martin, un brave homme, est ravi : ce beau chien correspond exactement à ce qu'il recherchait. André propose de rester un moment avec lui, afin de lui laisser quelques consignes et de voir si le chien va, lui aussi, apprécier son nouveau maître. Le fermier lâche alors Yogui, afin « qu'il puisse faire le tour du propriétaire ». Pendant ce temps, il offre à André d'entrer dans la ferme pour discuter au frais devant un café. Quelques minutes plus tard, les deux hommes sont alertés par des bruits inhabituels venant de la basse-cour, tandis que des hennissements désespérés proviennent de la stalle du cheval. Tous deux se lèvent, sortent en hâte pour aller voir ce qui provoque un tel remue-ménage.

Yogui a déjà tué une poule, qu'il tient très fièrement dans sa gueule, après avoir mordu le cheval au sabot.

— Je vais te dresser, toi… promet-il au chien en l'attachant à une chaîne qui prévient toute tentative de nouveaux assassinats.

8

Août 1953. Le ventre de Denise s'est arrondi. Cette année, contrairement à l'été 1952, pas d'échappée belle en Provence. André avait emmené sa femme en vacances à Bormes-les-Mimosas, où elle avait passé un séjour et une parenthèse enchanteurs dont elle était revenue « noire comme une moricaude » selon Sidonie. Le couple avait arpenté en tous sens le ravissant village, sa place de l'Isclou d'Amour, au si joli nom, d'où partent les « cuberts » ces petits passages couverts dont les entrées sont entourées de lauriers roses odoriférants, de bougainvilliers aux couleurs éclatantes. Ils s'étaient rafraîchis à l'eau de la fontaine, usé les yeux à contempler la vue sur les toits de tuiles rouges du village, et plus au loin, le port de Bormes, les îles du Levant et Port-Cros. En se gavant de soleil, ils avaient crapahuté dans les rochers, s'étaient baignés dans des criques désertes, avec palmes aux pieds, masque et tuba, une découverte émerveillée pour Denise.

Elle ne sort plus guère, la venue au monde de son fils est imminente. Depuis la fin du printemps, une vague de froid s'est abattue sur l'Europe du Nord. Le 2 juin, le couronnement de la reine Elizabeth II d'Angleterre s'est tenu dans des conditions météorologiques épouvantables. Denise s'emploie à ranger l'appartement des Buttes-Chaumont où les trois membres de sa famille ont emménagé. Le 1er juillet, elle a regardé avec Sidonie les trombes d'eau rebondir sur le balcon et abattre un rideau de nuit devant la porte-fenêtre du grand salon, éclairé par intermittence d'éclairs des violents orages, responsables d'inondations dans Paris. Le calme est revenu après ces tempêtes, et Denise s'occupe ce matin à faire du tri dans tout ce que les enfants de Madeleine lui ont remis et qu'ils n'ont pas tenu à conserver. Des photos, en grand nombre. De Madeleine et Jean, prises à différents moments de leur vie : à Paris, en Algérie, de nouveau dans une rue de Paris, devant la Traction que Jean vient de vendre pour une bouchée de pain. D'autres, de leur sœur Marie-Louise, devenue Maryse et posant dans différents costumes de scène. Les clichés d'art ont été envoyés du Maroc, comme en attestent les timbres sur l'enveloppe brune qui les contient toujours, renfermant aussi la lettre, tapée à la machine, d'un certain Paul Lasry, annonçant à Madeleine la mort de la petite danseuse. Marie-Louise encore, avec sa fille Jacqueline, à Monaco dans les années 1930, chapeau cloche et collier de perles, la petite fille assise sur le marchepied d'une assez grosse voiture au museau carré. Quelques clichés des enfants de Jean et Madeleine, leurs filles Liliane et Lucette prises séparément, ou bien tous les gamins ensemble, alignés face à l'objectif en ordre décroissant de taille et d'âge. Enfin, le livret de famille de Joseph et Aimée Doré, évoqué par Madeleine juste avant qu'elle ne meure. Il a été recouvert, peut-être par Aimée, d'un tissu noir dont les rabats ont été assez grossièrement cousus d'un épais fil blanc. Denise pensait y trouver ce « *papier écrit par notre maman* », a dit sa sœur, mais en feuilletant les pages, elle ne trouve rien. Elle s'aperçoit alors que les points arrière semblent plus récents que le document. Elle prend des ciseaux, découd délicatement la couverture improvisée. Un feuillet plié en huit lui tombe alors sur les genoux. Madeleine avait dû délibérément le cacher, mais pourquoi ne voulait-elle pas qu'il soit trouvé ? Pensait-elle ainsi taire ce qui était trop douloureux pour elle-même ? A-t-elle éprouvé un tel sentiment de jalousie qu'il lui était insupportable de réaliser le souhait de sa mère ? Le cœur battant, Denise déplie la fragile relique. Elle découvre un texte écrit à l'encre violette, pâlie par le temps, mais dont la belle calligraphie est restée parfaitement lisible. Il s'agit d'une lettre, adressée à sa sœur.

À Madeleine, toi la fille de Joseph Doré qui fut mon mari et auquel tu dois ton caractère, et certainement un peu de ta méchanceté.
C'est à toi que je dois révéler quelques secrets. Tu les confieras à ton tour à Marie-Louise, ton aînée, dont ma chère Joséphine a pris en charge l'éducation, puis, à ta petite sœur, Denise. Il faut qu'elles sachent, et toi aussi, alors que j'attends l'enfant de Narcisse Brault, sans doute le dernier homme que j'aurai aimé.
Parce qu'il n'est question que d'amour, et que justement, j'ai follement aimé. Le tout premier pour lequel mon cœur s'est emballé s'appelait Jean-Édouard de l'Emperière, et j'étais au service de sa mère. La modeste femme de chambre que j'étais ne pouvait prétendre épouser le fils d'une famille portant un nom à particule. Il est le père de Marie-Louise, que Joseph a légitimée quand, deux ans plus tard, j'ai accepté d'être sa femme. Je pensais qu'il serait un bon père et un bon mari, mais il m'a rendu la vie bien dure.
Quand toi tu es née, Madeleine, il a été mortifié que je ne lui aie pas donné de fils. Peut-être est-ce la raison pour laquelle il s'est éloigné, partant travailler loin de chez nous. Puis la guerre est arrivée, avec son lot de souffrances, de deuils et d'incroyables hasards. Elle a mis sur ma route celui qui a illuminé ces jours si sombres et qui a été le plus grand amour de ma vie.

Nous devions nous marier, il allait m'emmener dans son pays : l'Espagne. Il est mort, alors que nous attendions avec joie la naissance de notre bébé. Il s'appelait Ruben Calvez-Lopez, il est le papa de ma petite Denise. Ma bézote n'a que quinze mois aujourd'hui, mais elle lui ressemble déjà tant !
Si je venais à mourir avant qu'elle soit assez grande pour savoir qui est son père, tout comme votre sœur aînée, je te demande de leur apprendre ce qu'elles sont en droit de savoir. Mes filles, vous aimerez à votre tour. Une seule fois, pour la vie, ou des amours multiples. Je vous souhaite du fond de mon cœur que ce soit avec la même force et le même bonheur que ce que j'ai connu avec Jean-Édouard puis, surtout, avec Ruben.
Votre maman, Aimée. À Caen, le 5 août 1920.

Les doigts de Denise tremblent, faisant trémuler sur sa paume le feuillet qui frissonne comme une aile de papillon. Son cœur s'est mis à battre, sa gorge se noue, alors que dans sa tête, mille questions et mille images se bousculent, tel un vol de bourdons qu'elle voudrait chasser. Elle se revoit, tout petit enfant, chez sa tante Georgina. Puis, la main du terrible Landron, supplanté par le visage poupin et auréolé de boucles de Maurice, le premier enfant de Madeleine, terrorisé parce qu'il vient de casser un flacon de deux sous et qu'il en sera durement puni. La religieuse à l'orphelinat, la forçant à avaler un affreux brouet, le baquet pour laver le linge, Enzo, dans les bras d'une autre femme…

En regardant de plus près les dates sur le livret de famille, elle s'aperçoit qu'Aimée est morte quelques mois seulement après avoir rédigé sa missive, sans que soit fait mention de l'enfant qu'elle a mis au monde, sans doute mort-né puisqu'il n'a pas été déclaré. Avait-elle pressenti qu'elle ne survivrait pas ? Sous l'effet de cet assaut d'émotions irréfrénables, le bébé de Denise remue en elle, comme s'il percevait que sa mère est bouleversée. Madeleine a donc dit la vérité : leur maman est morte en couches. Était-ce donc si indicible qu'elle avait inventé des mensonges pour dissimuler les causes de ce décès ? Leur aînée, Marie-Louise, morte elle aussi, n'aura jamais su qui était son père. Faudra-t-il le faire savoir à sa fille Jacqueline ? Lui révéler que son grand-père était un aristocrate ? Et qui était son père, ce « fils de famille », qui n'a jamais épousé sa mère ?

Denise se lève brusquement, faisant tomber au sol tous les papiers. Elle se précipite dans l'entrée où un grand miroir a été posé au mur pour agrandir cette pièce. Elle se plante devant, cherchant sur son visage ce qui pourrait être révélateur de son héritage hispanique. Elle sourit, parce que si elle porte en elle les gènes normands de sa maman, ce sont bien ceux de son père qui l'ont forgée : ses yeux sombres, sa chevelure noire aux brillantes ondulations, ce nez, un peu fort, sa bouche, un peu charnue, sa taille, plutôt grande pour une femme de sa génération. Elle songe alors à Madeleine, beaucoup plus petite qu'elle, si blonde, à ses yeux bleu délavé, son nez légèrement busqué, comme celui d'Aimée. Son méchant caractère aussi, comme ce père, le seul qui ait été légitime et connu pour une des filles Doré. Deux sœurs, sans aucun trait commun, deux pères. Une autre question surgit soudain à l'esprit de Denise : devra-t-elle révéler à André ses origines, qu'elle vient seulement de découvrir ? Il ne connaît des femmes espagnoles à Paris que les histoires de bonnes que se racontent les épouses des maisons bourgeoises qui les emploient. Acceptera-t-il sans regimber que son fils compte un grand-père espagnol, inconnu de surcroît, dans sa lignée ? Plus tard, devra-t-elle aussi expliquer à son fils qui était son aïeul maternel ? En soupirant, elle remet à plus tard cette réflexion et va ramasser les divers papiers et les photos qui gisent au sol. Elle commence à avoir du mal à se pencher, et, en se relevant, elle sent une vive douleur lui traverser les reins pour venir lui pincer sournoisement le ventre. Elle se redresse, pose ses mains sur le bas de son dos, essaie de s'étirer. C'est alors qu'elle sent un liquide chaud s'écouler le long de ses jambes. Le premier instant de stupeur passé, sans oser bouger, elle appelle Sidonie :

— Mère ! Vite, appelez André, son fils va naître, il faut m'emmener chez la sage-femme !

— Ah, enfin ! Pas d'affolement, asseyez-vous, tout ira bien. C'est mon fils qui va être content !

André, prévenu par sa mère, accourt pour emmener son épouse grimaçante de douleur chez Madame Le Goff, la sage-femme qui a suivi Denise, aussi vite que le permettent sa 4 CV et la circulation, heureusement peu intense à cette heure matinale. Il remet Denise entre les mains expertes de la petite Bretonne, puis s'en retourne à son bureau puisqu'il faudra attendre un nombre d'heures incertain. Il reviendra en fin de journée. À la fois anxieux et heureux de devenir père, il préfère s'occuper l'esprit pour ronger son frein dans l'attente de la venue au monde de son fils tant désiré.

Ce n'est en effet que vers dix-sept heures passées que l'enfant fait son entrée dans le monde. Denise est exténuée mais a tenu bon : pas un son n'est sorti de sa mâchoire crispée sous l'assaut des contractions, encouragée par la gentille et très professionnelle matrone.

— C'est une fille ! Regardez, elle est parfaite, vous la prenez dans vos bras ? propose-t-elle à la maman.

— Quoi ? Tout ça pour une fille ?

La déception de Denise, qui immédiatement songe à ce que sera celle d'André, est immense. Elle jette un regard à la nouveau-née toute rose et qui déjà donne de la voix, referme les yeux et murmure :

— Elle est laide en plus. Enlevez-moi ça, et inutile de prévenir mon mari, il va revenir, ce sera bien assez tôt…

— Mais comment allez-vous l'appeler ? Y aviez-vous pensé ?

— Non, nous verrons… Plus tard. Je suis fatiguée, si fatiguée, répond Denise, tandis que des larmes qu'elle ne peut retenir coulent doucement sur ses joues.

André, tel un lion enragé en cage, arpente le salon de long en large, claquant les talons et donnant le tournis à sa mère.

— Une fille ! Mais nom de Dieu, qu'est-ce que je vais faire d'une fille ?

— Ah, ne jure pas, s'il te plaît, et reprends-toi. C'est ridicule, tu feras comme tout le monde, tu l'élèveras, un point c'est tout. Quelle idée de se mettre dans un état pareil ! Il faut lui trouver un prénom à cette petiote, vous auriez pu y songer avant, au lieu de n'attendre qu'un Jean-Louis.

— Eh bien, Denise, comme sa mère, et Yvette, comme sa marraine, si elle accepte toujours de l'être, ça ira bien.

— Tu pourrais quand même demander son avis à ta femme pour une fois, non ? Passe quand même la voir demain matin, avant d'aller déclarer *ta fille* à la mairie.

Sidonie a bien détaché les deux mots, espérant ramener André à la raison. Il refuse le dîner qu'elle a préparé, l'appétit coupé, la laisse seule dans la cuisine pour aller se plonger dans la lecture de *France-Soir* et tenter de calmer sa fureur. Le lendemain, il se rend auprès de Denise, évoque avec elle le prénom à donner au bébé qui repose dans un petit berceau. Il lui propose ce à quoi il a songé, mais elle a réfléchi et assez timidement lui fait part de ce qu'elle souhaite :

— J'aimerais qu'elle s'appelle Juliette, comme la mère de ma mère. Je ne les ai connues ni l'une ni l'autre, cela me ferait plaisir. Et va pour Denise et Yvette, à la suite. Qu'en penses-tu ?

— Si tu veux, tu sais, ça m'est un peu égal, il va falloir que je digère. Allons, repose-toi, je file à la mairie et je retourne travailler.

Il dépose un baiser rapide sur son front, et sans un regard pour l'enfant, se dépêche de sortir de la chambre. Quelques heures plus tard, on sonne chez Madame Le Goff. Quand elle ouvre la porte, elle est surprise de se trouver nez à nez avec un tout jeune livreur, qui porte un énorme bouquet de grosses roses blanches. Il y en a bien une trentaine. Elle se dit que Denise, sa seule patiente pour le moment, a bien de la chance d'avoir un mari si attentionné.

— Gwenaëlle Le Goff ? s'enquiert le garçon. C'est pour vous, signez là, demande-t-il en lui tendant un papier. Il ajoute avec un clin d'œil malicieux : Il vous gâte votre amoureux…

Après avoir lu les quelques mots convenus de remerciements d'André sur la carte jointe aux fleurs somptueuses, Dame le Goff, très dubitative, songe que c'est bien la première fois de toute sa carrière qu'un nouveau père lui envoie un tel présent. Habituellement, ce sont ses accouchées qui reçoivent des roses.

Huit jours après être rentrée chez elle avec la nouveau-née, Denise n'en peut déjà plus. Sa fille pleure sans cesse, ce qui irrite son mari au plus haut point. Le bébé refuse souvent le biberon, ne prend pas un gramme, et c'est une lutte constante. Sa mère le met au berceau, le couvre jusqu'au menton. Un petit bras sort obstinément, que Denise s'empresse de recouvrir. Et cela recommence, avec des cris déchirants de l'enfant. De plus, ce 12 août 1953, l'été a fait une percée en force, avec de fortes chaleurs. Le thermomètre affiche trente-quatre degrés sur le balcon. Après qu'André est parti travailler, Denise empaquette dans une couverture bien trop chaude le nourrisson, et se précipite chez Madame Le Goff. À peine cette dernière a-t-elle ouvert sa porte que sa patiente lui tombe dans les bras en sanglotant. La brave femme n'a que le temps de saisir la petite Juliette, Denise se laisse glisser au sol, incapable de contenir ses pleurs, le trop-plein de ses émotions et de son mal-être mêlé de culpabilité.

— Je n'y arrive pas, je n'étais pas faite pour être mère, je suis sans doute trop vieille, je vous en prie, aidez-moi…

hoquète-t-elle. Et d'ajouter dans un souffle : Quand on n'a pas eu de mère, on ne devrait pas avoir d'enfant…

Devant tant de détresse, Gwenaëlle invite Denise à s'asseoir, lui prépare un café après avoir déposé le bébé dans un berceau. Elle la fait parler, fine accoucheuse des maux et des mots des mères dont le premier enfant vient de naître.

— Ne dites pas de sottises. Il vous faut du repos, avant tout. Vous allez rentrer chez vous, et vous me laissez Juliette pendant quelques jours, le temps de vous requinquer. Vous verrez, ensuite tout ira bien.

Durant cette semaine apaisante pour Denise, sa fille, choyée par la sage-femme, prend un nouveau départ dans les bras nourriciers et affectueux. Elle ne pleure presque pas, prend bien les biberons, allonge même déjà la durée de son sommeil nocturne, commence à prendre régulièrement du poids. Un amour d'enfant, songe Madame le Goff en caressant le petit crâne recouvert d'un fin duvet, si mal accueilli par ses parents. Elle espère de tout cœur que les bébés ne gardent pas en eux le souvenir des petites phrases assassines prononcées à leur endroit, ni leur faute injustement imputée de n'avoir pas exaucé le vœu de leurs parents.

L'éducation de Denise chez les religieuses lui avait imprimé dans l'esprit qu'une bonne épouse et une bonne mère se doit de se sacrifier pour les siens. Aussi applique-t-elle désormais à sa vie ce devoir, plutôt qu'elle n'établit une relation d'amour avec sa fille. Du fait de son enfance, dont les affreux souvenirs sont désormais enfouis loin dans sa mémoire, elle a gardé une peur instinctive. De tout. Aussi, dans l'incapacité de lui donner la dilection qu'elle ne peut éprouver, elle couve sa fille, toujours dans la crainte et l'anxiété « qu'il lui arrive quelque chose ». Peur qu'elle ait froid et s'enrhume, peur qu'elle ait trop chaud, peur qu'elle tombe, peur qu'on lui fasse du mal, peur… de la peur qui fait peur.

Juliette grandit dans cette atmosphère perpétuellement angoissée, en quête de caresses maternelles qui ne viennent jamais et que l'on remplace par des poupées à Noël. Durant la première dizaine d'années de sa jeune vie, elle plonge sa mère dans la contrariété et l'inquiétude permanentes en ne mangeant que très peu. Parfois, un seul petit suisse dans une journée. En ce début des années soixante, on ne met pas encore le terme d'anorexie sur ce symptôme, et le médecin de famille, souvent consulté, rassure plus ou moins en déclarant que « aucun enfant ne s'est jamais laissé mourir de faim ». Les repas, pris en famille, sont une torture pour la fillette. Encadrée par ses parents et sa grand-mère qui la prient de manger, elle sent venir les haut-le-cœur devant son assiette qu'elle repousse, en promettant que si on lui garde, elle en mangera le contenu demain. Elle ne pèse pas bien lourd, ses membres sont si fins qu'ils semblent prêts à se rompre sous le moindre coup de vent. Son père s'est enfin fait une raison, mais lui non plus ne sait pas montrer à la fillette qu'il l'aime. Alors, elle se débrouille pour « voler » à ce papa devenu son dieu les gestes tendres qu'il ne sait pas dispenser. Parfois, prétextant fatigue et sommeil, elle lui demande de la porter pour rentrer à la maison après une promenade aux Buttes-Chaumont. André cède, la fillette entoure le cou qu'elle serre de ses petits bras, enfouit son visage contre l'épaule chérie, humant l'eau de Cologne discrète qu'il y a déposée. Elle est alors aux anges. Sa mère les attend à la maison, dont elle ne sort dorénavant que pour faire les courses, accompagner et aller chercher sa fille à l'école. Elle reçoit d'André à chaque début de mois une liasse de billets, qu'elle répartit dans différentes enveloppes étalées sur la table de la cuisine, sous le regard étonné de sa fille. Elle lui a expliqué que c'est ainsi que l'on gère le budget : sur chaque enveloppe elle a écrit ce à quoi les sommes qu'elle y glisse sont destinées : nourriture, habillement, etc. Denise, que son mari a condamnée à ne plus travailler en l'épousant, dépend totalement de lui financièrement. Pour elle, la loi votée par le parlement le 13 juillet 1965 autorisant les femmes à ouvrir un compte bancaire en leur nom et à travailler sans le consentement de leur mari, ne changera rien. Elle s'est muée en gouvernante, portant perpétuellement une blouse à la maison, passant son temps à briquer son intérieur et se « sacrifiant » pour élever sa fille. André ne la touche plus. Comme Sidonie occupe la seule chambre séparée de l'appartement, une partie du vaste double salon a été aménagée en chambre à coucher pour le couple. Leur lit, entouré d'un *cosy corner* n'est qu'à quelques centimètres de celui de Juliette, ce qui a mis un terme à toute intimité entre les époux. Tacitement, une forme de tendresse s'est installée entre eux, et Denise s'en trouve bien ainsi. Elle n'imagine pas que son séducteur de mari puisse « aller voir ailleurs », jusqu'au jour où une petite cousine d'André, au degré de parenté très éloigné, passe par la capitale depuis sa province natale du sud de la France et rende visite au couple.

Elle est séduisante, n'a que vingt-cinq ans, ne semble pas farouche et roucoule littéralement devant André, sous le regard courroucé de Sidonie. Le soir venu, et comme elle s'est attardée à jouer avec Juliette, il propose de la raccompagner, ce qu'elle accepte avec une joie non dissimulée. Elle réside dans un petit hôtel situé dans le Ve arrondissement, et quand elle propose un verre de jus d'orange dans sa chambre, André la suit. Il ne rentre qu'au petit matin, ses chaussures à la main, et, pour ne pas réveiller Denise ni Juliette, il s'allonge pour quelques heures de sommeil sur le canapé.

Tout aussi doucement que lui, sa mère, qui ne dormait pas, s'est levée. Elle n'est pas dupe, a suivi le manège d'André et de cette drôlesse qui l'a entraîné à sa suite. Son retour à l'aurore confirme ce qu'elle imagine sans peine, elle est furieuse. Il pourrait au moins être discret. Comment sa femme va-t-elle réagir ? Si elle le quitte, il ne l'aura pas volé. Mais Denise n'a rien vu, trop naïve pour imaginer son mari en train de batifoler avec une gamine de plus de vingt ans sa cadette. Sa bru est décidément déconcertante. En tout cas, pas de ça ici, son fils mérite une punition. Sidonie est petite, sa tête affleurant tout juste l'épaule de son grand dadet de fils lorsqu'elle est debout à son côté. Ce pour quoi elle a attendu qu'il soit étendu sur son sofa pour s'approcher de lui, et sans un mot, le réveiller pour lui assener une gifle monumentale.

Soulagée de sa colère, Sidonie retourne dans sa chambre à pas feutrés. Elle sait qu'elle ne se rendormira pas. Elle s'assoit dans son fauteuil, et pour recouvrer totalement son calme, saisit son chapelet aux grains de bois et enchaîne les séries de « Je vous salue Marie », murmurés, comme un apaisant mantra.

9

À Denise, ma mère.

Dimanche 12 août 2007. Je viens de te laisser à l'hôpital Foch, sans que tu saches trop ce qui t'arrive, ni où tu te trouves, ou ce qui se passe. Sans doute vas-tu mourir, il est donc grand temps pour moi de te rendre ce qui t'appartient, et aussi de te demander pardon. Dans un couple, j'ai toujours pensé que les responsabilités étaient partagées. Mais là, c'est un peu différent, je ne t'ai pas choisie, pas plus que toi ne m'as choisie, et si aujourd'hui j'ai pitié de toi, je n'oublie pas que tu m'as donné le jour, ce pourquoi je te respecte.

Si je veux écrire cela, c'est parce que tous ces mots trop longtemps retenus devront partir avec toi, lorsque tu seras incinérée, selon ta volonté. Et puis, ton esprit s'en est allé dans des limbes inconnus depuis un certain temps, tu ne pourrais rien comprendre de ce que j'ai à te dire. Tu n'as en fait jamais rien compris. Grâce à toi, ou plutôt à cause de toi, le frère de mon père m'a tourné délibérément le dos, alors que je pensais que la mort de celui que j'ai tant aimé nous rapprocherait. Il est mort à son tour sans que j'en sois seulement avertie. Peu importe, je n'en ai même pas éprouvé de chagrin, simplement un peu de colère, contre la sottise, *ta* sottise jalouse et la sienne.

D'aussi loin qu'il m'en souvienne, c'est plutôt le mot méchanceté qui me vient à l'esprit. Je crois que tu ne m'as jamais aimée, que tu as développé à mon endroit, tandis que je grandissais, une jalousie que tu m'as fait payer cher. Parce que j'étais la « fille préférée » de Papa, comme il le disait en souriant, moi, son unique enfant, après qu'il eut accusé le choc que le seul descendant que tu aies pu lui donner soit de sexe féminin. Que de fois ai-je entendu ce récit de ma naissance, alors qu'à peine sortie de toi, tu me rejetais déjà, me trouvant laide, tandis que mon père se demandait ce qu'il allait bien pouvoir faire d'une fille ! Suivait immanquablement l'anecdote de la gerbe de roses à la sage-femme, – début de la jalousie ? – et pour toi, rien. Aucun remerciement : tu n'avais pas été la matrice appropriée qui aurait dû faire germer un mâle.

D'autres récits encore, sur le bébé têtu que j'étais. L'anecdote des petites tapes sur la main que tu me donnais, car tu t'obstinais à me vouloir couverte jusqu'au menton. Puis, ta fatigue, ton désespoir aussi, de ne pas savoir comment t'y prendre avec cette chose vagissante. Tu me ramenas chez la sage-femme, qui me garda une semaine, pendant laquelle tout alla pour le mieux. Mais dès que je te fus rendue, ce fut de mal en pis. Tu avais déjà trente-sept ans, j'étais ton premier enfant et resterai le seul. Une incompatibilité de facteur rhésus, je crois, vous empêchait de retenter l'expérience, si tant est que papa et toi y ayez songé.

Ta propre enfance avait été une suite de pathétiques tribulations, et l'on aurait pu s'attendre à ce que tu surinvestisses d'amour ton bébé, quel qu'en soit le sexe. Cependant, entre ton mari, inquiet en permanence, Sidonie, ta belle-mère, qui vivait avec nous, ce devait être à qui serait le plus grand pourvoyeur d'angoisses. Ce pourquoi, sans doute, je ne fus jamais confiée à quiconque : « Je n'ai déjà pas confiance en moi, disait Papa, comment pourrais-je avoir confiance en quelqu'un d'autre ? » Sauf une seule fois, car il était incapable de s'occuper d'un petit enfant, pas plus que ma chère Mémé Sidonie, déjà trop âgée. Tu devais subir une intervention, et je fus conduite chez mes parrain et marraine. J'en ai encore le souvenir traumatisant. Yvette avait osé maltraiter mon ours en peluche Jean-Jacques en le soulevant par une oreille. Cela m'avait fait pleurer à chaudes larmes. Encore une petite phrase assassine : « Qu'elle est gourde, cette gamine ! », s'était exclamée ma marraine, ne comprenant pas que ce jouet comptait tant pour la fillette si sensible que j'étais devenue.

Pourquoi n'ai-je de mon enfance aucun souvenir de tendresse, de câlins avec toi, pourquoi ne savais-tu pas dire à ton enfant que tu l'aimais ? Pouvais-tu seulement aimer ? Après ce que tu avais vécu, et que tu as scellé toute ta vie, c'était certainement perdu d'avance.

Les souvenirs en images que j'ai de toi lorsque j'étais petite fille sont ceux d'une femme de ménage, pas d'une maman. J'ai d'ailleurs toujours eu les plus grandes difficultés, depuis que je suis en âge de raisonner, à t'appeler « maman ». Aujourd'hui encore quand je parle de toi, je dis « ma mère », ou plus souvent : « Denise ». Paradoxalement, je fus donc élevée dans un cocon étouffant, une cloche sous laquelle j'aurais dû être la plus heureuse des petites filles. Tu le disais d'ailleurs : « Elle ne manque de rien, elle a tout ce qu'elle veut. » C'est vrai, je ne manquais de rien, j'étais même plutôt gâtée, mais je manquais de l'essentiel : l'amour que tu n'as jamais su, ou pu me donner.

J'allais directement au cours préparatoire, après un infructueux passage dans une école maternelle catholique privée tenue par des religieuses en cornettes. Elles me terrorisaient. Tu aurais pourtant dû te méfier : la même congrégation t'avait tant marquée quand tu étais une toute petite orpheline. Je me revois, secouée de gros sanglots, pendue au cou de Papa pour qu'il ne me laisse pas là. Mais une fois encore, tu subissais une atteinte à l'intégrité de ton corps et il fallait bien que quelqu'un puisse prendre le relais pour s'occuper de moi. Quand je commençais à fréquenter la « grande école », très vite je me suis rendu compte que tu étais différente des autres mamans qui venaient attendre leurs enfants. Toi, tu étais semblable à la bonne espagnole des B. à qui incombait la charge d'aller chercher à la sortie ma petite camarade Marie-Anne. Même blouse, même absence de soin de sa personne, pas de maquillage, aucune coquetterie. J'étais ce que l'on appelait alors une « enfant de vieux ». Les autres mamans, elles, étaient bien plus jeunes et toujours joliment mises. Elles étaient souriantes, espéraient l'arrivée de leurs rejetonnes avec une impatience visible, semblaient heureuses de les retrouver, au contraire de toi, toujours pressée par quelque tâche ménagère. Alors, j'avais un peu honte, et je préférais retrouver papa à la sortie des classes. J'enviais aussi celles qui mangeaient à la cantine, ce à quoi je n'avais pas droit, il fallait que je rentre déjeuner à la maison. Là encore, les choses se sont gâtées, et pendant les dix premières années de ma jeune vie, je n'ai pas mangé. Ou si peu.

20 août 2007.

Tu es toujours à l'hôpital et tu viens de subir une endoscopie. Je devrai connaître plus tard le résultat de cet examen. La semaine passée a été très difficile à vivre : tu es devenue une petite chose squelettique, toute ratatinée, tenant des propos incohérents, sans plus de conscience ni de raison, sans plus de notion d'espace ni de temps. J'ai bien cru que tu allais mourir, mais ton cœur s'obstine encore à battre. Pour combien de temps, dans quelles conditions ? Je me rends quotidiennement à ton chevet, et je dois revenir à ce que je veux te rendre.

J'ai réussi à grandir, sous la chappe que papa et toi m'avez imposée : pas de sortie, pas de camarades à la maison, pas de jeux sur le trottoir d'en face ombragé des majestueux marronniers des Buttes-Chaumont, où mes petites amies sautaient allègrement à la corde ou traçaient des marelles. Alors, j'ai commencé, d'aussi loin qu'il m'en souvienne, à me forger un monde intérieur, dans lequel je m'échappais bien souvent. J'ai commencé à écrire. À votre surprise, mes premiers poèmes, bien tristes pour une enfant si jeune, furent publiés dans le journal de mon école primaire. J'avais à peine sept ans et j'y parlais de la mort. J'ai ensuite voyagé dans ma tête. Je rêvais d'Afrique. Pourquoi ? Je ne sais plus, les animaux sauvages qui me fascinaient peut-être ? Je me confectionnais un grand cahier dans lequel je collais tout ce qui me tombait sous la main d'images, de photos découpées dans des magazines et dont j'écrivais les légendes avec soin. Peut-être aussi parce que mon parrain s'y rendait souvent pour son travail, me rapportant des cadeaux de ses voyages. J'ai encore ce petit personnage fabriqué avec des fruits et de la fourrure qu'il m'avait rapporté de Nairobi, je crois. Vous m'avez soigneusement caché sa mort accidentelle quand j'ai eu douze ans, puisque son enterrement eut lieu le jour de ma première communion.

La religion... Tu m'as traînée à la messe tous les dimanches de mon enfance. Même à Banyuls, autre berceau familial paternel où nous allions plusieurs mois par an. Quand en 1968 tu as fait ta révolution en devenant témoin de Jéhovah, tu as tenté de m'entraîner dans cette secte à ta suite. J'étais alors au lycée, et mon année de philo aidant, j'ai vite fui les délires apocalyptiques de fin du monde annoncée.

Cette période de mon adolescence débutante fut effroyable et je me demande encore comment nous ne nous sommes pas entretuées. Je ressentais ta jalousie tandis que tu me bourrais de complexes, me donnant à croire que j'étais moche et idiote. Mes oreilles étaient trop grandes, mes genoux cagneux, mes jambes arquées, mon nez trop fort (le tien !), mes bras trop maigres... Il m'était toujours interdit de faire quoi que ce fût en dehors des sacro-saintes études. Papa avait dans son bureau mon emploi du temps, j'étais minutée, surveillée, et ce n'est qu'en terminale que j'ai enfin pu me rendre chez quelques camarades pour pouvoir y bachoter en paix. J'ai obtenu mon bac avec mention Bien, ce qui tendit à prouver que je n'étais pas si stupide que cela et je fis pour une fois la fierté de Papa.

Je continuais à dévorer les livres de sa bibliothèque en libre accès, et à écrire. Toutes sortes de choses : des nouvelles, surtout. Un journal aussi. Je m'enfermais dans ma chambre pour noircir des pages entières, me gavant de thé en fumant mes premières cigarettes blondes, en écoutant de la musique. Je découvrais avec ravissement Callas, Chopin, Tchaïkovski, Brel, Brassens, Barbara, Ferré... Jusqu'au jour où je m'aperçus avec effroi et colère que tu avais non seulement lu tout mon journal, mais encore que tu avais osé écrire dedans. Alors, je cryptais, gardant mes secrets pour moi seule.

Mes secrets. Je n'avais même pas droit à cela. J'avais, bien sûr, commencé à tomber amoureuse. J'entretenais des relations épistolaires avec mes flirts de l'été rencontrés à Banyuls. Combien de fois avais-je failli périr de honte, alors que tu m'attendais sur le pas de la porte, quand je sortais le soir. Permission de 11 heures, dernier carat. Quand le garçon avec lequel je « sortais » me raccompagnait à la maison, trop souvent, tu étais là. En chemise de nuit, un filet à cheveux sur la tête, et tu m'apostrophais devant mon amoureux, m'intimant l'ordre de rentrer immédiatement. Je t'ai alors détestée si fort.

Lundi 27 août 2007.

L'infirmière vient de m'appeler car ton état s'est aggravé. Tu as du mal à respirer, on a dû te donner davantage d'oxygène. Je suis même surprise que la vie s'agrippe à toi. La semaine écoulée, tu as été dans une sorte de demi-conscience qui te faisait délirer et avoir des hallucinations. Ce qui m'a fait mal, tout ceci n'a plus rien d'humain. De plus, hier la douleur, qui a été ta compagne tout au long de ta vie, a repris, faisant se cabrer ton pauvre corps si squelettique. Alors, là, oui, je veux à mon tour te demander pardon. Toutes ces effroyables souffrances que tu as endurées tout au long de ta malheureuse vie, tu les as gardées enfouies en toi, et c'est certainement cela qui t'a faite avec moi ce que tu as été.

Comment, en effet, vivre, après ce que tu as subi dès ta plus tendre enfance, et que tu n'as pu dire qu'après soixante-quinze si longues années ? En accouchant du récit de cette enfance orpheline et fracassée devant ce psy qui, en ma présence, a enfin pu te faire extraire de toi ce fardeau, si prégnant. Qui sait ? peut-être la relation privilégiée que papa a eue avec moi te faisait peur ? Est-ce cela qui a provoqué cette jalousie, cette incapacité à aimer ? Je veux croire malgré tout que tu m'as certainement aimée, à ta façon, sans savoir ni pouvoir jamais le dire ou le montrer. Il fallait respecter les convenances, se soucier du qu'en dira-t-on, que vont dire les gens ? Les apparences… Cela aussi, papa te l'a vissé dans le crâne et a instauré un mode de vie qui est devenu ton quotidien. Puis toutes sortes de douleurs physiques sont apparues au fil des ans, pour s'ajouter à tes souffrances morales. Si aujourd'hui tu n'es plus que ce petit corps dolent, qui a perdu dix-huit centimètres de sa taille en tassements vertébraux insoutenables, c'est bien parce que tu as tant souffert.

Il a fallu que pour ta fin, un crabe vicieux vienne t'en rajouter, te grignotant insidieusement, douloureusement de l'intérieur. Je n'ai pas supporté hier de te voir dans cet état. Lâchement, lorsque tu t'es assoupie après la piqûre de morphine, je suis partie, te laissant à ta demi-conscience, au seuil de la mort. Je n'ai pas seulement pu t'embrasser, je me suis sauvée comme une voleuse.

Combien de temps encore ton cœur va-t-il s'acharner à battre ? J'espère que tu ne souffres plus, que dans la conscience qui te quitte, tu n'éprouves plus de peines, ça suffit. Samedi, tu délirais, sans me reconnaître et voyant un gros chien à ma place. J'ose espérer que tes « rêves », alors que la grande faucheuse est déjà au pied de ton lit, te feront entrevoir de belles choses. Comme ce tout petit oiseau, d'une grande finesse qui chantait dans ta chambre vendredi, et que tu me décrivais. Tu aimais tant les oiseaux. Tu vois, j'emploie déjà le passé, le passé de lorsque tu faisais encore partie du monde des vivants. Tu as aimé, oui : les animaux. Je me souviens comme tu cajolais, contrairement à moi, notre petit caniche Orphée. Tu l'as traité, lui, comme tu aurais pu le faire avec ton enfant, le prenant souvent dans tes bras, l'embrassant, lui disant des mots d'amour et de tendresse. Parce que privé de parole, l'animal ne pouvait pas répondre, si ce n'est en te prodiguant à son tour des marques d'affection muettes, ce dont tu avais besoin ? Parce que la parole avait été chez toi, avec cet homme qui t'a abusée, définitivement perdue ?

Lorsque tu as pu enfin verbaliser, poser des mots sur tes douloureux secrets et que nous avons pu tenter un dialogue, j'ai essayé à mon tour de te dire mes tourments enfantins. Las ! Tu n'as rien compris. Tu t'es sentie offensée, sans chercher à entendre ce que je tentais de t'exprimer. Les « ça ne se fait pas », encore, de dire à sa mère qu'elle vous faisait honte quand vous étiez petite. Le frère de papa est mort sans que j'en sois informée, sans que je puisse assister à ses obsèques. Ta famille aussi s'est délitée : ta sœur Madeleine, qu'instinctivement je détestais, ta nièce Jacqueline, tuée dans un accident de voiture, comme mon parrain René. Les albums de photos sont devenus des cimetières.

Si elle délivre, la parole peut aussi séparer. Les mal-dits, les maux-dits, les malentendus peuvent briser les vies, les relations entre les êtres, et là, c'était de ton fait. Tu as déversé tant de haine sur moi. Quand j'étais jeune mariée, combien de fois me suis-je réfugiée dans les bras de ma belle-mère, qui elle, contrairement à toi, a étouffé de trop d'amour son fils ? Elle m'avait adoptée comme sa fille, la séparation d'avec son « petit » enfin acceptée et elle me consolait. Il y a eu aussi celle qui m'avait « adoptée », avec tant d'amour. Celle qui me disait « je t'aime » comme tu n'as jamais su me le dire : ma Christiane, ma maman d'adoption. Partie elle aussi, en février 2006, après avoir certainement perdu la raison par amour. C'est une autre histoire, un autre chagrin aussi.

Jamais je n'oublierai le grand cri de joie de mon beau-père au téléphone lorsque j'ai annoncé que j'étais enceinte. Émue, je l'entendais sauter sur place en appelant sa femme pour lui dire « On va être grand-père !». Toi, tu m'as assené une douche froide, quelques minutes plus tard, quand j'ai appelé à Banyuls pour vous faire part de la grande nouvelle. Cela te ramenait encore certainement à de terribles souvenirs. Pour toi, tout ce qui avait trait au sexe, et ma grossesse nouvelle parlait aussi de sexe, était sale, parce que tu avais été tellement salie. Je ne savais pas et après les coups de fil échangés avec toi, j'avais mal. J'étais partagée entre colère, chagrin, incompréhension, haine, et je pleurais, longuement, dans les bras de ceux qui m'aimaient et savaient me le montrer. Quant à papa, il a été bien lâche, faisant l'autruche, ne voulant jamais rien entendre non plus de ma parole à moi. Tu as continué à me pourrir la vie, en traits acides, méchants. J'avais si mal de tout cela. Toi, tu avais mal dans ton corps, dans ta tête, comment aurions-nous pu nous entendre ? Peut-être aurais-tu voulu que je te dise quels sentiments j'éprouvais à ton égard, souhaité que je te dise que je t'aimais. Cela m'était impossible, comment aimer ceux qui vous font sans cesse souffrir ?

En vieillissant, tu as joué les divas capricieuses, te faisant prier à chaque Noël pour que j'aille te chercher pour t'amener chez moi. Ma fille a fini par te surnommer « Tatie Danièle », et moi « pisse-vinaigre ». Curieusement, mais cela n'est pas si étonnant en y réfléchissant, tu t'es intéressée à Sidonie quand elle était petite. Tu t'en es même occupée, la gardant parfois, jouant avec elle, comme n'importe quelle grand-mère aimante avec son petit enfant. Sans toutefois jamais la garder pour une nuit, car là, c'était trop de responsabilités. Tes peurs, toujours.

Que tout ceci est lourd, imbriqué, pesant d'afflictions non dites, parfois hurlées au téléphone, l'aigreur seulement crachée. Tu déversais à l'envi ton venin sur moi. J'ai pourtant essayé de te distraire, te faire sortir un peu après que papa nous eut quittées.

Je t'ai emmenée voir des spectacles que tu n'avais jamais vus de ta vie. Je t'ai fait prendre l'avion pour la première fois à l'occasion de tes quatre-vingts ans, t'emmenant aux Caraïbes en croisière de luxe, pour que tu voies un peu le monde. Las… Tu as gâché ce qui aurait dû être un merveilleux voyage en faisant caprice sur caprice, en étant insupportable, me faisant encore… honte, et mal, me mettant en colère de constater que décidément, rien n'était possible entre nous. Tout comme l'année qui avait suivi la mort de papa je t'avais entraînée en Sicile pour quinze jours de vacances, espérant te divertir. Tu as été impossible. Voulais-tu inconsciemment me faire payer ? Quoi ? D'avoir été une fille, quand tu aurais voulu un garçon, ce que papa t'avait enfoncé dans le crâne ? Croyais-tu que la fille que j'étais t'avait éloignée de lui ? Parce que je n'avais pas le bon sexe, puis, parce que j'ai été SA fille ? Parce que mon sexe, qui était si sale, te ramenait à ces horribles souvenirs de ton enfance ? Je ne le saurai jamais, mais tu t'es toujours comportée en victime, ce que tu avais été d'ailleurs, sans jamais tenter quoi que ce soit pour changer de statut. Comment l'aurais-tu pu d'ailleurs ? Cela ne se faisait pas de quitter son mari, rien ne « se faisait ». Cette idée n'est-elle jamais venue à ton esprit ? Jamais tu n'as su, pu, voulu prendre ta vie en main. Ce qui t'a confortée dans cette position de souffre-douleur, avec peut-être une certaine complaisance ?

Il est parfois doux de pleurer, cela procure un petit plaisir au cœur du chagrin. Alors, tu as laissé ta vie se dérouler, contre ton gré en quelque sorte. Soumise. À ton mari, qui décidait de tout, sans jamais te consulter, t'apportait les quelques liasses de l'argent du ménage au début de chaque mois. Soumise à la présence de ta belle-mère chez toi, pendant douze longues années. Soumise à ne rien savoir de la vie du monde, enfermée dans ton appartement que tu passais ton temps à astiquer en bonne femme de ménage que tu étais, toujours en blouse. Soumise à Banyuls, soumise à l'absence de sorties, de culture, de connaissance du monde alentour, d'amitiés, de tout. Et avec moi dans tout ça, que tu couvais à ta façon. Il fallait aussi que je sois coupée du monde et surtout du sexe des hommes, car toi, tu savais bien ce qui résultait de ces contacts-là. Non pas avec mon père, puisque tu disais pouvoir compter sur les doigts des deux mains les fois où vous aviez fait l'amour. Non, le sexe horrible, diabolisé car honteux, parce qu'un immonde salopard t'a salie à jamais quand tu n'étais encore qu'un tout petit enfant.

C'est lui qui a fait de toi cette victime consentante et honteuse que tu resteras ta vie durant, reportant sur moi toutes ces cruautés subies. Alors, oui, bien souvent, je t'ai haïe. Dans l'ignorance de ce passé trop lourd, même si j'avais toujours « su » que quelque chose clochait chez toi. Alors, j'ai éprouvé de plus en plus de difficultés à t'appeler *maman*, comme si le mot m'écorchait la bouche, parce que tu n'étais pas une maman, mais ma mère, celle qui m'avait mise au monde, mais ne s'était jamais comportée avec moi en « maman ».

Alors que la vie te quitte lentement sur ce lit d'hôpital, je ne peux toujours pas te toucher. Comme la parole, le toucher entre nous est impossible. Alors, pardon pour tout cela, comme à mon tour je te pardonne. Ta vie a été si ratée, si triste, si malheureuse. Je n'ai pas même pu être ce rayon de soleil qui t'aurait apporté un peu de miel et de douceur puisque tu m'as, dès ma naissance, tenue à distance de toi. Je te rends donc tout cela, c'est à ce prix que je vais essayer de supporter ta mort.

Certainement une question d'heures, de jours ? Qu'elle te soit douce, paisible, tu ne l'auras pas volé.

Si tu rejoins Papa, dis-lui combien il me manque, combien je l'ai aimé. Car lui aussi a fait taire la parole qui n'a jamais pu dire les sentiments. Qu'enfin tu puisses trouver le vrai repos, la paix, dans un bain d'amour. Ce que tu n'as jamais connu.

Voilà. C'est fini. Pendant que j'écrivais ces mots, afin de les livrer au feu de l'oubli avec toi, tu t'en es allée. Il était 6 h 35, et j'étais penchée sur mon clavier. À présent, je suis orpheline à mon tour, comme toi, de père et mère. Je suis passée chez toi, pour les paperasses à trier et à mettre en ordre. Puis, je suis allée à l'hôpital. J'ai demandé à te voir. Je ne suis restée que quelques secondes sans pouvoir m'approcher de toi. Car ce que je contemplais n'était plus que le cadavre méconnaissable de ma mère.

Je veux garder de toi l'image de cette petite vieille personne, un peu dans le cirage, un peu *out*, mais surtout adoucie et que, le 5 août dernier, en ce jour de mon anniversaire j'avais réussi à amener chez moi. Je crois que tu avais passé quelques instants agréables, les derniers certainement de ta pauvre existence, et de cela, je suis contente.

Un jour, peut-être nous retrouverons-nous, et nous sera-t-il donné de nous rencontrer et d'échanger enfin tout l'amour qui n'a jamais pu circuler entre nous.

Ta fille, Juliette.

Épilogue

« La vie ne cesse d'imaginer,
de préparer des surprises,
de nous faire des niches et des cadeaux. »

RÉGIS JAUFFRET, *CANNIBALES*

Novembre 2015. L'automne a revêtu sa cape grise de brume fraîche. Le vent gémit à fendre l'âme. Juliette frissonne, l'humidité ambiante lui glace la moëlle des os depuis son retour en Normandie. Il faudra bientôt allumer du feu dans la cheminée. Comment s'est-elle retrouvée ici, elle, l'amoureuse du ciel catalan ? Elle se sent lasse. Quoi qu'elle dise ou fasse, ne dise pas ou ne fasse pas, cela provoque immanquablement des reproches, des remarques fielleuses, des vociférations mêlées d'insultes, d'interminables soliloques auxquels elle doit faire mine d'être attentive tandis que son esprit tente une évasion salvatrice.

Depuis qu'elle a commencé à remonter le temps, des souvenirs enfouis sont remontés à la surface de sa conscience. En dévidant cet écheveau, des questions ont surgi, des réponses aussi. Des décisions à prendre sont devenues incontournables. Pour pouvoir se remettre sur les rails, recouvrer sa liberté d'être, au-delà des injonctions itératives de sa mère, de la mère de sa mère et de celles qui les ont précédées. Charité bien ordonnée commence par soi-même, dit l'adage, elle se doit de mettre un terme définitif au statut de victime de toutes ces femmes, à commencer par elle-même. Elle a compris que ses choix amoureux ont été une sorte de mise en actes des secrets familiaux. Il lui faut chasser ces fantômes pour accéder à la souveraineté de sa vie.

Juliette se réfugie au grenier, où il ne monte jamais. Elle revisite ce qu'a été son parcours, puisant à l'aune de toutes les photos, de ses souvenirs et de tous les documents qu'elle a découverts après la mort de sa mère. Elle les a étalés au sol, dans un ordre plus ou moins chronologique. Elle détricote ainsi le cours de l'histoire des sœurs Doré et de leurs parents que Denise lui avait livrée à l'automne de sa vie. C'est alors que de fulgurantes évidences lui sautent aux yeux. Il est plus que temps de s'affranchir de cet héritage transgénérationnel, de ces répétitions mortifères. Il lui faut lever le masque, abandonner une certaine fidélité au passé pour enfin refuser d'être maltraitée par les autres, par cet autre avec lequel elle vit, par cette mère qui l'a repoussée, a rejeté la petite fille en perpétuelle quête d'amour. Juliette n'a-t-elle pas été conditionnée par les traumatismes, les hontes invisibles et indicibles, les secrets trop longtemps scellés dans les pans cachés de son héritage maternel ?

Les yeux de verre dotés de pupilles noires de l'ours Jean-Jacques brillent dans la lumière un peu chiche d'une lampe ancienne à l'abat-jour en pâte de verre. Dans son refuge sous les combles, Juliette a exhumé sa peluche de la malle dans laquelle elle sommeillait, soigneusement emmaillotée d'un drap blanc. Contempler le jouet muet, ce complice tant aimé de sa petite enfance et qu'elle a toujours conservé, l'aide à faire reparaître des images, des bribes de réminiscences que sa mémoire consciente avait occultées.

Le nounours est évocateur de Noël, car il lui avait été offert pour le tout premier de sa vie. Il était presque aussi grand qu'elle, qui commençait à babiller, répétant à l'envi : « L'est yourd ! » car elle ne pouvait pas encore le soulever, se contentant de le traîner. D'autres nuits de Noël s'enchaînèrent, que la fillette attendait impatiemment autant qu'elle les redoutait. Elle revoit les grands sapins recouverts de guirlandes et de boules scintillantes, la table dressée, porcelaine, argenterie et cristaux sur une nappe immaculée pour le réveillon qui réunirait ses parents, son oncle Gabriel et sa jeune et ravissante épouse, sa marraine Yvette et son parrain René, sa chère Mémé Sidonie. Pour l'occasion, sa mère délaissait son éternelle blouse et faisait engager une cuisinière. La fillette ne participait pas au repas, on l'avait fait dîner avant l'arrivée des convives puis couchée. On la réveillait à minuit, pour lui faire découvrir ses cadeaux tandis que les adultes échangeaient les leurs. La joie de l'enfant était vite ternie par une angoisse sourde, l'incompréhension de ce qui se jouait alors. Son papa adoré offrait de très beaux bijoux à sa mère, qui semblait les dédaigner, bien qu'ils fissent l'admiration des autres femmes présentes. Ce soir-là de fête, Juliette ne l'a pas oublié : Denise venait de recevoir un somptueux bracelet d'or ouvragé. Elle l'avait jeté sur la table, puis s'était levée, les larmes aux yeux avant de s'éloigner après avoir lâché devant tous en s'adressant à André :

— Qu'est-ce que tu veux que j'en fasse ? Tu aurais mieux fait de m'offrir une machine à laver !

Aujourd'hui, Juliette revit encore la stupeur, la consternation, la gêne et le chagrin éprouvés. Pourquoi son père s'obstinait-il à offrir à sa mère d'aussi belles et précieuses parures, que jamais elle n'a portées ? Imaginait-il se dédouaner parce que sans doute, il vivait d'autres amours, ailleurs, puisqu'il ne la touchait plus ? Ou bien s'imaginait-il faire un placement en misant sur les cours de l'or et des diamants ? Ne voyait-il donc pas que Denise avait abdiqué, inhibé soigneusement toute féminité en elle, vivant en recluse, seulement préoccupée de ses devoirs à accomplir envers son époux, comme les religieuses le lui avaient enseigné, sa belle-mère et sa fille, seul « héritier » qu'elle avait su concevoir, et qu'elle ne savait que surprotéger sans être capable de lui donner ce dont la fillette manquait le plus cruellement : l'amour d'une maman.

Tandis que Juliette grandissait, elle aimait démesurément son papa, si pudique lui aussi dans les marques d'affection qui jamais ne venaient. Il adorait sa fille, surveillait de très près tout ce qu'elle faisait, ses résultats scolaires en particulier. Lorsqu'elle fut adolescente, une grande complicité s'établit entre eux. Il l'emmenait visiter des musées, voir des expositions, se promener dans Paris, s'arrêter dans des cafés pour bavarder, échanger leurs ressentis sur les livres qu'elle lisait, les sujets de ses dissertations. Denise n'était pas conviée. Reléguée à la maison, récurant à tout va dans un obsessionnel souci de propreté maniaque, elle qui avait été souillée par Landron, ce secret torturant et si lourd, qu'elle continuait à porter tel un cilice. Il fallait qu'aucune tache ne subsistât, pour éradiquer tout souvenir douloureux, comme celui de la trahison de son premier amour, Enzo.

Peut-être est-ce à cette époque des prémices de l'adolescence de Juliette que la mère et la fille ne purent plus s'entendre, voire que naquirent des sentiments négatifs tels que la jalousie et la rancœur. Juliette accaparait André, qui délaissait Denise plus encore, qui elle-même faisait rejaillir sur Juliette son désespoir, ses peurs et ses chagrins enfouis. L'atmosphère familiale tourna vite à l'insupportable pour la jeune fille, qui devenait jolie, autre sujet tacite d'inquiétude pour sa mère. Juliette se réfugiait dans les livres, enfermée par ces deux parents craintifs, qui redoutaient pour elle toute approche mâle.

Tous les ans, elle attendait impatiemment les vacances que l'on passait dans ce petit village catalan où son père s'était trouvé de lointaines origines. Dès le dernier jour de classe, Denise et elle prenaient le train de nuit pour deux mois, parfois davantage. André les rejoignait pendant trois semaines, puis s'en retournait à Paris. Qu'y faisait-il, alors qu'il se retrouvait libre comme l'air ? Jamais Juliette n'a pu le savoir. Elle dansait la sardane, se faisait des amis, était heureuse sur la plage, se gavant de soleil et de jeux, et découvrant les premières amours. Ce fut aussi là qu'elle essuya son premier grand chagrin, sa première trahison. Elle était follement amoureuse du plus beau garçon du village, de cinq ans son aîné. Elle n'avait que seize ans quand ils échangèrent leur premier baiser, et c'est au soir de ses dix-neuf ans qu'elle lui offrit sa virginité, parce qu'elle serait sa femme, ils se l'étaient promis.

Le jeune homme l'avait présentée à ses parents, André, lui, était satisfait de cette future union avec ce garçon sérieux, un vrai Catalan, et qui poursuivait des études de droit. C'était sans compter avec les rivales de Juliette, dont une autre, à laquelle son amoureux ne sut pas résister, alors qu'elle avait regagné la capitale. Ce fut un de leurs copains qu'il chargea, parce qu'il n'en avait pas eu le courage, d'envoyer un courrier annonçant son prochain mariage avec… une certaine Juliette, enceinte de ses œuvres. Lorsqu'elle reçut la missive, Juliette s'effondra, tendant le feuillet à son père. Il lut, les sourcils froncés, puis il se contenta de déclarer sans aucun autre commentaire avant de reprendre la lecture de son journal :

— Le salaud…

À la faculté, où elle avait entrepris des études de lettres, la jeune fille eut la sensation d'une semi-liberté, quand bien même André conservait toujours dans son bureau son emploi du temps universitaire et vérifiait qu'elle n'avait pas traîné en route. Il y eut d'autres amourettes, vite étouffées par ce père omniprésent. Jusqu'à ce que Juliette rencontre dans certains cours qu'ils avaient en commun ce joli garçon aux parents italiens : Andrea. Tous deux étaient très jeunes, sans aucune idée de ce qu'était la vie, l'un et l'autre écorchés déjà par une rupture qu'ils n'avaient pas voulue, englués l'un comme l'autre dans les trop-pleins d'une étouffante tutelle parentale. Ils s'aimèrent et décidèrent de se marier afin de jouir enfin de cette « vraie » liberté à laquelle tous deux aspiraient.

Ce pourquoi, peut-être, ou bien parce qu'une des petites phrases assassines de Denise s'était gravée de façon indélébile dans son esprit : « Quand on n'a pas eu de mère, on ne devrait pas avoir d'enfant », Juliette décida qu'elle n'aurait jamais d'enfant.

Les cinq premières années conjugales s'écoulèrent assez agréablement. La jeune femme poursuivait ses études, Andrea accomplit son service militaire et trouva du travail à son retour. Ils passèrent toutes leurs vacances au village ensoleillé où Juliette retrouvait avec bonheur son papa chéri et ses anciens amis. Elle y reçut à maintes reprises des coups de poignard en plein cœur en croisant le regard de son premier amour, alors qu'elle dansait une sardane sur la petite place où une cobla[1] venait en jouer six chaque semaine. Il était dans la foule des spectateurs, ne se mêlant pas à la ronde, observant de loin, la regardant évoluer sur le rythme ternaire.

Jusqu'au jour où, au retour d'un de leurs séjours, Juliette et Andrea firent la connaissance d'un nouveau couple : un collègue de bureau d'Andrea et sa blonde épouse au visage de poupée russe. Ils devinrent vite des amis. Ils s'entendirent à merveille, se reçurent régulièrement, sortirent ensemble. Un soir, après un dîner que Juliette avait organisé, ils décidèrent d'aller se balader à Pigalle, pour y découvrir, en se mêlant aux touristes, les sulfureuses attractions qui faisaient la renommée d'un « Paris by night » qu'ils ne connaissaient pas encore. Ils montèrent tous quatre dans la Mini de leurs amis, Adeline

1. Ensemble instrumental catalan.

et Andrea à l'arrière, laissant la place passager à l'avant à Juliette, aux côtés de Didier. Ils bavardèrent, rirent beaucoup le long du trajet, lorsque, alors que leur chauffeur avait repéré une place de stationnement, Juliette se retourna. Ce qu'elle découvrit alors la glaça d'effroi : un bras autour de l'épaule d'Adeline qui semblait au bord de la pâmoison, yeux fermés et tête rejetée en arrière, Andrea avait glissé sa main libre très haut entre les jambes de la blonde jeune femme. Ce qu'il y faisait ne laissait aucun doute. Juliette jaillit littéralement de la voiture, tremblant comme une feuille, prête à défaillir. Elle s'engouffra dans le premier café venu, commanda un cognac. Andrea la rejoignit, l'air penaud, qu'elle envoya illico retrouver les deux autres. La virée aventureuse, ce serait sans elle, elle prendrait un taxi pour rentrer. Il s'exécuta, et elle les vit s'éloigner tous trois, Adeline prenant chacun des deux hommes par un bras. Juliette régla sa consommation, héla une voiture et alla sonner chez ses parents. En pyjama, tiré de son lit, André lui ouvrit, inquiet de la trouver sur son palier au beau milieu de la nuit. Denise n'avait rien entendu et dormait. Juliette, en pleurant à gros sanglots, raconta ce qui venait de se passer, espérant le réconfort de son père. Elle avait tellement besoin de son épaule et de ses bras consolateurs ! Il lui tendit un mouchoir, la repoussa et, la dirigeant vers la porte, lui dit à voix basse :

— Rentre chez toi, c'est ta place. Je ne veux rien savoir de tout cela. Inutile de réveiller ta mère.

Juliette réalise, forte de ce qu'elle sait à présent de l'histoire de Denise, qu'elle aussi a été trahie comme sa mère l'a été par Enzo, surpris dans sa chambre de sanatorium avec une autre. La jeune femme était donc rentrée chez elle, avait dormi sur le canapé. Les explications avec Andrea, le difficile pardon, étaient venus plus tard. Ils ne revirent jamais Adeline et Didier. Ce fut Andrea qui suggéra que le moment était peut-être venu d'avoir un bébé, qui ne pourrait que résoudre leur crise de couple. Juliette voulut y croire, et seulement quelques mois plus tard, elle s'aperçut qu'elle était enceinte.

Andrea fut littéralement fou de joie : il avait espéré une fille, ce fut une petite Sidonie, prénom qu'ils avaient choisi ensemble pour rendre hommage à la grand-mère paternelle de Juliette. Lorsqu'elle naquit, il la reçut pratiquement dans ses mains. Le plus beau des nouveau-nés, avec ses yeux bleu sombre de chaton déjà ouverts sur le monde, ses cheveux drus et très noirs. Épuisée mais heureuse, la jeune maman passa sa première nuit avec sa petite fille toute neuve posée sur sa poitrine après qu'Andrea les eut laissées toutes deux... pour aller fêter la naissance de son enfant avec sa nouvelle maîtresse, récemment rencontrée sur son lieu de travail. Mais cela, Juliette ne l'apprendra que bien plus tard.

La petite Sidonie était un amour d'enfant, et, assise sur le sol de son grenier, Juliette contemple avec émotion et nostalgie les premiers petits chaussons roses qu'elle a pieusement conservés. Les enfants grandissent si vite ! En feuilletant les albums de photos qu'elle lui a consacrés, sur lesquels figurent tous ceux aujourd'hui disparus, elle revit avec émotion et non sans fierté ces moments saisis qui retracent le cours du temps. Parce qu'elle avait en vain quêté l'amour que Denise n'avait jamais su lui donner, elle reporta tout celui qui débordait de son cœur sur sa fillette qu'elle se plaisait à apprêter comme une petite princesse. Elle était si jolie avec ses grands yeux bleus, sans doute hérités d'Aimée, cette grand-mère normande jamais connue et dont elle conservait le portrait, figé pour l'éternité par l'objectif, aux côtés de Joseph Doré en militaire.

Juliette était heureuse alors. Elle avait réalisé son rêve en réussissant les concours et était devenue une prof comblée, qui adorait son métier et ses chers élèves. Les événements de la vie se succédaient, avec toujours la petite Sidonie au centre de toutes ses attentions et de tous ses instants enchantés. Les Noëls, qui réunissaient les deux familles, les grands-parents paternels aux anges, et, plus distants, André et Denise, qui semblaient mener une vie enfin apaisée, dans une relative attention réciproque, comme un statu quo. Les vacances au village catalan, où Sidonie apprit à nager sous l'œil constamment anxieux d'André. Les spectacles du premier cours de danse, de la chorale, les récompenses scolaires, les anniversaires, tout était bonheur. Mais un bonheur fragile, qui se brisa net quand une « amie » bien intentionnée, vint déballer à Juliette « pour son bien » les frasques et les tromperies d'Andrea. Une semaine durant, elle s'en souvient comme si c'était hier, la jeune femme ne put avaler aucune nourriture et se mit à boire de l'alcool. Incapable de surmonter ce nouvel écueil, elle fit ses valises, se trouva un petit appartement et, avec sa fille, quitta le domicile conjugal et le traître qui venait de la poignarder à nouveau. Quelques mois plus tard, le divorce était prononcé. Juliette se retrouva seule, partageant Sidonie avec Andrea une semaine sur deux.

Une longue parenthèse dans sa vie de femme débuta alors, ponctuée par les visites de son premier amour catalan. Il était à présent avocat, venait régulièrement à Paris. Il ne l'avait jamais oubliée, et tout naturellement, il vint un jour sonner chez elle. Comment l'avait-il retrouvée après toutes ces années ? Elle ne voulut pas savoir, trop heureuse de devenir sa maîtresse, quand bien même jamais elle ne serait autre chose pour cet homme marié et dont le cabinet était devenu l'un des plus prospères et réputés du Roussillon.

Quelques photos, encore, quelques lettres et des cartes postales, une matriochka[1] qu'il lui avait rapportée d'un voyage en Russie, une bouteille de banyuls qu'ils avaient bue ensemble. C'est tout ce qui lui reste de cet homme qu'elle a aimé si longtemps. Jusqu'à ce que son épouse découvre leur liaison. Il s'était plié à son injonction d'y mettre un terme, ce qu'il fit au téléphone devant elle. Juliette eut la sensation que

1. Poupée russe traditionnelle, constituée d'une série de poupées gigognes.

tout un pan de sa vie s'effondrait à nouveau, puisque, désormais, elle ne reverrait plus jamais celui qu'elle avait tant aimé.

Il avait pourtant été présent à ses côtés, quand, quatre ans plus tôt elle avait dû faire face à l'immense douleur que lui causa le décès de son père. Elle se remémore son trajet en avion, avec pour tout bagage dans un sac de voyage l'urne funéraire qui contenait les cendres de son bien-aimé papa. Alors qu'André était très malade et sentait sa fin prochaine, il lui avait fait promettre qu'elle irait disperser ses cendres au village méditerranéen. Elle tint son engagement, et, c'est dans les bras de son amant qui l'attendait à l'aéroport qu'elle put enfin laisser s'exprimer sa peine. Il l'emmena jusqu'à la petite chapelle sur la colline où André et sa fille allaient se promener jadis, puis Juliette et son bel amoureux lorsqu'ils étaient jeunes et y avaient échangé leurs premiers serments. Elle déversa au pied du vieil olivier accolé à l'édifice blanc recouvert d'un toit de tuiles rouges la poussière grise qui alla se mêler à cette terre si chère à André. Il allait falloir dorénavant composer avec Denise, dont elle avait aussi promis de s'occuper alors qu'elle vieillissait. Leur relation ne s'était guère arrangée, souvent conflictuelle, mais Juliette mit un point d'honneur à accomplir ce devoir filial auquel elle s'était engagée.

Comme parfois sa mère lâchait des petites phrases lourdes de sous-entendus quand elle évoquait son enfance, Juliette lui proposa un jour de la lui faire raconter. Denise se plia à l'exercice, mais à certains moments, il était manifeste que des événements ne pouvaient pas encore être mis en mots. De plus, sa santé se dégradait, Juliette constatait avec peine à quel point elle souffrait. Prenant le prétexte de la soulager, elle lui présenta un thérapeute qui, en une bienveillante maïeutique, délestait ses patients de fardeaux trop lourds en libérant leur parole. Ce qui ne manqua pas, et Juliette, qui assistait à la séance, découvrit enfin ce qui avait entaché la vie de sa mère pendant soixante-quinze longues années, l'emmurant toute vive dans le silence et le mal-être des victimes.

C'est alors que Juliette rencontra cet homme sous le charme duquel elle tomba très vite. Elle avait soudain réalisé qu'elle s'était mise sous le boisseau, ne s'occupant que de sa fille et de sa mère, oubliant qu'elle aussi pourrait avoir droit à de nouvelles amours. Elle avait cédé à une de ses amies proches qui l'avait incitée à s'inscrire sur un site de rencontres. Si elle s'acheminait doucement vers la cinquantaine, elle était encore jolie et séduisante, quoi qu'elle en pensât. Sa petite Sidonie était devenue une jeune femme, elle avait rencontré celui qui deviendrait son mari, et avait quitté le nid maternel. Juliette en était heureuse pour elle, même si cela avait été difficile de la voir s'éloigner pour voler de ses propres ailes. Aidée par l'amie encourageante, elle rédigea donc une annonce, posta une photo et attendit peu de temps avant d'être abordée par de nombreux hommes. Elle accepta quelques rendez-vous, toujours dans des lieux publics très fréquentés, but des cafés et des apéritifs, dîna parfois, sans suite et sans vraiment trouver un prince assez charmant.

Jusqu'à ce que ce cinquantenaire l'invite à dîner, mais chez lui. Elle s'y rendit, au grand dam de son amie, qui imaginait déjà un serial killer ou un sordide psychopathe. Ce dîner s'éternisa, ils se racontèrent leur vie, leurs espoirs, leurs envies. Ils burent une bouteille de champagne qui fit briller les yeux de Juliette, se séparèrent fort tard dans la nuit, se promettant de se revoir très vite. Juliette était déjà amoureuse.

« Normandcharmant » sut exactement comment la séduire, la réduire. Il avait en tout point répondu à ses attentes, lui donnant à voir ce qu'elle avait envie de voir : un homme séduisant, qui jouait de son élégance griffée de cadre sup' dynamique d'une grande entreprise, fleurait bon un discret Guerlain. Il l'enjôla de sa voix douce et grave dont il jouait en acteur virtuose, de ses éclats de rire, et lorsqu'il l'entraîna sur sa couche, lui fit éprouver un plaisir qu'il lui sembla n'avoir encore jamais connu. Quand une année plus tard, sans nuages – ou si peu – il la demanda en mariage, elle accepta avec joie.

Peu à peu, il tissa sa toile, referma l'étau. Il la persuada que le bonheur était ailleurs, que leur vie serait plus belle sous les cieux pluvieux de Normandie dont il était originaire, où il la convainquit de demander sa mutation puisqu'il avait entrepris la recherche d'une maison qui abriterait leur si merveilleux amour. Contre toute attente, Juliette obtint un poste dans un lycée de cette petite ville, située dans la baie du Mont Saint-Michel, non loin de la longère où ils s'installèrent. C'est peu de temps après que la situation dégénéra et que Monsieur « Normandcharmant » commença à montrer son vrai visage. L'histoire d'Aimée, la grand-mère maternelle n'était-elle pas en train de se rejouer ?

Quand Juliette fut appelée par Sidonie qui lui apprit que Denise avait dû être hospitalisée en urgence, elle sauta dans le premier TER qui l'amena à Paris. Elle s'en voulut d'être partie si vite, délaissant sa mère qui n'était plus que l'ombre d'elle-même. Le médecin qui l'avait accueillie ne cacha pas son pessimisme. La vieille dame était très amaigrie, très faible, et elle présentait tous les symptômes d'un cancer galopant, ce que confirmèrent quelques jours plus tard les différents examens. Pour lui éviter de souffrir, on la gava de morphine, ce qui la plongea dans une sorte de rêve permanent plus ou moins éveillé, la faisant divaguer. Juliette se revoit dans ce couloir, au sortir de la chambre de la malade. Elle s'était laissé glisser au sol, en pleurs, ne pouvant pas supporter de voir sa mère ainsi, désormais dans l'incapacité de communiquer avec elle. Elle avait pourtant encore tant à lui dire, surtout, qu'elle avait pardonné, et lui demandait à son tour pardon !

Tout n'était plus qu'une question de quelques jours, d'heures peut-être, il était urgent pour Juliette de coucher sur le papier tout ce qu'elle avait à dire à sa mère, ce qu'elle ne pourrait plus faire. Elle rentra à son hôtel, commença à écrire. Quand Denise décéda, les feuillets furent placés entre les mains de la défunte. Juliette dut faire face seule à toutes les démarches, son mari ne daigna pas venir la rejoindre pour l'aider dans ces moments difficiles. Elle se sentait très triste, avait du chagrin malgré tout, mais ne pouvait se cacher qu'elle éprouvait un certain soulagement quand les croque-morts emportèrent le cercueil de sa mère. Elle s'imaginait libérée, alors elle s'était passée au col un nouveau joug. Quand elle rentra au foyer normand, elle fut accueillie par une soupe à la grimace, car elle s'était absentée longuement. Les reproches commencèrent, puis, insidieusement, au fil du temps, les choses dégénérèrent de plus en plus. Les mots, les remarques désobligeantes qui lui donnaient à penser qu'elle n'était bonne à rien, son éloignement de sa fille et de ceux qu'elle aimait, auprès desquels elle ne pouvait trouver refuge et qui lui manquaient cruellement l'éteignirent peu à peu, dans la peur constante de ce qui allait être dit en autant de coups empoisonnés et meurtriers.

En se calfeutrant au grenier, elle entreprit alors de tenter de comprendre, pour que Sidonie échappe à l'héritage des sœurs Doré, pour retracer ces histoires de vie dont elle était issue et semblait porter les stigmates. Pour ce faire, il fallait remonter aux sources, reconstituer le puzzle, assembler les bribes éparses et restaurer ce qui avait fait d'elle ce qu'elle était aujourd'hui, victime à son tour. Aller à la rencontre de ces femmes, des hommes qui les avaient aimées ou maltraitées, pour que l'engrenage se grippe et qu'elle puisse elle aussi s'aimer en tant que femme, libérée et libre.

Été 2023. Sidonie est une femme épanouie, heureuse de célébrer avec sa mère ses quarante ans. Juliette a repris sa vie en main, a définitivement quitté la Normandie et Monsieur « Normandcharmant » qui n'est plus qu'un mauvais souvenir. Elle est parvenue, à force de recherches, d'enquêtes, à reconstituer l'histoire des filles Doré qu'elle a transmise à sa fille. Cette dernière a voulu lui réserver une jolie surprise, afin de fêter dignement non seulement son anniversaire, mais aussi ce livre que Juliette a écrit pour elle, pour qu'elle sache qui étaient les femmes qui l'ont précédée. Symboliquement, Sidonie a offert à sa mère un voyage de quatre jours à Rome, qu'elles effectueront toutes les deux, sans personne d'autre.

Simplement pour vivre ensemble un peu de ce temps qui file si vite. Pour se dire ainsi l'amour qui les unit, en marchant dans les pas d'un jeune Romain volage nommé Lorenzo. Tant de choses les rattachent toutes deux à l'Italie…

Et Juliette se promet qu'à son tour, un jour, elle emmènera Sidonie dans le sud de l'Espagne, là où Aimée et Ruben avaient construit de si beaux châteaux.

Remerciements

Je tiens à remercier tout particulièrement la Société historique et archéologique « Les amis de Bernay », dont le président, M. Jean-Luc Montaggioni, m'a fourni de précieux documents.
La sœur documentaliste et archiviste de la Compagnie des filles de la charité, (en la maison mère parisienne), dont les recherches iconographiques mises à ma disposition ont été infiniment utiles.
Mes chers amis Dominique Sauget-Roeckel et Dominique Faure pour leur soutien, leur patience, leur œil affûté et leurs relectures attentives.
Emeline Barata et Morgane Talbotier, mes éditrices, sans lesquelles ce livre n'aurait pas vu le jour.
Enfin, je me suis beaucoup inspirée des travaux sur la psychogénéalogie de Anne Ancelin Schützenberger (psychologue), de Serge Tisseron (psychiatre) sur les secrets de famille et de Nina Canault (philosophe et journaliste scientifique), qu'ils soient également remerciés.

Achevé d'imprimer en novembre 2024
sur les presses de la Nouvelle Imprimerie Laballery
58500 Clamecy

Numéro d'impression : 408311

Imprimé en France

La Nouvelle Imprimerie Laballery est titulaire de la marque Imprim'Vert®